젠더, 공간, 권력

※ 이 도서의 국립중앙도서관 출판예정도서목록(CIP)은 서지정보유통지원시스템 홈페이지
(http://seoji.nl.go.kr)와 국가자료종합목록 구축시스템(http://kolis-net.nl.go.kr)에서
이용하실 수 있습니다. CIP제어번호: CIP2020026228

Gender,
Space,
and Power

안숙영 지음

젠더,
공간,
권력

한울
아카데미

차례

 우리는 공간이 없이는 살아갈 수 없다. 우리의 삶은 공간과의 관계를 통해서 비로소 그 모습을 드러낸다. 그 공간은 집이거나 일터일 수도 있다. 거리나 공원일 수도 있다. 아니면 카페나 백화점일 수도 있다. 또는 콘서트홀이거나 미술관일 수도 있다. 하루와 무수히 많은 하루의 축적으로서의 우리의 삶은 이처럼 우리가 일상에서 경험하게 되는 다양한 공간들과 관련되어 있다. 이런 의미에서 우리의 삶은 공간에서 공간으로의 이동의 역사와 다름이 없다. 따라서 공간에 대한 분석이 없이는 우리의 삶을 설명하기도 어렵다.

 그런데 최근까지도 젠더 간의 권력관계로 인해 여성과 남성이 공간을 서로 다르게 경험한다는 사실은 그다지 주목을 받지 못했다. 공간이 주로 '물리적 공간'으로 이해되는 가운데 젠더, 계급 및 인종과 같은 사회적 카테고리와 무관하게 배치되고 작동하는 것으로 간주되어 왔기 때문이다. 그러나 여성과 남성은 같은 공간에 있기는 하지만 서로 다른 경험을 하기도 하고, 어떤 공간에는 들어갈 수 있는 반면에 어떤 공간에는 들어

가지 못한다. 이런 의미에서 공간은 객관적이고 중립적인 성격을 띠는 물리적 공간이라기보다는 젠더에 기초한 불평등한 사회적 권력관계가 물질적으로 응축되어 나타나는 '사회적 공간'으로서의 특징을 지닌다고 할 수 있다.

이처럼 젠더의 렌즈로 공간을 바라보게 되면, 지금까지 눈에 들어오지 않던 공간적 풍경들이 우리의 시선을 사로잡는다. 가장 잘 알려진 공간적 풍경의 하나가 바로 '안'과 '밖'이라는 공간적 이분법이다. 이는 집과 일터, 사적 공간과 공적 공간 등으로 언어화되어 우리의 삶에 결정적인 영향을 미친다. 예를 들어, 여성은 남성에 비해 대통령 집무실이나 국회의사당 같은 일터에 진입하기가 어려우며, 남성은 여성에 비해 유치원이나 어린이집 같은 일터에서 일을 하기가 어렵다. 일터라는 이름의 공간은 젠더에 따른 노동 분업 원리의 공간적 물질화와 다름이 없기 때문이다.

이런 맥락에서, 젠더의 렌즈로 공간을 분석하는 작업의 중요성은 아무리 강조해도 지나침이 없다. 오늘날 여성의 일과 남성의 일이라는 구분이 약화되고 있기는 하지만, 그 사람이 여성인가 남성인가에 따른 공간적 이동의 경로는 여전히 제약을 받고 있다. 따라서 권력관계로서의 젠더관계에 기초한 젠더 불평등이나 젠더 억압을 변화시키고자 한다면, 무엇보다 '젠더', '공간', '권력'이라는 세 가지 키워드를 중심으로 젠더에 따른 공간적 이분법의 현주소로 시선을 돌리는 한편, 새로운 대안적 공간의 생산을 바탕으로 이러한 이분법을 극복하기 위한 방안을 모색해 나가야 한다.

특히나 여성학은 공간에 대한 탐색을 결코 우회할 수 없는 학문 분야다. 불평등한 사회적 권력관계로서의 젠더관계에 대한 탐색을 바탕으로, 젠더 불평등이나 젠더 억압이 계급차별과 인종차별 같은 사회적 억압 체계와 어떻게 맞물리는지에 대한 분석으로 나아감으로써, '출생의 우연'에 기초한 젠더, 계급, 인종 같은 사회적 억압 체계로부터 자유로운 사회를 만들어나가고자 하는 것이 그 기본적인 문제의식이기 때문이다. 더욱이 지구화로 인해 공간에 대한 관심과 분석의 필요성이 일국적 차원을 넘어 지구적 차원으로도 확장되고 있어, 사회적 공간으로서의 지구를 다른 삶을 열등하게 만들지 않고 살아갈 수 있는 세상으로 만들어나가기 위한 발걸음이 여성학에서도 절실히 필요한 시점이기 때문이다.

이 책은 이러한 문제의식의 산물이며, 총 2부 8장으로 구성되어 있다. 1부에서는 젠더와 공간의 만남을 위한 이론적 차원에서의 탐색이 이루어진다. 먼저 1장에서는 공간이 다양한 사회적 관계가 응축되어 나타나는 사회적 공간으로서의 성격을 지닌다는 점에 주목하여, 공간에 펼쳐진 여성과 남성 간의 불균등한 권력관계를 변화시켜 나갈 필요성으로 시선을 돌린다. 2장에서는 공적 공간의 가장 대표적인 사례의 하나인 정치 공간으로 시선을 돌려 정치 공간의 리더가 주로 남성 정치인이며 리더십 개념 또한 위계적인 권력의 사다리에 기반해 있는 것을 페미니즘 관점에서 비판적으로 접근하는 가운데, 리더십 연구에 필요한 지향점을 소개한다. 3장에서는 복지 공간에 대한 새로운 상상이 우리에게 필요하며, 이를 위해서는 사회적 시민권으로서의 복지라는 개념을 넘어서서 사회적 인권으로서의 복지라는 개념으로 관심을 돌려야 한다고 주장한다. 이를 바탕으로 4장에서는 젠더의 렌즈로 복지 공간을 분석하는 가운데, 1990년대에서 2000년대에 걸쳐 진행된 이론적 논쟁에 대한 검토를 그 출발점으로 하여 젠더복지를 향한 디딤돌을 마련해 나가기 위해서는 초국적 복지 공간의 창출과 같은 새로운 유토피아적 상상력을 발휘해야 한다고 강조한다.

2부에서는 젠더와 공간의 만남을 위한 실천적 차원에서의 모색이 이루어진다. 먼저 5장에서는 '전쟁과 여성인권 박물관'의 건립 과정을 중심으로 포스트식민 국가에서 여성 국민에 의한 대항 공간과 대항 기억의 생산 가능성에 대해 살펴본다. 6장에서는 식사나 휴식 공간조차 없는 비인권적인 공간의 상황에서 공간의 부재는 곧 권리의 부재라는 점을 강조하며 노동자로서의 권리와 공간을 요구하는 여성 청소노동자의 사례를 중심으로 대항 공간의 생산과정을 분석한다. 7장에서는 지구화 과정을 젠더, 계급 및 인종이라는 사회적 카테고리와 무관하게 전개되는 객관적이고 중립적인 과정으로 바라보는 신자유주의를 비판하는 가운데, 지구화가 젠더에 따라 특수하게 구조화된 과정임을 밝히는 한편으로, 지구화 속에서 민족국가의 한계를 넘어서기 위한 새로운 페미니즘 전략이 필요하다고 강조한다. 마지막으로 8장에서는 지구화 시대의 공간 연구에서 새롭게 주목받고 있는 글로벌과 로컬 스케일의 관계를 젠더 관점에서 분석함으로써, 여성들이 지구화의 주요한 행위자로 그 모습을 드러내고 있음에도 불구하고, 지구화의 희생자로만 묘사되는 상황에 비판적으로 접근한다.

이 책은 필자가 여러 해에 걸쳐 '젠더', '공간', '권력'이라는 키워드를 중심으로 연구하면서 여러 학술지에 발표했던 논문들을 바탕으로 하고 있고, 한 권의 책으로 엮는 과정에서 형식적이고 내용적인 면에서 수정과 보완을 했다. 먼저 형식적으로는 논문들이 서로 다른 학술지에 게재되었던 관계로 각 논문 간의 형식적인 통일성을 기하고자 노력했다. 그리고 내용적으로 최근 현황과 자료를 보충하는 한편으로, 각 논문의 분석 대상이 다르지만 분석의 초점은 불평등한 사회적 권력관계로서의 젠더관계를 드러내는 것이어서 각 논문 간에 부분적으로 중복되는 지점이 있어 이를 보완하고자 했다. 그럼에도 각 논문의 핵심적인 문제의식이 연속선상에 놓여 있어, 부분적으로 중복을 허용할 수밖에 없는 경우도 있었다.

이 책의 바탕을 이루는 각 논문의 출처는 다음과 같다. 1장, 「젠더와 공간의 만남을 위한 시론: 젠더 평등의 관점에서」, ≪여성학연구≫, 제21권 2호(2011a), 7~37쪽; 2장, 「정치 공간에서의 리더십에 대한 여성주의적 접근」, ≪아시아여성연구≫, 제55권 1호(2016a), 79~104쪽; 3장, 「사회적 인권으로서의 복지: 복지 공간에 대한 새로운 상상」, ≪법과 사회≫, 제40호(2011b), 9~30쪽; 4장, 「젠더의 렌즈로 본 복지 공간: 이론적 현황과 전망」, ≪한국여성학≫, 제28권 1호(2012a), 113~146쪽; 5장, 「젠더와 공간의 생산: 여성 청소노동자의 사례를 중심으로」, ≪여성학연구≫, 제22권 3호(2012d), 89~112쪽; 6장, 「젠더와 국가: '전쟁과 여성인권 박물관'의 건립과정을 중심으로」, ≪여성학연구≫, 제24권 2호(2014a), 89~112쪽; 7장, 「세계화, 젠더 그리고 지구적 전략」, ≪젠더와 문화≫, 제3권 1호(2010), 175~202쪽; 8장, 「글로벌, 로컬 그리고 젠더: 지구화 시대 공간에 대한 새로운 이해를 위하여」, ≪여성학연구≫, 제22권 2호(2012c), 7~32쪽.

이 책이 나오기까지 많은 분들의 도움이 있었다. 먼저 이 책의 모티브가 된 '젠더의 렌즈로 본 공간'이라는 주제를 가지고 2010년 9월에서 2013년 2월까지 2년 반에 걸쳐 연구에만 몰두할 수 있는 기회를 주신 부산대학교 여성연구소의 'SSK 공간주권 연구팀'에 감사드린다. 한국연구재단의 지원을 받아 꾸려진 이 연구팀의 일원으로, 연구 책임을 맡으셨던 법학전문대학원의 오정진 교수님, 창원대학교 국제관계학과의 문경희 교수님, 법학과 박사과정의 이선순 선생님, 그리고 임애정 선생님과 함께한 그 시간은 지금 다시 돌아봐도 소중하기 그지없다. 2008년 8월 독일에서의 오랜 유학생활을 마지고 귀국한 이후 학문적으로 정박지를 찾지 못하고 있던 필자에게 연구팀은 학문적으로 맺어진 인연 속에서 처음으로 소속감을 느끼게 해 주었다.

나아가 2013년 3월 계명대학교 정책대학원 여성학과에 둥지를 틀면서 만나게 된 또 하나의 소중한 학문적 인연에 감사드린다. 오래전부터 지역에서의 페미니즘 지식 생산을 위해 노력해 오신 여성학과의 조주현, 강세영 교수님, 여성학연구소 운영위원회의 박선영, 박윤주, 손정수, 신지숙, 양정혜, 유가효, 유옥희, 이로리, 이신영, 이에스더, 임운택, 정문영, 최윤경, 허경미, 홍성희 교수님, 여성학과 석사과정 및 사회학과 여성학 전공 박사과정의 여러분들, 그리고 가족상담학과 석사과정 여러분들과의 만남은 필자에게 더할 나위 없는 기쁨이다. 이분들과의 만남의 과정을 통해 필자는 '함께한다'는 것이 무엇인지를 보다 구체적이고 체계적으로 배워나가고 있다.

마지막으로는 연구자의 길을 택한 딸이 어려움 속에서도 그 길을 계속해서 갈 수 있도록 늘 따스하게 감싸주시는 사랑하는 나의 어머니 김순련 여사님, 하나뿐인 동생에게 올바른 삶의 가치에 대해 고민한다는 것이 무엇인지를 일찍부터 행동으로 보여준 나의 오빠 안병권, 고모 노릇을 제대로 못 하는데도 불구하고 하나뿐인 고모라며 챙겨주곤 하는 나의 두 조카 상훈과 지은, 그리고 나의 반쪽으로서 독일에서 한국으로 생활공간이 옮겨진 가운데 '동서(東西) 프로젝트(Ost-West-Projekt)'를 일상에서 함께 진행하며, 이번에 책을 엮어내는 과정에서도 지지와 격려를 아끼지 않은 랄프 하베르츠(Ralf Havertz) 교수에게 사랑과 감사의 마음을 전한다.

많은 분들의 이러한 도움과 더불어, 한울엠플러스㈜의 도움이 없었다면 건조한 학술서가 그다지 환영받지 못하는 오늘날의 출판 환경에서 이 책이 빛을 보기는 어려웠을 것이다. 이 책의 발간을 흔쾌히 맡아주신 한울엠플러스㈜의 김종수 대표님, 출간제안서 검토 후 긍정적인 답변으로 필자를 날아갈 듯 기쁘게 해주신 경영기획실 윤순현 차장님, 그리고 정성 들여 편집을 해주신 편집부의 조인순 팀장님을 비롯한 모든 분들에게 고마운 마음을 전하며 젠더, 공간, 권력이라는 키워드로 우리가 살고 있는 세계를 새롭게 해석하는 한편으로, 그 세계를 변화시켜 나가고자 하는 모든 분들에게 이 책을 바친다.

2020년 6월

안숙영

제1부

젠더와 공간의 만남을 위한 이론적 탐색

제**1**장

젠더와 공간의 만남을 위한 시론

/

젠더 평등의 관점에서

1. 머리말

21세기 초반 대한민국이라는 공간에서 두 개의 풍경이 펼쳐지고 있다. 하나는 "축구하고 군대 가는 여대생 만들겠다"(권석천, 2008.12.7)는 한 여자대학교 총장의 계획에서처럼 젠더 평등의 이름으로 여자대학이라는 공간을 '남성화'하려는 풍경이다. 2010년 9월에 첫 여성 학군사관후보생(ROTC) 시범대학으로 숙명여자대학교가 선정되었고, 같은 해 11월 17일에는 이에 지원한 여대생들이 효창공원에서 체력평가를 받았다. 팔굽혀펴기를 하는 여대생들을 내려다보며 체력평가를 한 것은 물론 예외 없이 남성 교관들이었다. 아무튼 이제 여자대학교 캠퍼스라는 공간에서도 '충성!' 하고 구호를 외치며 군대식으로 경례를 하는 여대생의 모습이 더 이상 낯설지 않다.

다른 하나는 출산 장려를 목표로 여성을 어머니의 이름으로 다시 '여성화'하려는 풍경이다. 이는 "자녀에게 가장 큰 선물은 동생입니다", "자녀에게 물려줄 최고의 유산은 형제입니다", "낳을수록 희망가득 기를수록 행복가득", "아이가 행복한 세상 미래가 희망찬 나라"와 같은 1990~2000년대의 출산 장려 캠페인에서 대표적으로 나타난다. 1960~1980년대에는 "덮어 놓고 낳다 보면 거지꼴을 못 면한다", "딸 아들 구별 말고 둘만 낳아 잘 기르자", "축복 속에 자녀 하나, 사랑으로 든든하게", "신혼부부 첫 약속은 웃으면서 가족계획"과 같은 출산 억제 캠페인(국가기록원, 2020)을 통해 여성들에게 산아제한의 중요성을 강조하던 국가가 저출산 문제가 심각해지자 이제는 각종 인센티브를 부여하며 여성들에게 출산을 장려하고 있는 것이다.

이처럼 한 공간에서는 남성화의 풍경이, 다른 한 공간에서는 여성화의 풍경이 전개되고 있어, 얼핏 보면 두 개의 풍경이 서로 충돌하고 있는 것처럼 보인다. 그러나 이 두 개의 풍경이 우리에게 전달하는 메시지는 하나다. 젠더 평등은 '여성 문제'라는 것이다. 21세기가 도래했음에도 불구하고 여전히 1980년대나 1990년대와 마찬가지로 젠더 평등은 여성이라는 젠더가 변화되는 문제로 인식되고 있는 것이다. 달라진 점이 있다면, 이제는 여성이 '축구도 하고 군대도 가고 아이도 셋 정도는 낳아야 한다'는 것이다. 과거보다 훨씬 더 많은 것이 '기대'라는 이름으로 여성들에게 '강제'되고 있는 것이라 할 수 있다.

반면, 남성이라는 젠더에 대해서는 사회가 여전히 침묵으로 일관하고 있다. 출산율 저하는 여성 문제로만 인식될 뿐 '남성 문제'나 '사회문제'로는 인식되지 않는다. 2018년에 합계출산율이 0.98명으로 세계에서 최하위를 기록하며, '아이가 사라지는 세상'(조영태·장대익·장구 외, 2019)이 되었어도, 대한민국이라는 공간에서는 '음식도 잘하고 아이도 잘 키우는 남대생을 만들겠다'는 구상은 여전히 상상력 밖에 위치한다. 출산율 향상이 가장 중요한 사회적 과제의 하나로 등장한 나라에서 남성도 양육 책임을 짊어져야 한다거나 양육은 공적 공간에서 이루어져야 하는 공적인 일이라는 목소리가 들려오고는 있지만 여전히 미미한 것이 현실이다.

이는 우리가 살고 있는 대한민국이라는 공간에서 여전히 젠더 평등은 여성이 사적 공간을 벗어나 공적 공간으로 진입하는 것으로 간주되고 있음을 의미한다. 공간의 차원에서 볼 때, 젠더 평등의 일차적 목표는 남성의 공간으로 인식되는 공적 공간으로 여성이 이동하는 것으로 이해되고 있는 것이다. '규범으로서의 남성'과 동일해지기 위한 '같음의 평등'이 추구되는 가운데, 젠더 평등이 '여성의 남성화'라는 방향으로 진행되고 있다. 이와는 달리 젠더 평등이 '남성의 여성화'라는 방향으로도 나아갈 필요가 있다는 점, 남성이 공적 공간을 벗어나 사적 공간으로 진입할 필요가 있다는 점은 중요하게 논의되지 않는다. 젠더 평등의 문제는 '여성'이 '이동하고 변화하는' 문제일 뿐, '남성' 또한 '이동하고 변화하는' 문제로는 인식되지 않는 것이다.

이런 공간적 현주소에서, 이 장은 먼저 2절에서 젠더와 공간에 관한 이론적 논의를 간단히 살펴본다. 공간이 갖는 사회적 성격에 주목하며, 젠더의 렌즈로 본 사회적 공간의 문제로 주의를 돌린다. 이를 바탕으로 3절에서는 공간의 대표적 스케일로 도시를 설정한 가운데 도시 공간을 젠더 평등의 관점에서 재구성하고자 하는 여성친화도시 프로젝트들의 가능성과 한계를 분석한다. 나아가 4절에서는 공적 공간과 사적 공간으로의 분리가 갖는 문제점을 공간의 1차적 젠더화와 2차적 젠더화의 문제로 나누어 살펴본다. 마지막으로 5절에서는 공간의 차원에서 본 젠더 평등의 미래적 전망을 간략히 소개한다.

2. 젠더와 공간에 관한 이론적 논의

1) 공간의 사회적 성격: 사회적 공간

우리의 일상은 공장, 사무실, 지하철, 버스, 교실, 강의실, 시장, 백화점, 미술관, 박물관, 음악당, 거리, 공원, 광장, 국회, 법원 등과 같은 아주 다양한 공간에서 이루어진다. 즉, 우리는 항상 일정한 공간을 필요로 하며, 공간이 없이는 살아갈 수 없다. 이런 점에서 우리 인간은 기본적으로 공간적 존재이며 매일매일의 일상은 공간에 표현되는 인간 존재의 의미와 다름이 없다고 할 수 있다. 그런데 흥미로운 점은 "아침에 일어나 밤에 잠자리에 들 때까지 계속 공간적 활동을 하고 있지만, 사람들은 대부분 자신의 머묾과 이동의 장소에 대해 의식하지 않는다"(최병두, 2009: 26)는 지적처럼, 우리의 일상이 공간과 밀접히 연관되어 있다는 점을 인식하지 못한다는 점이다.

그리고 간혹 이를 의식하더라도 마치 우리가 텅 빈 공간 속에서 활동한다고 생각하는 경향이 있다. 왜냐하면 얼핏 보기에는 우리가 가로와 세로로 표현되는 일정한 '물리적 공간' 혹은 '기하학적 공간'에서 살아가는 것처럼 보이기 때문이다. 그러나 인간은 물리적 공간 속에서 타인과 관계를 맺음으로써 사회적 관계를 만들어나가며 이렇게 만들어진 사회적 관계 속에서 생활하게 된다는 점을 염두에 둘 필요가 있다. "실제 공간은 텅비어 있지 않다. 공간은 항상 사물과 사건들로 가득 차 있으며, 이러한 사물과 사건과의 관계를 통해 공간은 생성, 유지, 소멸된다. 공간은 그 자체로 존재하는 실체라기보다 어떤 활동의 특성을 규정하고 다시 그에 따라 성격이나 의미를 부여받는 관계성이라고 할 수 있다"(최병두, 2009: 26)는 강조에서 나타나듯이, 공간은 고정된 물리적 실체라기보다는 그 관계성으로 인해 끊임없이 생성과 유지 및 소멸을 경험하는 유동적 존재인 까닭이다.

이러한 관계성으로 인해 공간은 기본적으로 '사회적 공간' 혹은 '관계적 공간'으로서의 성격을 갖는다. 공간은 사회적 관계가 구성되고 해체되고 재구성되는 사회적 공간으로서의 의미를 함축하고 있으며, 계급, 젠더, 섹슈얼리티, 인종, 연령 및 장애와 같은 다양한 사회적 관계가 응축되어 나타나는 장소인 것이다. 따라서 공간이 오랫동안 '텅 빈 환경'이라는 뜻 이외의 다른 어떤 것도 떠올리지 못한 채 객관적이고 중립적인 실재로서 수학적인 것들과 공학에 속하는 것으로 간주되어 온 것과는 달리, 공간은 결코 중립적이지 않으며, 정치적이고 이데올로기적이라는 점으로 우리의 시선을 돌려야 한다(포세, 2010: 64, 68).

이것은 우리가 사회적 공간과 기하학적 공간을 서로 다른 것으로 이해해야 한다는 것을 의미한다. 예를 들어, 왕과 하인, 주인과 종의 경우는 기하학적으로는 서로 아주 가까운 거리에 있지만, 사회적 공간의 차원에서 보자면 먼 거리를 서로 사이에 두고 떨어져 있기 때문이다. 또 서로 다른 나라에 머무는 두 형제나 같은 종교를 가진 주교들의 경우는 기하학적으로는 아주 멀리 떨어져 있지만, 사회적 공간의 차원에서 보자면 서로 아주 가까울 수 있기 때문이다(슈뢰르, 2010: 98~99에서 재인용).

이런 점에서 공간에 대한 사회과학적 연구는 물리적 공간에 대한 연구라기보다는, 바로 사회 내의 권력과 억압 그리고 자원 배분에 관심을 기울이는 동시에 이런 권력관계의 해부를 바탕으로 일정한 공간에서 작동하는 사회적 관계를 변화시키는 데 그 목적을 두는 연구라고 할 수 있다(페인 외, 2008: 13~16). 다시 강조하자면, 사회과학적 의미에서 공간은 '사회적 힘의 산물'(발렌타인, 2009: 13)이라 할 수 있으며, 사회집단이 공간을 어떻게 이용하고 조직하는지 그리고 사회적 차이가 어떻게 불평등한 공간적 패턴으로 나타나는지가 중요한 연구 대상으로 떠오르게 된다.

2) 젠더의 렌즈로 본 사회적 공간

사회과학 내에서 공간의 사회성에 대한 연구는 지리학 내의 한 분야인 사회지리학이나 인문지리학, 혹은 사회학 내의 한 분야인 도시사회학에서 주로 이루어져 왔다. 특히나 "사회관계와 이의 토대가 되는 공간 구조에 관한 학문"(발렌타인, 2009: 11)이라고 요약할 수 있는 사회지리학은, "사회적 현상들의 공간적 분포에 관한 연구"(최병두, 2002: 11)를 진행하는 가운데, 공간이 단순한 물리적 크기를 갖는 객관적 공간이 아니라 다양한 사회적 의미들이 얽혀 있는 '사회적 공간'이라는 점에 무게중심을 설정하며 공간과 사회의 관계를 해명하기 위해 노력해 왔다(페인 외, 2008; 발렌타인, 2009; 최병두, 2009; 맥도웰, 2010). 따라서 사회적 관계, 사회적 정체성, 사회적 불평등이 창출되는 방식 그리고 그것들의 공간적 변이 및 구축에 작용하는 공간의 역할 등이 그 연구의 중심에 놓여 있었다.

그러나 공간을 대상으로 하는 학문인 지리학 자체가 "남성미를 자랑하는 학문"(맥도웰, 2010: 63)이라는 점, 공간을 지리적 탐험의 대상으로 삼은 탐험가들 또한 예외 없이 남성들이라는 점에서, 사회지리학 내에서도 젠더관계를 중심으로 공간을 분석하기 시작한 역사는 그다지 오래지 않다. 백인, 중산층, 선진국, 표면상의 이성애적 남성들이 그들의 지리가 대표되는 사회에서 대체로 강력한 집단으로서의 역할을 하며 아카데미 지리학의 남권주의를 뒷받침하고 있었기 때문이다(페인, 2008: 162; 로즈, 2011). 이런 가운데 지리학의 남성 중심성에 문제를 제기하며, "젠더관계와 우리를 둘러싼 공간이 어떻게 상호작용을 미치는지"(페인, 2008: 160)에 관심을 갖는 페미니스트 지리학이 등장한 건 서구에서도 1970년대의 일이었고, 논의가 본격적으로 이루어지기 시작한 건 겨우 1990년대 이후의 일이었다(김현미, 2008; Johnson, 2008; 맥도웰, 2010: 381~415).

페미니스트 지리학의 세 가지 갈래로는, (1) 젠더 불평등의 효과를 기술하는 데 역점을 두는 '여성의 지리학', (2) 불평등과 자본주의와 가부장제 간의 관계에 대한 설명에 초점을 맞추는 '사회주의적 페미니스트 지리학', 그리고 (3) 젠더적·이성애적(성적) 정체성의 구성, 여성들 간의 차이, 젠더와 자연의 구성 등에 무게중심을 설정한 '차이의 페미니스트 지리학'을 들 수 있으며, 역사적으로 이 세 가지 갈래는 (1)에서 (3)의 순서에 따라 시작되었지만, 현대 지리학에서는 이 세 가지 갈래가 모두 활용되고 있다고 할 수 있다(페인, 2008: 161).

한편, 국내에서 페미니스트 지리학이 구체적으로 논의되기 시작한 것은 2000년대로 접어들어서라고 할 수 있다. 젠더 불평등의 공간성, 초국적 이주의 여성화, 디아스포라 등의 주제를 중심으로 지리학에서 페미니즘이 논의되기 시작했기 때문이다(김현미, 2008: 292~293; 성현주, 2008, 2012; 황진태·정현주, 2015). 그리고 2008년 11월에는 한국여성지리학자회가 '페미니즘과 시·공간: 지리학과 인문학의 만남'이라는 특별 주제로 추계학술대회를 개최하고, 2009년 6월에는 한국여성학회가 서울시 여성가족재단과 공동으로 '발전의 시대, 공간의 젠더정치'를 주제로 하여 춘계학술대회를 개최하면서(채혜원, 2009.6.19), 젠더와 공간의 만남을 위한 이론적 및 실천적 시도들이 국내에서도 모습을 드러내기 시작했기 때문이다.

젠더라는 사회적 범주를 중심으로 공간과 사회의 관계를 분석하고자 하는 페미니스트 지리학은, 먼저 "여성과 남성이 장소와 공간을 다르게 경험하는 정도를 탐구하고 이러한 차이 자체가 어떻게 장소의 사회적 구성뿐 아니라 젠더의 사회적 구성의 일부가 되는지"(맥도웰, 2010: 39)를 밝히고자 한다. 나아가 "장소는 경계를 규정하는 규칙들을 구성하는 권력관계를 통해 만들어진다. 이러한 관계들은 사회적이면서 동시에 공간적이기도 하다. 이러한 경계들은 경험의 위치나 현장뿐만 아니라 누가 어떤 공간에 속하는지, 누가 제외되어도 괜찮은지 등을 정해준다"(맥도웰, 2010: 25)는 지적에서 잘 나타나듯이, 공간 혹은 장소는 젠더관계나 계급관계와 같은 권력관계로부터 결코 자유롭지 않다는 점을 드러내고자 한다(Löw, 2006).

영국의 페미니스트 지리학자인 매시(Doreen Massey)는 공간이나 장소에 담겨 있는 젠더관계를 설명하기 위해 공적 공간의 하나인 미술관을 사례로 든다. 10대 말에 매시는 남자 친구 두 명과 함께 미술전시회를 보러 갔다. 그런데 벽에 걸린 그림의 대부분에 나체의 여성들이 그려져 있었다.

남성 화가들이 그린 나체의 여성들, 그러니까 남성의 눈을 통해 관찰된 나체의 여성들에 관한 그림들이 '고급문화(High Art)'의 이름으로 전시장에 진열되어 있었던 것이다. 미술관이라는 공적 공간에 사회가 무엇을 이른바 고급문화라고 생각하는지가 상징적으로 담겨져 있었던 것이다. 두 명의 남자 친구가 보고 있는 그림 속의 나체 여성들은 남성 화가들의 눈을 통해 관찰된 여성들이라는 점에서, 매시는 마치 자신이 '객체화'된 것처럼 느껴졌다(Massey, 1994: 186)고 적고 있다. 이는 여성과 남성이 미술관이라는 동일한 공간 안에 위치해 있지만, 남성은 바라보고 관찰하는 '주체'가 되는 반면 여성은 바라봐지고 관찰되는 '객체'로 자리매김됨으로써 양자가 경험하는 공간이 확연히 다른 의미를 지니게 된다는 점을 잘 보여준다.

오늘날의 자동차 전시장도 미술관의 이 구도와 크게 다르지 않다. 자동차 전시장에서 자동차 구매자는 일차적으로 남성으로 가정되며, 자동차의 크기가 클수록 더욱 그러하다. 새로운 대형차가 출시되었을 때에는 두 명의 젊은 여성 모델이 몸에 꼭 끼는 긴 드레스를 입고 자동차 옆에서 포즈를 취한다. 잠재적 구매자로서의 남성에게 당신이 저 정도의 대형차를 구매하면, 저렇게 아름다운 젊은 여성들에게 매력적으로 비쳐질 것이라고 암시하는 것이다. 이와는 달리 소형차에서는 한 명의 젊은 여성 모델이 긴 드레스가 아니라 간편한 사무실 복장으로 등장, 당신은 커리어 우먼이라는 이미지를 전달하려는 경우가 많다. 소형차의 잠재적 구매자는 주로 여성으로 간주되기 때문이다.

이처럼 공간이나 장소는 철저하게 젠더화되어 있으며, 공간이나 장소에는 여성과 남성 간의 불균등한 권력관계가 내재되어 있다. 공간과 사회의 관계에 대한 연구들이 남성의 공간으로 알려진 공적 공간을 그 연구 대상으로 실정하고, 여성의 공간으로 알려진 사적 공간의 경우는 연구 대상으로 설정하지 않았던 것도 바로 이러한 불균등한 젠더관계의 반영이라 할 수 있다. 그동안 지리학의 연구 대상이 아니었던 '몸(body)'과 '가정(home)'(Duncan, 1996; Blunt, 2006)이 1990년대로 접어들어 페미니스트 지리학자들에 의해 장소로 인식되고 중요한 연구 대상으로 부각되기 시작한 것은, 따라서 젠더 평등의 관점에서 공간과 사회의 관계를 재구성하는 데 있어 결정적인 분기점이었다 할 수 있다(김현미, 2008: 286~288). 이런 점에서 공간의 문제는 여성과 남성 간의 사회적 불평등 및 사회적 정의의 문제와 맞물리지 않을 수 없다.

3. 젠더와 도시 공간: 여성친화도시의 사례

오늘날 우리는 세계 인구의 다수가 도시에서 거주하는 '도시화 시대'에 살고 있다. 도시에 사는 세계 인구가 1970년 36%, 1990년 43%를 기록한 이후, 2010년에는 51%를 기록하면서 농촌 인구를 앞지른 가운데, 2050년까지는 67%에 이를 것으로 전망되고 있기 때문이다(방설아·강명구, 2019: 17). 이는 도시가 오늘날 일상생활에서 가장 중요한 공간적 단위로서 역할을 하고 있으며, 현대인의 다수가 도시 공간 안에서 자신의 삶을 영위하고 있음을 의미한다(강현수, 2010: 98~100).

이처럼 현대인의 일상생활의 장소가 도시라는 점에 착목, 젠더의 렌즈로 도시를 조망하고 젠더 평등의 관점에서 도시라는 공간을 재구성하고자 하는 시도가 2000년대 후반 국내에서도 나타난 바 있다. '여성이 행복한 도시', '여성이 살기 좋은 도시' 혹은 '여성친화도시'와 같은 프로젝트들로, 여성 정책을 도시 정책과 결합하고자 하는 시도들이 바로 그런 사례들이었다. 서울시의 경우, 2007년 7월부터 2010년 7월까지 일상적 삶의 공간에서 여성의 배제와 차별의 문제를 여성 정책에 도입하면서 기존의 여성 정책과 도시 여성공간 정책을 포괄하는 '여성이 행복한 도시 프로젝트'(조영미, 2009)를 추진한 바 있다. 그리고 여성가족부의 경우는 2009년 3월에 전북 익산시를 '제1호 여성친화도시'로 선정한 이후로 선정 도시 수를 계속 확대, 2020년 5월 현재는 총 92개의 지방자치단체가 여성친화도시로 지정되어 있다(여성가족부, 2010, 2020).

먼저, 서울시의 '여성이 행복한 도시 프로젝트'의 경우, 도시 공간이 남성의 이해관계를 중심으로 만들어짐으로써 사적 영역에서 가사노동을 수행해 온 여성들의 도시에 대한 권리가 공간 사용권의 측면에서든 참여권의 측면에서든 심각하게 제약을 받아왔다고 분석한다. 따라서 도시 공간에서 여성들이 완전하고 충분한 공간 활동을 할 수 있도록 그리고 여성들이 도시 공간 생산의 의사결정 과정에서 중심 역할을 맡도록 해야 한다고 강조한다(조영미, 2009: 53; Fenster, 2005). 이런 기본적 구상하에서 이 프로젝트는 도시 공간으로의 접근성과 편의성을 증진시키고 도시의 물리적 환경을 개선한다는 목적으로 〈표 1-1〉에서 볼 수 있듯이, 돌보는 서울, 일 있는 서울, 넉넉한 서울, 안전한 서울 및 편리한 서울이라는 다섯 개 영역으로 나누어 사업을 추진했다.

다음으로, 여성가족부(2009년까지는 여성부)가 추진 중인 '여성친화도시' 란 '지역 정책과 발전 과정에 남녀가 동등하게 참여하고 혜택이 양성에게

〈표 1-1〉 서울시 '여성이 행복한 도시 프로젝트' 영역별 사업 개요

영역	대표 사업
돌보는 서울	공공보육시설 확충, 자녀양육 토탈 서비스 제공, 공공시설 내 양육지원시설 (수유실, 놀이방, 휴게실) 설치, 노인, 장애인, 노숙인 지원 등
일 있는 서울	여성의 일자리 확대, 취업 활성화, 맞춤형 직업교육, 훈련생 보육서비스 제공, 탄력근무제, 육아휴직, 대체인력 보강 등
넉넉한 서울	문화시설에 여성친화시설 개선(놀이방, 유모차 대여 등), 여성친화 문화프로그램 실시, 여성친화 문화시설 건립, 여성의 정보화 확대 등
안전한 서울	여성이 안전한 주거단지 설계, 안전한 지하보·차도 관리, 무장애 1등급 도시 만들기, 여성을 위한 콜택시 등
편리한 서울	공중화장실의 여성 편의 증진(변기 수 확대 등), 여성을 배려한 주차장 설치, 전동차 손잡이 개선, 여성친화도시 구현 도시계획 관련 규정 보완 등

자료: 조영미(2009: 53).

고루 돌아가면서 여성의 성장과 안전이 구현되도록 하는 지역' 혹은 '여성과 남성 모두에게 동등한 참여와 혜택의 분배를 보장함으로써 일상생활에서 성별 차이가 없도록 하는 지역'(여성부, 2009: 3)을 의미한다. 급격한 산업화와 도시화 및 여성의 위상 변화로 인해 발생하게 된 현대 도시의 문제가 도시 정책의 변화를 촉구하도록 만들었고, 이에 따라 도시발전과 여성의 관계에서도 여성의 주체적 의미 조명이 이루어지게 되었다는 게 여성가족부의 설명이다(여성부, 2009: 3~4).

여성가족부에 따르면 여성친화도시의 첫 번째 특징은 '소프트시티(soft city)'다. 도시 정책의 패러다임이 물질적 성장을 추구하던 하드시티(hard city)에서, 오늘날 문화, 예술 및 디자인을 중시하는 소프트시티로 변화되고 있는 가운데, 여성친화도시가 이러한 변화를 반영하고자 한다는 것이다. 두 번째 특징은 '경쟁력 있는 도시'로, 여성 및 가족친화도시가 도시 브랜드 전략에도 기여할 수 있다고 보는 가운데 여성 및 가족친화 환경

조성에서 성공적인 도시개발의 가치를 찾겠다는 것이다. 세 번째 특징은 '자연친화적 통합도시'로, 여성친화도시가 글로벌 시대를 맞아 다문화주의 수용 및 녹색성장과 같은 화두를 포괄할 수 있는 새로운 도시개발 전략으로 의미를 갖는다는 것이다(여성부, 2009: 8~9).

이런 구상하에서 여성가족부는 전북 익산시에 이어 2009년 12월에는 전남 여수시를 '제2호 여성친화도시'로 선정하고, 이후로도 계속해서 그 수를 확대하여 2020년 5월 현재는 서울 12개, 부산 8개, 대구 4개, 인천 2개, 광주 5개, 대전 4개, 울산 1개, 경기 13개, 강원 8개, 충북 5개, 충남 11개, 전북 3개, 전남 7개, 경북 5개, 경남 2개, 제주 1개, 세종 1개, 이렇게 총 92개 지방자치단체가 여성친화도시로 지정되어 있다(여성가족부, 2020).

이런 가운데 '제1호 여성친화도시'인 전북 익산시의 경우는 2009년에 '최고의 여성친화도시'를 내세우며, 도시환경조성 22개 사업, 공공시설물 정비 5개 사업, 근로환경 조성 3개 사업, 문화도시 조성 28개 사업, 이렇게 총 58개 사업의 추진을 시작한 이후로, 2019년에는 평등한 익산, 안전한 익산, 건강한 익산, 여성의 참여가 활성화된 익산, 가족친화환경 조성이라는 5대 목표하에서 10개의 정책 과제 및 82개 세부 사업으로 나누어 진행한 바 있다(익산시청, 2020).

젠더 평등의 차원에서 볼 때, 이처럼 여성들이 도시 공간에서 경험하게 되는 문제점을 해결하고자 접근성, 편리성, 안전성 및 쾌적성을 갖춘 도시 공간을 구축하기 위한 프로젝트들이 서울시와 익산시 등에서 2000년대 후반에 시작되어, 특히 여성친화도시사업의 경우 그로부터 10년이 지난 오늘날까지도 전개되고 있다는 점은 무엇보다 반가운 일이다. 지금까지 도시 공간의 사용권이 여성에게 제한적으로만 허용되어 왔다는 점을 감안할 때, 나아가 도시 정책 혹은 지역 정책의 결정 및 추진 과정에서 여성이 배제되어 왔다는 점을 고려할 때, 도시 공간에 대한 여성의 사용권을 확대하고 이를 바탕으로 참여권의 확대를 가능하게 만들겠다는 시도는 분명 의미 있는 일임에 틀림없다(조연숙·장미현, 2015).

그럼에도 지금까지의 여성친화도시 프로젝트들은 젠더 평등의 관점에서 볼 때 많은 문제점을 안고 있으며, 젠더 평등을 확대하기보다는 젠더 불평등을 공간적으로 더욱 강화해 나갈 위험을 안고 있다. 여성친화도시의 첫 번째 문제점은 젠더 평등을 '여성 문제'로 인식한다는 점이다. 예를 들어 서울시의 경우, 길, 공원, 아파트, 주차장, 화장실 등 도시 전역에 분포하고 있는 공공시설을 여성이 사용하기 편리하도록 개선하는 데 중점이 두어졌다. 그리고 사업의 주요 대상이 기혼의 임산부, 아이가 있는 중산층 여성으로 설정됨으로써, 주요 사업도 수유방, 유아차, 화장실, 주차장 마련 등으로 어린 자녀가 있는 여성을 위한 사업이 지배적이었다(조영미, 2009: 63). 즉, 이 프로젝트의 중심에는 이미 어린 자녀가 있거나 자녀를 새로이 출산할 것으로 기대되는 20~30대의 젊은 여성, 다시 말해 '어머니로서의 여성'이 위치해 있다. 이로 인해 젠더 불평등의 완화를 목표로 하는 '여성친화도시' 내지는 '젠더 평등도시'라기보다는 '어머니친화도시', '어머니중심도시' 혹은 '가족중심도시'로서의 성격을 강하게 띤다. 따라서 여성친화도시 프로젝트는 여성 1인당 자녀출산율이 현저히 낮은 현실에서 국가나 지방정부가 출산율 증가를 위해 시행하고 있는 여타의 정책들과 차별성을 갖기가 어렵다. 여성친화도시의 일차적 목표가 젠더 평등으로 제시되고는 있지만, 그 이면을 들여다보면 출산율 향상을 위한 여성의 '어머니화'와 밀접하게 연관되어 있다는 점을 부정하기 어렵기 때문이다(성지혜, 2016; 주혜진, 2016).

두 번째 문제점은 이 프로젝트가 사적 영역에서 자녀 양육을 전담하는 중산층 가정주부의 정체성을 '여성의 차이'를 배제하지 않는 공간 생산의 핵심으로 이해함으로써, 기존의 가부장적 여성성을 강화하는 효과를 산출하게 된다는 점이다. 소위 '정상적' 여성성에 기반한 차이의 권리만을 고려, 여성들 간의 그 밖의 다양한 차이를 고려하지 못함으로써, 소위 '정상적' 규범 밖에 있다고 여겨지는 싱글 여성, 미혼모, 매춘 여성, 레즈비언 등의 요구를 반영하는 도시 정책을 마련하는 데는 소홀하다는 점이다. 그럼으로써 소위 '정상적' 범위 내에 있다고 여겨지는 여성들만을 고려하는 특정한 여성성을 강화하는 결과를 낳을 수 있다는 것이다(이현재, 2010: 19~21). 여성이 주로 어머니로 이미지화 되면서 여성은 어머니이기도 하지만 어머니만은 아니며 어머니 이외의 다면적인 얼굴도 가지고 있다는 점은 전혀 고려되지 않고 있는 것이다.

이로부터 파생되는 세 번째 문제점은, 이처럼 여성을 '어머니'로만 이해함으로써 '노동자'로서의 여성의 위치를 과소평가하게 된다는 점이다. 〈표 1-2〉에서 알 수 있듯이, 오늘날에는 여성이 노동시장에 적극적으로 진출, 여성의 경제활동 참가율이 50%를 넘어섰다. 전체적으로 증가 속도가 빠르지는 않지만, 여성의 경제활동 참가율이 2009년 49.3%, 2012년 50.1%, 2014년 51.5%, 2016년 52.2%, 그리고 2018년에는 52.9%를 기록히여, 경제활동이 가능한 여성 인구의 절반이 노동시장에서 유급노동을 수행하고 있다(통계청, 2019). 그럼에도 여성친화도시 프로젝트들은 여성이 여전히 남성 생계부양자의 가족 임금을 바탕으로 가족성원을 돌볼 것으로 전제한 가운데 주로 돌봄이나 여가와 관련된 사업들을 추진하는 경

〈표 1-2〉 여성 경제활동인구 및 경제활동 참가율 (단위: 1000명)

연도	여성 경제활동인구	여성 경제활동 참가율	연도	여성 경제활동인구	여성 경제활동 참가율
2009	10,076	49.3%	2014	11,229	51.5%
2010	10,335	49.6%	2015	11,426	51.9%
2011	10,520	49.8%	2016	11,583	52.2%
2012	10,704	50.1%	2017	11,773	52.7%
2013	10,862	50.3%	2018	11,893	52.9%

자료: 통계청(2019).

향이 많다.

2007년 7월에서 2010년 7월까지 서울시가 기획한 '여성이 행복한 도시 프로젝트'의 경우, 총 90개 사업 중에서 서울시가 여가 및 문화 영역에서 20개의 사업, 돌봄 영역에서 15개의 사업을 추진함으로써 이 두 영역에서 각각 22.2%와 16.7%라는 높은 비율을 나타냈던 것이 그 대표적인 사례였다. 이와는 달리 여성의 독립적 생활을 위한 경제적 조건의 마련과 관련되는 일 영역에서는 10개의 사업, 그리고 주거 영역에서는 8개의 사업이 추진됨으로써, 각각 11.1%와 8.9%에 머물렀었다(조영미, 2009: 61~62). 그리고 익산시의 경우도 2010년에 일하는 여성을 위한 근로환경 조성은 겨우 3개 사업에 불과, 전체 사업 중에서 5%라는 가장 낮은 비율을 기록한 바 있었다. 이러한 사례들은 여성친화도시 프로젝트들이 여성을 여전히 집이나 가정과 관련지어 사고하는 한편 작업장이나 사무실과는 무관한 것으로 사고하는 전통적 젠더 불평등에 기반하고 있음을 의미한다(박혜은, 2017).

여성친화도시 프로젝트의 네 번째 문제점은, 도시 공간에 대한 여성의

'사용권'에 무게중심이 실리면서 도시 공간의 생산에 있어서의 여성의 '참여권'의 측면에 대한 고려는 대단히 제한적이라는 점이다. 이로 인해 도시 공간을 다양한 사회적 관계가 작동하는 사회적 공간으로 인식하고 그 안에 담긴 불균등한 젠더관계를 변화시키려고 노력하기보다는, 도시 공간을 단순한 물리적 공간으로 바라보는 것은 아닌가 하는 의문을 던지게 된다. 특히 여성친화도시 초기의 사업들에서는 문화도시 조성사업이 가장 높은 비중을 차지하고 있던 것이 그 사례다. 2010년에 익산시의 경우 문화도시 조성 사업이 전체 사업의 48%로 거의 절반에 가까웠고, 도시환경 조성이 38%를 기록한 가운데, 이 두 부문의 사업이 86%를 차지하고 있었기 때문이다(익산시청, 2010).

이는 초기의 여성친화도시 프로젝트들이 공간에 담긴 권력관계를 변화시킴으로써 여성의 참여권을 확대하려고 노력하기보다는, 문화도시 조성이나 환경 개선에 주력하는 디자인 도시 프로젝트의 추진을 통해 도시 공간에 대한 여성의 사용권을 확대하는 데 주력하고 있었음을 의미한다. 나아가 여성의 사용권 확대도 여성 주차장, 여성 버스, 여성 택시 등에서 나타나듯이, 여성이 사용하는 공간과 남성이 사용하는 공간을 분리하는 데 초점이 맞추어지며 여성 전용 공간들은 암묵적으로 여성의 색깔로 알려진 분홍색으로 표기되고는 했다. 그래서 분홍색은 여자, 파랑색은 남자라는 이분법에 의존함으로써 도시 공간에서 전통적 젠더 역할을 더욱 강화하고 있는 것은 아닌가라는 의문을 던지게 만들었다.

이런 가운데 여성친화도시가 젠더 평등의 지렛대로 작용하기 위해서는, 다음 두 가지가 고려되어야 할 것으로 보인다. 첫째, 여성친화도시를 둘러싼 논의에서 비가시화되어 있는, 젠더의 다른 하나의 축인 남성을 가시화하는 일이다. 가령, 도시 공간에서 여성의 안전성을 보장하는 일이 조명을 밝게 하고 감시카메라를 설치하는 것일 수도 있지만, 학교에서 남학생들을 상대로 여성 인권을 비롯한 폭넓은 인권교육을 실시하는 것일 수도 있다. 그리고 여성친화도시의 한 목적이 출산율 향상이라면 여성 화장실에 설치되어 있는 아동 화장실, 기저귀대 및 수유방을 상징적으로 남성 화장실에 설치하는 방안도 추진해 볼 수 있다. 출산과 양육은 여성의 일이며 남성과는 무관한 일이라는 가부장적 노동 분업을 극복하기 위해서는, 아버지들이 양육에 참여하는 21세기 스웨덴의 사례(Bennhold, 2010.6.9; 김건, 2019; 윤승희, 2019)에서처럼 여성과 남성이 양육노동을 함께 나누는 것이 무엇보다 시급하기 때문이다. 즉, 여성친화도시가 도시 공간에 대한 여성의 권리를 확대함으로써 젠더 평등에 기여하고자 한다면, 이를 여성 문제로만 이해해서는 안 되며 남성 문제로도 이해해야 한다는 점이다.

둘째, 사회적 공간의 불균등한 젠더적 권력관계를 변화시키기 위한 보다 적극적인 전략이 필요하다. 예를 들어, 공공 화장실에 어머니와 자녀를 위한 변기 마련이나 수유방 설치 등이 여성친화적인 화장실 구성의 사례로 제시되는데, 공공 화장실 내의 젠더적 권력관계, 즉 화장실 청소는 대부분 여성이 담당하는 데 화장실 관리자는 거의 남성이라는 점으로도 시선을 돌려야 한다. 또한 이들 청소노동자들이 저임금을 비롯한 불안정한 노동조건에서 일하고 있으며, 점심식사를 할 수 있는 공간조차 제대로 보장받지 못하고 있다는 점 등(관수 외, 2010.10.27; 박옥주, 2016)을 고려할 때, 이런 노동조건을 개선하기 위한 노력이 여성친화도시에서 이루어져야 한다. 나아가 도시 공간의 생산에 있어 여성의 참여권을 높이기 위한 방안이 다각도로 모색되어야 한다. 여성친화도시를 추진해 나가는 고위 공무원 중 여성이 차지하는 비율을 높이는 한편으로, 여성들의 목소리를 수렴할 수 있는 창구도 다양화되어야 한다.

4. 공적 공간과 사적 공간의 분리

공간은 사회적 정체성을 구성하고 재생산하는 데 능동적인 역할을 하며, 또한 사회적 정체성, 의미 및 관계는 물질적·상징적·은유적 공간을 생산한다(발렌타인, 2009: 15). 이런 점에서 공간의 차원에서 젠더 평등을 논의하기 위해서는 공간에 담긴 젠더관계에 대한 분석이 필수적이다. 젠더관계가 생물학적으로 주어진 고정된 범주가 아니라 사회적으로 구성된 유동적 범주라 할 때, 우리가 기본적으로 마주하게 되는 공간 분리가 바로 '공적 공간(public space)'과 '사적 공간(private space)'으로의 분리이다. 젠더 구분의 사회적 구성에서 공적인 것과 사적인 것, 안과 밖의 구분 같은 공간적 구분이 핵심적인 역할을 하기 때문이다(맥도웰, 2010: 39). 이런 맥락에서 아래에서는 '공간의 1차적 젠더화'와 '공간의 2차적 젠더화'라는 개념을 사용하여, 젠더 평등의 관점에서 볼 때 이러한 공간적 이분법이 갖는 문제점을 살펴본다.

1) 공간의 1차적 젠더화: 공적 공간에서의 여성의 비가시화

젠더관계에서 볼 때, 공적 공간은 기능성의 차원에서 보자면 사무실이나 공장 같은 장소로 대변되는 일터나 직장이 위치한 공간, 사적 공간은 집이라는 장소로 대변되는 가정이나 거주지가 위치한 공간을 의미한다. 그리고 공적 공간은 사회적으로 필요한 재화를 만들어내는 생산 공간, 사적 공간은 가족 구성원의 재생산을 담당하는 재생산 공간으로 간주된다(정현주, 2008: 907~908). 그리고 개방성과 접근성의 차원에서는 공적 공간이 거리, 공원, 광장 및 공공건물처럼 공공에 개방되어 있어 누구나 접근이 가능한 공간을 의미한다면, 사적 공간은 이와는 달리 공공에 개방되어 있지 않으며 접근이 제한되어 있는 공간이라는 의미를 갖는다. 공적 공간은 개방성과 접근성을, 사적 공간은 폐쇄성을 특징으로 하는 공간으로 이해되고 있는 것이라 할 수 있다(Grundström, 2005; Smyth, 2009).

물론 공적 공간은 하버마스적 의미에서는 공공성을 산출하는 공공성의 공간으로 이해된다. 즉, '시민'이 공적인 일에 참여해 이에 대해 논의를 함으로써 고대 그리스의 아고라가 상징하는 민주주의를 실현하기 위한 정치적 공간으로서의 성격을 갖는다(프레이저, 2010: 139~149). 그러나 우리가 '시민'의 시선이 아니라 '젠더'의 시선으로 공적 공간을 바라보게 되면, 공적 공간은 공공성을 산출하는 이상적인 정치적 공간만은 결코 아니다. 사무실과 집이라는 장소로 표상되듯이, 공적 공간은 유급노동이 수행되는 곳, 사적 공간은 무급노동이 수행되는 곳으로서의 상징적 의미를 갖게 되기 때문이다.

이러한 공적 공간과 사적 공간으로의 분리가 젠더관계에서 흥미로운 이유는, '공적 남성, 사적 여성(Public Man, Private Woman)'(Elshtain, 1981)이라는 표현에서 상징적으로 나타나듯이 공적 공간은 남성의 공간, 사적 공간은 여성의 공간으로 이해되고 있기 때문이다. 또한 공적 공간의 행위자는 남성, 사적 공간의 행위자는 여성이라는 이분법적 상상력이 지배하고 있기 때문이다. 여기서 문제가 되는 것은 이 두 가지 공간에 대한 사회적 평가가 매우 상이하다는 점이다. 공적 공간이 사적 공간에 비해 사회적으로 훨씬 더 많은 가치를 부여받음으로써, 사적 공간이 갖는 중요성이 축소되며 주로 여성에 의해 수행되는 재생산 노동에 대해서도 적절한 가치 평가가 이루어지지 않는다는 점이다.

이처럼 공간의 행위자를 중심으로 공적 공간=남성, 사적 공간=여성으로 규정하는 것을 이 글에서는 '공간의 1차적 젠더화'로 개념화 하고자 한다. 공간의 1차적 젠더화가 산출하는 가장 중요한 젠더적 효과는 '공적 공간에서의 여성의 비가시화'이다. 공적 공간에서 활동하는 '여성에 대한 전략적 침묵'이 이루어지고 있는 것이다. '고용의 여성화'라 일컬어질 정도로 오늘날에는 일터나 직장에서 이른바 생산 노동 혹은 유급노동에 종사하는 여성의 숫자가 급속히 증가하고 있다. 2006년을 기점으로 여성 경제활동인구가 1000만 명을 넘어섰다. 그리고 2019년에는 여성 취업자 중에서 임금노동에 종사하는 여성의 비율이 78%로 늘어났다(국가통계포털, 2019). 이는 공적 공간이 더 이상 남성의 전유물이 아니며 남성의 공간이자 여성의 공간으로 변화되었다는 것을 의미한다. 따라서 공적 공간=남성이라는 전제, 즉 공적 공간의 행위자는 남성이라는 전제는 오늘날의 젠더 현실에 더 이상 부합하지 않는다. 그럼에도, 공적 공간은 여전히 남성이 전용공간인 것처럼 그리고 여성은 여전히 사적 공간에 머물러 있는 것처럼 이미지가 구성됨으로써, 공적 공간에서 여성이 비가시화되고 있는 것이다.

젠더 평등의 관점에서 볼 때, 공적 공간에서의 이러한 여성의 비가시

화는 다음과 같은 문제점을 산출한다. 첫째, '여성의 유급노동의 부차화'
이다. 남성의 노동은 가족 구성원을 부양하는 '생계형', 여성의 노동은 가
계 운영에 보조적 도움이 되는 '비생계형' 또는 '부업'이라는 전통적 이분
법의 유지이다. 이를 통해 여성의 유급노동 가치를 평가절하하고 여성과
남성 간의 임금격차 및 여성의 비정규직화를 정당화하고자 하는 것이다
(이영수, 2011, 김영미, 2015; 신경아, 2019a). 둘째, '남성에 의한 권력관계 독점
의 비가시화'이다. 공적 공간의 권력관계에서 상층부는 예외 없이 남성에
의해 독점되어 있다. 가령, 공적 공간의 대표적 형태인 공공건물의 경우
건물의 일시 방문자나 상시 이용자는 여성일 수도 있고 남성일 수도 있
다. 그러나 청와대, 국회, 대법원, 헌법재판소, 검찰청, 외무부와 국방부
등 국가권력의 핵심이 응축된 건물일 경우는 상황이 전혀 다르다. 국가권
력의 핵심에 위치하며 공공건물을 일상의 '일터'로 사용할 수 있는 권리
를 누리고 있는 젠더는 현재로서는 절대적으로 남성이다.

  반면, 공적 공간의 권력관계의 하층부에는 주로 여성이 위치해 있다.
예를 들어, 공적 공간에서 공익이나 공공성의 이름으로 중요한 정책적 결
정을 내리는 3급 이상의 고위공무원단의 젠더적 구성을 살펴보자. 2019
년 『행정안전통계연보』에 따르면, 정부의 1~3급 일반직 고위공무원단
가운데 여성은 겨우 6.7%에 불과한 반면에, 남성은 93.3%를 차지한다(행
정안전부, 2019). 전체 공무원 107만 4842명 가운데 여성의 비율이 46.7%
라는 점을 감안할 때, 그리고 OECD 20개국 평균이 28.6%라는 점을 고려
할 때, 공적 공간에서의 여성과 남성 간의 불균등한 권력관계가 얼마나
심각한지가 곧바로 드러난다. 이런 상황에서 공적인 것이 주로 국가적인
것으로 이해될 때 우리는 더욱 치명적인 현실에 직면하게 되는데, 공적이

라는 의미가 남성적이라는 의미와 동의어로 사용될 가능성이 있기 때문이다.

1970년대부터 페미니스트 연구자들이 지속적으로 비판해 왔듯이, 젠더관계가 문제가 되는 이유는 여성과 남성이 다르기 때문이 아니다. 그보다는 '다름'을 기초로 두 개의 성이 사회적으로 서로 다른 역할을 할 것으로 기대되는 한편으로, 남성이라는 젠더의 특징으로 알려진 것들이 여성이라는 젠더의 특징으로 알려진 것보다 사회적으로 훨씬 더 많은 가치를 부여받기 때문이다. 즉, 두 젠더의 사회적 가치를 측정하기 위해 여성성과 남성성을 저울 위에 올려놓는다 할 때, 저울의 무게가 동일한 것이 아니라 남성성 쪽으로 심하게 기울어져 있기 때문인 것이다.

그러므로 젠더 평등의 일차적 과제가 남성의 공간으로 알려진 공적 공간으로 여성이 진입하는 것으로 이해되는 가운데, 젠더 평등을 위한 대부분의 조치도 이 진입에 장애가 되는 조건들을 제거하는 데 몰두해 온 것은 전혀 놀라운 일이 아니다. 그럼으로써 공적 공간은 여성이 진입해야 할 '이상적 공간'으로 간주되는 반면, 사적 공간은 여성이 탈출해야 할 '억압적 공간'으로 자리매김하게 되었다. 그리고 이로 인해 사적 공간에 대한 공적 공간의 우위는 더욱 강화되는 반면, 사적 공간의 의미는 더욱 약화되는 역설적인 상황이 전개되기에 이르렀다. 이러한 '공적 공간의 이상화'는 여성이 공적 공간과 사적 공간 양자에 걸쳐 활동하는 것이 당연한 일인 것처럼 비쳐지게 만들었다. 그러나 이는 여성의 해방이 아니라 여성의 이중 노동이라는 의도하지 않은 결과를 가져왔다. '워킹맘'의 숨 가쁜 일상에서, 그리고 이중 부담으로 인해 여성이 비정규직·저임금노동자의 대다수를 이루고 있는 현실에서 잘 알 수 있듯이 말이다.

공적 공간의 이런 젠더적 현주소와 관련해 무엇보다 시급한 과제는 남성의 얼굴을 한 공적 공간을 해체하고 인간의 얼굴을 한 공적 공간을 구성해 나가는 것이다. 남성이라는 하나의 젠더에 무게중심을 설정한 공간의 구성과 배치를 벗어나, 다양한 사회적 집단이 인간으로서의 보편성에 기초해 공간에 균등하게 접근할 수 있도록 공간을 새롭게 조직해야 한다. 즉, 젠더화된 공간 구조에 문제를 제기하며 탈젠더화된 공간의 구성 원리를 모색하는 가운데, 다양한 사회적 집단이 평등하게 공존할 수 있는 방향으로 공간을 재구성해 나가야 한다.

2) 공간의 2차적 젠더화: 사적 공간에서의 남성의 비가시화

앞에서 공적 공간=남성, 사적 공간=여성이라는 '공간의 1차적 젠더화'가 '공적 공간에서의 여성의 비가시화', 즉 공적 공간에서의 '여성에 대한 전략적 침묵'을 초래한다고 지적한 바 있다. 그런데 '공간의 1차적 젠더화'는 나아가 '사적 공간에서의 남성의 비가시화'라는 또 다른 젠더적 효과를 산출하기도 한다. 즉, 사적 공간에서의 '남성에 대한 전략적 침묵'을 가져오는데, 이 장에서는 이를 '공간의 2차적 젠더화'로 개념화 하고자 한다. '사적 공간에서의 남성의 비가시화'는 두 가지 측면으로 이해될 수 있다. 첫째, 공적 공간으로의 여성의 진입과는 달리, 사적 공간으로의 남성의 진입은 오늘날에도 찾아보기 어렵다는 점이다. 여성이 자신의 해방을 위해 공적 공간으로 진입해야 한다는 논의는 많지만, 남성이 자신의 해방을 위해 사적 공간으로 진입해야 한다는 논의는 만나기 어렵다는 점이다. 둘째, 이로 인해 사적 공간이 마치 남성 부재의 공간, 여성 전용의 공간처럼 비쳐지고 있다는 점이다. 그러나 사실상 사적 공간은 남성을 위한 공간이다. 따라서 사적 공간에서 남성이 부재한 것처럼 비쳐지도록 만드는 것이 바로 사적 공간에서의 남성의 비가시화가 갖는 또 하나의 측면이라 할 수 있다.

젠더 평등의 관점에서 볼 때, 이러한 사적 공간에서의 남성의 비가시화는 다음과 같은 문제점을 산출한다. 첫째, 사적 공간의 가장 커다란 수혜자는 남성이라는 사실이 은폐된다. 물론 '개인으로서의 남성'으로 보면 남성들 간에 편차가 존재한다. 하지만 '집단으로서의 남성'으로 보면 사적 공간에서 여성에 의해 수행되는 다양한 재생산 노동의 일차적 수혜자는 주로 남성들이다. 남성이 여전히 가장의 이름으로 혹은 생계부양자의 이름으로 사적 공간을 지배하는 가운데, 여성에게는 '노동의 장소'인 사적 공간이 남성에게는 '휴식의 장소'로 여겨지기 때문이다. 그럼에도 사적 공간은 여성의 공간으로 인식됨으로써, 이처럼 사적 공간조차 사실상은 남성이 지배하고 있다는 점은 망각된다. 둘째, 남성 부재의 공간으로서의 사적 공간이라는 이미지가 여성의 이중 노동의 직접적 원인임에도 이 점이 전혀 문제로 인식되지 않는다. 남성이 사적 공간에 존재하지 않는 것처럼 간주됨으로써, 재생산 노동이 전적으로 여성의 의무로 간주된다는 점이다. 셋째, 사적 공간에서의 남성의 비가시화는 이른바 여성의 노동으로 알려진 일들에 대한 지속적인 가치폄하를 수반하며 사적 공간에서 이루어지는 노동을 보이지 않게 숨기도록 만든다(정현주, 2008: 907). 그래서 사적 공간에서 여성에 의해 무급으로 수행되던 재생산 노동이 시장에서 화폐를 매개로 교환되는 유급노동으로 전환되어도 여성에 의해 수행되는 노동이라는 이유로 낮은 임금을 강요받는다(안숙영, 2018).

이처럼 사적 공간에서의 남성의 비가시화로 인해, 오늘날 공적 공간과 사적 공간이라는 젠더적 공간 분리가 오히려 더욱 확대되고 있다. 노동이 국경을 넘어 이주하는 지구화 시대를 맞아 사적 공간에서 이루어지는 재생산 노동이, 가정 내에서 여성과 남성 간에 분배되는 게 아니라 제1세계 여성과 제3세계 여성 사이에서 지구적으로 분배되고 있기 때문이다. 가사노동과 양육노동 및 돌봄노동이 국경을 넘어 인종과 계급을 매개로 여성과 여성 간에 새로이 분배되고 있는 것이다. 다시 말해, 여성과 남성 간에 재생산 노동의 분업이 이루어지는 것이 아니라, 부국의 여성과 빈국의 여성 간에 새로운 국제적 노동 분업이 이루어지고 있는 것이다(정현주, 2008; 조주현, 2010; Isaksen, 2012; Ducu, Nedelcu, and Telegdi-Csetri, 2018).

젠더 평등의 관점에서 이러한 경향들은 다음과 같은 위험을 산출한다. 19세기 말의 '여성 문제' 혹은 20세기의 '여성 이슈(women's issues)'처럼, 젠더 평등은 여전히 여성에 관한 이슈로만 인식된다는 점이다(Connell, 2005: 227). 젠더 평등이 여전히 '남성 문제'나 '사회문제'로는 이해되지 않는 것이다. 둘째, 공적 공간에 대한 이상화 속에서 공적 공간이 사실은 자본관계가 가장 첨예하게 관철되는 계급적이고 위계적인 공간이라는 점이 망각된다. 공적 공간의 권력관계에서 상층부가 아닌 하층부에 위치하는 경우는, 여성이든 남성이든 관계없이 인간으로서의 존엄성과 기본적 인권조차 전혀 보장받지 못하고 있음에도 불구하고 말이다. 공적 공간은 '이상적 공간'이 아니라 자본주의적 억압이 응축되어 있는 '억압적 공간'이기도 하다. 따라서 우리에게 필요한 것은 공적 공간으로의 진입이 아니라 공적 공간을 관통하고 있는 계급관계와 젠더관계에 기초한 권력관계를 변화시키기 위한 노력이다.

결국 사적 공간에서의 남성의 비가시화라는 문제를 극복하기 위해서는 '다름(difference)의 정치'이든 '같음(sameness)의 정치'이든 이 두 가지 정치가 공히 '기준(standard)'으로 설정하고 있는 '남성=보편'의 틀을 벗어나야 할 필요가 있을 것으로 보인다(이재경·이은아, 2010: 23). '저기' '공적 공간'에 있는 '규범으로서의 남성'이라는 모델로부터의 거리 설정이 요구된다는 점이다. 다름이 논의될 때도 남성을 기준으로 놓고 남성과 무엇이 다른지에 초점이 맞추어지며, 같음이 논의될 때도 남성을 기준으로 놓고 남성과 무엇이 같은지에 초점이 맞추어지기 때문이다. 어느 방향이 되었든 간에 이는 '기준'으로부터 벗어난 두 가지 상이한 '오차'라는 관점으로부터 완전히 자유롭기가 어렵다. '오차'로서의 여성이 '여기'의 '사적 공간'을 벗어나 '저기'의 '공적 공간'을 향해 헤엄쳐 나가야 하는 것처럼 결론이 내려질 수밖에 없기 때문이다.

5. 맺음말

지금까지 대한민국을 하나의 사회적 공간으로 설정하고, 젠더 평등의 관점에서 공간적 현주소가 어떠한지를 공적 공간과 사적 공간으로의 분리를 중심으로 살펴보았다. 21세기 초 대한민국은 공적 공간에 대한 높은 평가와 사적 공간에 대한 낮은 평가라는 20세기의 젠더화된 공간 이해로부터 그다지 자유롭지 않다. 이로 인해 젠더 평등은 여전히 공적 공간으로 여성이 진입하는 것으로 인식된다. 그러나 이는 여성의 해방이 아니라 공적 공간과 사적 공간에서의 이중 노동이라는 부담을 여성들에게 가져다주었다. 그럼에도 젠더 평등은 남성이 사적 공간으로 진입하는 문제이기도 하다는 점은 아직도 본격적으로 논의되지 않고 있다.

이로 인해 도시 공간에 대한 여성의 권리에 있어서도 초기의 여성친화도시 프로젝트가 보여주듯 일과 가정의 조화는 일차적으로 여성의 일로 간주된다. 일과 가정의 조화는 남성의 일이기도 하다는 점으로는 시선이 미치지 않는다. 유아차를 끄는 것은 여성으로 전제되며 수유를 하는 것도 여성으로 전제되는 가운데, 도시 공간의 개선을 위한 사업들이 계획되고 추진된다. 여성의 얼굴이 이처럼 어머니로 일면화 됨으로써 여성친화도시는 어머니친화도시 혹은 가족친화도시의 이미지를 벗어나지 못한다.

이처럼 젠더 평등이 여성 문제 혹은 여성 이슈로만 이해될 경우, 도시 공간의 재구성을 위한 시도들은 기존의 젠더관계에 아무런 변화도 주지 못한다. 오히려 젠더에 따른 전통적 역할 분담을 도시 공간 내에서 더욱 강화하는 결과를 가져올 수 있다(이현재, 2012a; 정현주, 2016). 따라서 어머니친화도시가 아니라 젠더 평등도시로서의 여성친화도시를 건설해 나가기 위해서는, 여성 문제 혹은 여성 이슈로서의 젠더 평등으로부터 우리의 지평을 확장해서 젠더 평등을 '남성 문제' 혹은 '남성 이슈', '사회문제' 혹은 '사회 이슈'로도 바라보는 게 시급하다.

공적 공간과 사적 공간의 경계를 넘어서는 '교차 공간' 내지는 '제3의 공간'으로서의 새로운 사회적 공간에 대한 상상력이 요구되는 것도 이런 맥락에서다. 양육과 돌봄처럼 공적인 동시에 사적인, 그리고 사적인 동시에 공적인 일들이 우리의 일상에는 수없이 존재한다. 남성이 사적 공간으로 진입하여 여성의 노동을 분담함으로써 사적 공간은 여성의 공간이라는 인식으로부터 탈피하는 게 그 첫걸음일 수 있다. 공적 공간과 사적 공간의 경계를 넘는 일은 여성만의 과제가 아니라 남성의 과제로도 인식되어야 한다. '새로운 여자'의 탄생과 더불어 중요한 것은 '새로운 남자'의 탄생을 위한 아이디어들을 공간의 재배치에 담아내는 것이다. 그럼에도 우리는 '기존의 남자'는 그대로 두고 여성만을 변화시키는 전략에 집중하고 있다. 이제 '새로운 남자'를 위한 구상이 필요한 시점이다.

제2장

젠더와 정치 공간

/

리더십의 문제를 중심으로

1. 머리말

　페미니즘 관점에서 정치 공간에서의 리더십에 대해 논의하는 것은 한편으로 불편한 일이다. 첫째, 21세기인 오늘날에도 정치라는 행위가 펼쳐지는 장소로서의 정치 공간에서 '이끄는 자'로서의 '정치 리더'로 활동하고 있는 것은 주로 '남성 정치인'이기 때문이다. 둘째, 정치 리더가 '자신을 따르는 자를 이끄는 방식'이라 할 수 있는 '정치 리더십'이라는 개념이 정치권력의 불평등한 분배 및 이에 따른 지배와 피지배 관계를 바탕으로 해서만 그 의미를 획득하는 개념으로, 모든 권력이 국민으로부터 나오고 모든 인간이 평등하다고 가정하는 민주주의의 기본 원리와는 상충되는 것처럼 보이기 때문이다(Beerbohm, 2015). 셋째, 이처럼 정치 리더와 정치 리더십 개념이 위계적인 권력의 사다리로부터 완전히 자유로울 수 없는 개념이라면, 여성에 대한 남성의 지배를 포함하는 모든 형태의 지배와 피지배 관계에 의문부호를 던지고자 하는 페미니즘 정치학의 이상과는 더더욱 조화를 이루기 어렵기 때문이다.

그러나 정치 공간에서의 리더십에 대한 분석은 다른 한편으로 페미니즘 관점에서 결코 우회할 수 없는 중요한 과제의 하나다. 대통령이나 총리 관저, 장관실, 국회의사당과 같은 정치 공간은 공적 공간의 가장 대표적인 사례에 속하는 장소로서, 여성 국민과 남성 국민의 삶에 직접적으로 영향을 미치는 중요한 정치적 의사결정이 이루어지는 곳이기 때문이다. 나아가 정치 공간에서 활동하는 정치 리더가 누구이며 어떤 정치 리더십을 발휘하는가에 따라 정치적 의사결정의 방향과 내용이 근본적으로 달라질 수 있기 때문이기도 하다. 이러한 정치 공간의 의미로 인해, 20세기 말과 21세기 초로 접어들면서 남성 정치 리더가 지배적이던 정치 공간에 여성 정치 리더의 숫자가 전 세계적으로 증가하고, "반쪽의 국가"(Kulawik and Sauer, 1996) 혹은 "어머니 없는 국가(the motherless state)"(McDonagh, 2009)처럼 정치 공간에서의 젠더 격차에 주목하는 논의들이 출현하기 시작한 것은 무엇보다 반가운 일이 아닐 수 없다.

국민이 정치 공간에 직접적으로 또는 간접적으로 참여할 수 있는 권리를 의미하는 '참정권'은 크게 '선거권'과 '피선거권'으로 나누어진다. 여성 국민의 정치 공간 참여는 20세기 말까지만 하더라도 '유권자로서 투표를 할 수 있는 권리'인 '선거권'의 행사에 그 초점이 맞추어진 '소극적 참여'에 머물러 있었다. 국민이면 누구나 선거권과 피선거권의 제한을 받아서는 안 된다. 그럼에도 여성 국민의 경우에는 여성이라는 성별이 '피선거권', 즉 '선거에 후보로 등록하여 출마할 수 있는 권리'를 제한하는 가장 주요한 변수로 작용, 정치 리더를 뽑는 선거에 직접 후보자로 나서는 '적극적 참여'로까지 나아가기는 결코 쉽지 않았다(안숙영, 2016b). 이로 인해 20세기의 민주주의는 "남성의, 남성에 의한, 남성을 위한, 남성의 민주주의" (황영주, 1999: 101)라는 비판 및 "여성 없는 민주주의"(진주원, 2018.12.27)라는 비판으로부터 자유롭기 어려웠다.

따라서 우리가 살고 있는 21세기 초에 여성 국민의 정치 공간 참여가 유권자로서의 소극적 참여를 넘어 정치 리더로서의 적극적 참여로까지 이어지고 있는 것은, 남성이 권력의 핵심부에 위치하고 여성은 주변부에 위치하는 가장 젠더화된 공간의 하나로 남아 있던 20세기의 정치 공간(안숙영, 2014b)에 점차로 균열이 생기고 있음을 뜻한다. 나아가 정치 공간에서의 젠더 평등을 바탕으로 '민주주의의 민주화'(Cornwall and Goetz, 2005)를 이루어내고자 하는 흐름이 전 세계적으로 그 의미를 획득하기 시작했음을 뜻하기도 한다. 사우디아라비아 여성 국민의 경우에는 2015년에야 처음으로 참정권을 행사하기 시작했다는 점(신지후, 2015.9.9)을 감안할 때, 국가와 국가 간의 차이가 아직도 매우 크기는 하지만, '정치에서의 젠더 격차'(Gilardi, 2014)를 시정함으로써 '정치에서의 젠더 평등'(Wittmer and Bouché, 2013; International Institute for Democracy and Electoral Assistance, 2019)으로 나가고자 하는 흐름이 전 세계적으로 새로운 국면을 맞고 있는 것은 사실이다.

2000년대로 접어들어 국내에서도 여성 리더와 여성적 리더십에 관한 일반적인 논의는 비교적 꾸준하게 전개되어 온 편이다(허라금, 2005; 장필화·나임윤경·이상화 외, 2017; 강영희, 2018; 박성찬·김은하, 2018; 김은주, 2018; 우성미·오소영, 2019). 이와는 달리 정치 공간에 초점을 맞춘 연구는 아직 소수에 불과하다. 리더십과 권력에 대한 페미니즘적 재개념화의 필요성(이상화, 2005), 지구화 시대를 맞아 지구시민사회와 페미니즘 정치 리더십이 갖는 중요성(조희원, 2008), 여성 최고 정치 리더를 배출하기 위해 필요한 조건 및 이들의 페미니스트 성향을 결정짓는 조건(김민정, 2012), 플라톤의 『국가』에 나타난 '철인 여왕'을 중심으로 본 여성 정치 리더십의 이상과 현실(문지영·강철웅, 2019), 베이유(Simone Veil)의 삶과 유럽통합 정치를 중심으로 본 여성의 정치적 리더십과 유럽통합(김유정, 2019)과 같은 몇몇 연구들이 진행되어 왔지만, 정치 공간에서의 리더와 리더십에 대한 페미니즘 관점에서의 연구가 국내에서는 아직 그다지 활발하지 않다.

이런 상황에서 이 논문은 정치 공간에서 제기되는 두 가지 중요한 질문, 즉 '누가 이끄는가?'와 '어떻게 이끄는가?'라는 질문에 초점을 맞추어 페미니즘 관점에서 리더십의 문제에 접근하기 위한 하나의 이론적 디딤돌을 마련해 보고자 한다. 그리고 이를 바탕으로 리더십 개념 그 자체를 해체 혹은 대체할 수 있는 가능성은 없는지를 탐색해 보고자 한다. 왜냐하면 리더와 리더십이라는 개념은 그 주체가 남성이든 여성이든 간에 상관없이 일단은 권력의 불균등한 분배와 그에 따른 영향력의 차이를 전제로 하는 위계적인 개념이기 때문이다.

이를 위해 이 장은 먼저 2절에서는 '누가 이끄는가?'라는 질문을 중심으로 정치 리더의 젠더에 초점을 맞추어 정치 공간에서의 젠더 격차로 시선을 돌린다. 이어지는 3절에서는 '어떻게 이끄는가?'라는 질문을 중심으로 리더십 스타일에서 나타나는 젠더 차이 및 여성적 리더십의 대표적 사례로 꼽히는 엄마 리더십의 가능성과 한계를 분석한다. 나아가 4절에서는 정치 공간에서 리더십이라는 개념이 위계적인 권력의 사다리를 전제로 하는 개념이라는 점에서, 페미니즘 관점에서 리더십 개념에 접근하고 자 할 때 주의해야 할 점에 대해 살펴본다. 마지막으로 맺음말에 해당하는 5절에서는 앞으로의 리더십 연구에 필요한 몇 가지 지향점을 간략히 소개한다.

2. 정치 공간에서의 리더와 젠더: 누가 이끄는가?

우리가 살고 있는 21세기 초의 정치 공간에서 '누가 이끄는가?'라는 질문을 던졌을 때, 우리는 '이끄는 자'로서의 '정치 리더'로 활동하고 있는 것이 주로 '남성 정치인'이라는 현실, 즉 정치 리더로 활동하는 여성의 숫자가 지난 세기에 비해 증가하고 있기는 하지만 대부분의 정치 리더는 여전히 남성이라는 현실과 마주하게 된다(달레룹, 2018). 이는 '정치적 유리천장'(Jalalzai and Krook, 2010: 18), 즉 여성이 정치 리더의 자리에 올라가는 것을 막는 보이지 않는 장벽이 정치 공간 내에서 아직도 견고하다는 것을 의미하며, 위대한 남성 정치 리더의 개인적 특성이 역사의 과정을 결정한다는 18세기와 19세기의 이른바 '위대한 남성 이론(Great Man Theory)'(Moran, 1992: 479; Denmark, 1993: 344)이 오늘날에도 가장 강하게 남아 있는 곳의 하나가 바로 정치 공간임을 우리에게 일깨워준다.

국제의회연맹(Inter-Parliamentary Union)과 유엔 여성부(UN Women)는 매년 3월 8일 '세계 여성의 날'을 맞아 여성의 정치적 임파워먼트(empower-ment)와 정치적 의사결정의 동등한 참여를 목적으로, 세계 각국 행정부와 입법부에서 활동하는 여성 정치 리더의 숫자를 보여주는 「정치에서의 여성(Women in Politics)」을 발표한다. 가장 최근인 지난 2020년 3월 10일에 발표한 「2020년 정치에서의 여성」에 따르면, 2020년 1월을 기준으로 행정부의 경우 대통령이 여성인 나라는 152개국 가운데 10개국으로 6.6%, 총리가 여성인 나라는 193개국 가운데 12개국으로 6.2%였다. 그리고 장관직에서 여성이 차지하는 비율은 21.3%였다. 입법부의 상황이 이보다 좀 더 낮기는 하지만, 여성이 국회의장 및 국회부의장으로 재직하는 비율은 각각 20.5%와 25.3%, 의회가 있는 세계 193개국에서 여성 국회의원이 차지하는 비율은 24.9%에 불과했다(Inter-Parliamentary Union and UN Women, 2020).

이는 다른 말로 하면, 행정부의 경우 대통령직의 93.4%, 총리직의 93.8%, 장관직의 78.7%를, 그리고 입법부의 경우는 국회의장직의 79.5%, 국회부의장직의 74.7%, 국회의원직의 75.1%를 남성 정치인이 차지하고 있음을 뜻한다. 정치 리더에서의 이러한 젠더 격차는 "지구촌 정치, '여풍'이 휩쓴다"(김회권, 2010.8.3), "지구촌 정치에 우먼파워 … 여성 지도자들 면면"(박인영, 2010.10.4), "세계 정치, 여성이 접수한다"(윤석진, 2014.1.27), 혹은 "핀란드서 지구촌 '최연소' 여성 총리 탄생"(조예리, 2019.12.9)과 같은 지난 10여 년간에 걸친 언론의 화려한 보도에도 불구하고, 지구촌 차원에서의 정치 공간을 이끌고 있는 것은 오늘날에도 여전히 남성이라는 것을 의미한다. 국제의회연맹과 유엔 여성부가 젠더 평등과 여성의 정치 참여가 '달팽이의 속도(the snail's pace)'에 그치고 있으며, 정치 공간에서의 이러한 지체가 지구적 차원에서의 지속 가능한 발전을 저해할 것이라고 우려를 표명하는 것도 이런 맥락에서다.

이처럼 젠더 격차가 크게 나타나는 이유로는, 첫째, 가부장적 자본주의 사회를 관통하는 '공적 남성, 사적 여성(public man, private woman)'의 이분법(Elshtain, 1981)이 정치 공간에서 아직도 강력한 영향력을 행사하고 있다는 점을 들 수 있다. 이러한 이분법하에서 남성은 정치와 경제를 비롯한 공적 공간에서의 일들에 책임을 지고, 여성은 가정과 가족을 비롯한 사적 공간에서의 일들에 책임을 질 것으로 기대되는 가운데, 여성은 공적 공간으로의 진입에 어려움을 겪기 때문이다. 역사적으로 이러한 이분법이 여성의 참정권에 반대하기 위한 논거로 활용되어 왔다는 점, 즉 여성이 참정권을 가질 경우 공적 공간과 사적 공간 사이의 균형이 깨지게 될 것이라는 이유에서 여성의 참정권 행사가 오랫동안 지연되어 왔다는 점은 우리에게 시사하는 바가 크다. 물론 21세기로 접어들어 공적 남성과 사적 여성의 이분법이 약화되고 있는 것은 사실이다. 그럼에도 이러한 '공적 공간의 젠더화된 본질'을 언급하지 않고는 오늘날의 정치 공간에서 나타나는 심각한 젠더 격차를 설명하기 어려운 것 또한 사실이다(Jalalzai and Krook, 2010: 6).

둘째, 이런 이분법에 기초한 정치 공간의 남성 독점으로 인해 '전쟁과 권력의 정치학'(티커너, 2001: 21)이 정치 공간의 지배적 정치문화로 자리하고 있다는 점을 들 수 있다. 남성이 특별히 친화력을 갖는 활동 영역인 전쟁과 권력의 정치학에서는, 국가를 단수로 이해하는 가운데 국가 정당성의 많은 부분을 안보에 대한 국가의 역할에서 도출하고는 한다. "국가 안보를 생각할 때 우리는 전적으로 남성의 영역으로 간주되는 곳에 들어서게 된다. …… 국가 안보를 정의하고, 방어하며, 신장시키는 과제들은 전적으로 남성들의 문제였다"(티커너, 2001: 46)는 주장처럼, 전쟁이 국가 안보를 위한 궁극적인 도구로 여겨지는 정치문화, 군사 안보의 확보가 대통령이나 총리 같은 최고 정치 리더의 핵심적 과제로 간주되는 남성 중심적 정치문화에서는 여성이 유권자에 의해 최고 정치 리더로 선출될 가능성이 현저히 떨어질 수밖에 없다(안숙영, 2014b: 209).

마지막으로, 정치 공간을 지배하는 공적 남성과 사적 여성의 이분법 및 남성 중심적 정치문화로 인해 행정부와 입법부의 선출직에 후보로 출마하고자 하는 여성의 숫자가 부족하다는 점을 들 수 있다. 여성의 정치 공간 참여는 신인 정치인의 공급과 기존 정치인의 수요 간의 상호작용에 의해 결정되며, 기존 정치인의 수요는 법, 선거 및 정당체제에 기초한 규칙과 절차에 의해 형성된다. 이처럼 수요와 공급의 차원에서 봤을 때, 정치에서의 젠더 격차를 지속시키는 주요한 원인의 하나는 정치 공간에 참여하려는 여성의 숫자가 너무 적다는 점이다. 이는 여성이 후보로 출마하기를 꺼린다는 점에서도 부분적으로 기인하지만, 여성을 선거정치 속으로 끌어들이거나 이로부터 배제하고자 하는 정치적·제도적 맥락에서도 부분적으로 기인한다(Gilardi, 2014)는 점에서, 정치 공간을 지배하는 공적 남성과 사적 여성의 이분법 및 남성 중심적 정치문화에 대한 다층적 분석의 필요성을 제기한다.

정치 리더 차원에서의 이러한 젠더 격차로 인해 페미니즘 관점에서 무엇보다 시급한 과제는 정치 공간에서 활동하는 여성 정치 리더의 숫자를 늘리는 것이라 할 수 있다. 이와 관련해 우리가 주목해 봐야 할 점은 정치 공간 내에서도 입법부와 행정부 간의 '정치적 유리천장'에 차이가 있으며, 입법부의 경우 행정부보다 '정치적 유리천장'이 낮으며 변화 속도도 빠르다는 점이다. 전 세계적으로 의회에서 활동하는 여성 국회의원의 비율이 1995년의 11.3%에서 2020년에는 24.9%로 늘어나 약 2.2배의 증가세를 보이고 있기 때문이다. 이러한 변화를 추동한 핵심적인 요인은 여성정치 할당제였다. 1995년 베이징에서 열린 제4차 세계여성대회에서 젠더 수류화가 주요 의제로 채택, 여성의 정치적 대표성 확대를 위한 방안으로 각 국에서 여성정치할당제가 도입되기 시작하면서 여성 국회의원 숫자가 빠르게 증가하기 시작했기 때문이다. 이것은 여성정치할당제가 정치 리더 차원에서의 젠더 격차를 줄이기 위한 가장 빠른 방법의 하나임을, 따라서 앞으로도 계속해서 젠더 격차의 시정을 위한 효과적인 방안의 하나로 추진해야 할 필요가 있음을 시사한다(달레룹, 2018: 79~113).

여성의 의회 진출에 영향을 미치는 다른 요인과 관련해서는, 첫째, 선거제도의 차원에서 봤을 때 비례대표제를 시행하는 나라가 다수선거구제를 시행하는 나라에 비해 의회에 진출하는 여성의 비율이 높다는 점, 둘째, 사회적·경제적 요인의 차원에서 봤을 때 여성의 교육수준과 노동시장 참여율이 높을수록 의회에 진출하는 여성 정치인의 비율도 높다는 점, 셋째, 문화적 요인의 차원에서 봤을 때 노르딕(Nordic) 국가들처럼 남녀 간의 사회적이고 경제적인 평등을 강조하는 정치문화를 가진 나라에서 의회에 진출하는 여성의 비율이 높다는 점에서 선거제도의 개혁, 여성의 교육수준과 노동시장 참여율의 향상 및 정치문화의 개선을 통해 의회에서 활동하는 여성 정치 리더의 숫자를 늘려나가야 할 것으로 보인다(Jalalzai and Krook, 2010).

이와 더불어 우리가 생각해 봐야 할 점은 여성 정치 리더가 어떤 자원을 활용하여 정치 공간에 진출하는가 하는 점이다. 오늘날 소수에 불과하긴 하지만 여성이 선거를 통해 대통령이나 총리 같은 최고 정치 리더의 자리에 오르는 사례도 나타나고 있다. 그런데 흥미로운 점은 여성이 최고 정치 리더로 부상하는 경우에 종종 가족적 연계(familial ties)가 가장 중요한 역할을 하고 있다는 점이다. 라틴아메리카나 아시아에서 특히 이러한 경향이 강하며, 여성이 최고 정치 리더로 당선되는 경우 대부분이 정치가 집안 출신으로 아버지나 남편이 최고 정치 리더로 활동했었다는 사실이다(Jalalzai and Krook, 2010: 13~14).

　정치 공간에서 여성이 최고 정치 리더가 되었다고 해서 이를 젠더 평등의 향상이나 여성의 임파워먼트의 강화로만 해석하기 어려운 이유가 바로 여기에 있다. 전반적으로 '집단으로서의 여성'의 정치적 역량이 강화되어 이를 바탕으로 여성이 최고 정치 리더로 성장한 게 아니라, '개인으로서의 여성'이 '집단으로서의 여성'의 정치적 역량의 현주소와는 무관하게 특정한 가족적 자원을 바탕으로 최고 정치 리더가 되는 경우가 많기 때문이다. 따라서 '아버지의 딸' 혹은 '남편의 아내'라는 가부장적 지위에 기댄 여성 최고 정치 리더의 출현은 가부장제의 약화보다는 오히려 공적 공간에서의 가부장제의 확대 재생산을 의미하는 것이기도 하다. 한 여성의 '개인적' 차원에서의 정치적 성공이라는 수준을 넘어, 다른 여성들의 정치적 삶에도 영향을 미침으로써 '집단적' 차원에서의 정치적 역량의 강화로까지는 나아가지 못하는 경우가 많은 것도 이와 무관하지 않다. 이런 맥락에서 여성 정치 리더의 등장이 '집단으로서의 여성'의 정치적 삶에도 영향을 미치기 위해서는, 단지 '여성' 정치 리더가 아니라 '어떤' 여성 정치 리더인지가 동시에 질문되어야 하며, 페미니즘 문제의식을 가진 여성이 정치 리더로 성장할 수 있는 환경을 만들어 나가야 할 것으로 보인다.

3. 정치 공간에서의 리더십과 젠더: 어떻게 이끄는가?

정치 공간이 주로 남성 정치 리더에 의해 지배되는 현실에서, 여성 정치 리더는 '자신을 따르는 자를 이끄는 방식'이라 할 수 있는 리더십의 차원에서도 남성과는 다른 어려움에 직면한다. 정치 공간에서 '남성성' 혹은 '남성다움'에 기초한 이른바 '남성적 리더십'이 일종의 '기준'으로 작동하는 가운데, 여성 정치 리더는 "그녀는 충분히 남성적인가?(Is she man enough?)"(Meeks, 2012)라는 질문으로부터 자유롭기 어렵다. 이로 인해 여성 정치 리더는 '어떻게 이끄는가?'라는 질문과 관련해, 남성은 경험하지 않는 일종의 딜레마적 상황에 처하기도 한다. 지나치게 남성적이면 호감이 안 가는 정치 리더로 간주되는 반면에, 지나치게 여성적이면 정치 리더로서의 자질이 부족한 것으로 간주되는 이른바 '이중 구속(a double bind)'(Jamieson, 1995)이 대표적인 사례다. 이로 인해 여성 정치 리더는 너무 남성적이어서도 안 되고 너무 여성적이어서도 안 되며, 둘 사이에서 적절한 균형을 유지해야 한다(안숙영, 2014b: 209~210).

물론 리더십에 대한 정의가 다양하고 광범위해서 리더십에 대한 합의된 정의를 내리기가 쉽지는 않다(홍성태, 2011). 특히 정치적 리더십의 경우는 제도적·역사적 및 문화적 맥락에 의존하고 있어 정확하게 정의를 내리기가 어렵다. 그리고 현대 정치의 이상적 정치체제로 그려지는 민주제하에서 정치적 리더십이라는 개념은 정치 리더 개인의 리더십에 초점을 맞춤으로써 '정치의 개인화(the personalization of politics)'를 초래하고, 이로 인해 민주제가 지향하는 '평등주의적 에토스(the egalitarian ethos)'와 충돌하기도 한다(Teles, 2012: 132). 이런 어려움으로 인해 "집단의 한 구성원이 일정한 공동의 목표를 향해 집단의 다른 구성원들에게 영향을 미치고 다른 구성원들의 행위를 통제하는 과정"(Denmark, 1993: 343~344)이라는 최소한의 합의만을 바탕으로 리더십을 폭넓게 정의하는 경우가 많다. 리더십을 이렇게 정의할 때, 리더는 집단 내에서 다른 어떤 구성원보다 더 많은 영향력을 행사하는 인물이라 할 수 있으며, 집단의 성취에 있어 집단의 활동을 계획하고 조직하고 통제할 수 있는 리더의 능력이 핵심 요소의 하나로 자리하게 된다.

리더십 연구에서 여성 정치 리더와 남성 정치 리더 간의 젠더 차이가 주요한 관심사의 하나로 떠오른 건 겨우 1990년대 중반부터다. 고대에서 현대까지 정치 공간의 가장 공통된 주제의 하나가 권력과 리더십이라는 점(Teles, 2012)을 고려할 때, 리더십이 남성적 리더십과 동의어로 이해되며 주로 '명령 혹은 통제'로 개념화(Burns, 1978: 50)되는 가운데, 리더십 스타일에서 나타나는 젠더 차이가 학문적 관심사로 부상한 것이 기껏해야 20여 년 전이라는 것은 매우 의미심장하다. 이는 여성 정치 리더의 숫자가 워낙 적어 '리더로서의 여성(a woman as leader)'이라는 개념 자체가 리더십 연구에서 오랫동안 완전히 낯선 개념이었다는 점(Moran, 1992: 479)을 반영하는 것이자, 리더십과 젠더를 둘러싼 학문적 논의가 20세기 말에 접어들어서야 겨우 시작되었음을 의미하는 것이기 때문이다.

이런 맥락에서 1990년대 중반부터 여성 정치 리더의 숫자가 증가하면서 리더십=남성적 리더십의 이미지에 균열이 생겨나는 가운데 남성적 리더십과 차이를 보이는 여성적 리더십에 대한 관심이 늘어나고 있는 것은 무엇보다 반가운 일이다. 오늘날의 정치 공간에서 여성적 리더십의 가장 대표적인 사례로 간주되고 있는 것은 '엄마 리더십(mommy leadership)'

이다. "유럽 위기 속 독일 경제 지킨 메르켈 '엄마 리더십' … 최고득표율 획득"(김보미, 2013.9.23), "남미에 부는 여풍 … '엄마 리더십'을 주목하라"(YTN, 2013.12.17), "지도자들의 롤모델로 … 메르켈의 '엄마 리더십'"(송민섭, 2015.8.28), "'엄마 리더십' 메르켈 16년 집권 눈앞"(김성탁, 2017.8.30) 같은 언론의 제목들에서 알 수 있듯이, 정치 공간에서 활동하는 여성 정치 리더는 주로 '엄마'라는 이름의 '여성'으로 묘사되며 '엄마 리더십'을 발휘하는 것으로 평가된다.

엄마라는 지위는 여성이 사적 공간에서 자녀를 출생했을 경우에 부여받는 지위로, 엄마 리더십은 엄마로서의 경험이 공적 공간에서의 정치적 리더십의 중요한 자원으로 자리하는 것을 뜻한다. "당신이 엄마라면, 당신 안에 리더가 있다. 당신은 당신 안의 리더를 개발하거나 실천했을 수도 있고 그렇지 않을 수도 있다. 그러나 …… 당신은 다른 사람들의 생각과 행동에 영향을 미치고 있다"(Williams, 2010: 3)는 주장에서 알 수 있듯이, 엄마 리더십은 모성의 렌즈를 통해 리더십을 정의하는 것으로, 일하는 엄마들이 모성을 통해 획득한 리더십 기술을 자신의 직장에서의 리더십 역할에 적용하는 것을 말한다. 흥미로운 점은 '아빠 리더십'에 대한 논의도 간혹 있기는 하지만, 대통령이나 총리 관저 및 국회 같은 정치 공간에서의 정치적 리더십을 위한 중요한 자원으로는 간주되지 않는다는 점이다. 다시 말하자면, 여성 정치 리더와는 달리 남성 정치 리더에게는 아빠라는 사적 공간에서의 지위가 공적 공간에서의 리더십 발휘에 그다지 영향을 미치지 않는다는 점이다.

독일의 총리 앙겔라 메르켈(Angela Merkel)의 이른바 '무티 리더십'은 엄마 리더십의 가장 성공적인 사례로 꼽힌다. 독일어로 무티(Mutti)는 '엄마'를 뜻하는데, 독일 내에서도 메르켈은 '민족의 엄마(Mutti der Nation)' (Stuttgarter Nachrichten, 2014.7.16)로 불리며 엄마 리더십을 상징하는 인물로 칭송받고 있다. 지난 2005년 9월, 2009년 9월, 2013년 9월 및 2017년 9월에 실시된 네 차례의 총선에서 연속적으로 승리, 2020년 5월 현재 4선 총리로 16년째 재직 중인 메르켈의 리더십은 '위로부터의 여성혁명(women's revolution from above)'(Von Wahl, 2011)이라고도 불리는 가운데, '세계의 가장 강력한 여인(the world's most powerful woman)'(The Economist, 2013.9.14)이라는 호칭처럼 자신의 정치적 영향력을 전 세계적으로 확장해 나가고 있다.

그런데 우리가 생각해 봐야 할 것은 메르켈의 경우 자녀가 없음에도 여성이기 때문에 정치 공간에서 엄마로 호명된다는 점이다. 이는 '여성'의 얼굴이 다양함에도 불구하고, '여성'의 얼굴을 '어머니'의 얼굴로 단일화하고 있음을 뜻한다. 이러한 '여성의 어머니화'는 출생부터 죽음에 이르는 순간까지 여성에게는 어머니의 얼굴을 갖는 것이 가장 중요하며, 어머니 이외의 다른 얼굴을 갖는 것은 그다지 중요하지 않다는 메시지를 전달하는 것이기도 하다. 여성은 사적 공간에 있든 공적 공간에 있든 언제나 '어머니'여야 하며, 항상 '따스하고 자애로워야' 한다. 이와는 대조적으로 남성 정치 리더는 정치 공간에서 '아버지'라는 단일한 이름으로 호명되지 않는다. 남성 정치 리더의 리더십 덕목으로 꼽히는 것은 용기, 결단성, 단호함 등이며, '자상한 아버지'라는 이미지는 반드시 갖춰야 할 리더십 덕목으로 간주되지 않는다.

이러한 '여성의 어머니화'는 한편으로 여성 정치 리더가 사내다움과 여성다움 사이에서 균형을 유지해야 하는 이른바 '이중 구속'으로부터 벗어나게 만든다. 먼저 어머니의 모성으로 대표되는 여성다움이 리더십과 관련해 '사내답지 못함'으로 폄하되지 않고, 사내다움을 대신하는 새로운 정치적 자원으로 떠오르고 있음을 의미하기 때문이다. 나아가 리더십에 대한 다양한 정의들, 예를 들어 '권력을 행사하는 권력(the power to exercise power)', 혹은 '타인과 상황에 대해 권력을 행사할 수 있는 능력과 가능성'(Teles, 2012: 116)이라는 정의에서 알 수 있듯이, 권력 개념에 대한 이해가 없이는 리더십 개념 또한 정의하기 어렵다는 점을 감안할 때, 정치 공간에서 모성이 권력의 새로운 자원으로 떠오르면서 여성 정치 리더가 '엄마 리더십'을 발휘하게 된 것은 역사적으로 중요한 진전임에 틀림없기 때문이다.

엄마 리더십의 부상은 탈냉전과 지구화라는 1990년대 이후 세계 질서의 변화에 따른 정치 공간에서의 '권력(power)'에 대한 이해의 변화와도 일정한 관련이 있다. 냉전 시대의 정치 공간에서 '원하는 결과를 얻을 수 있는 능력'으로서의 '권력'은 주로 군사력과 경제력을 뜻하는 '하드 파워(hard power)'로 이해되어 왔다. 이런 가운데 권력을 행사하는 방법으로는 주로 명령, 강압 및 통제 같은 방법이 논의되어 왔다. 그러나 탈냉전 및 지구화 시대의 정치 공간에서는 이 같은 하드 파워만으로 자신이 원하는 결과를 얻기가 어렵다. 탈냉전과 지구화로 인해 전 세계의 모든 국가가 마치 거미줄 망처럼 복잡하게 얽힌 관계 속으로 끌려 들어가고 있기 때문이다. '자발적 행동을 이끌어내는 매력'으로서의 '소프트 파워(soft power)'의 중요성, 즉 교육, 학문, 예술, 과학, 기술 같은 무형의 문화적 자원을 새로운 권력의 자원으로 바라볼 필요성이 제기되고 있는 것도 이런 시대적 맥락이라 할 수 있다(나이, 2004).

이처럼 권력의 자원이 변화하고 있다면, 권력을 행사하는 주체로서의 정치 리더에게 요구되는 리더십 또한 달라지지 않을 수 없다. 군사력과 경제력을 바탕으로 명령하고 통제하는 전통적인 남성적 리더십으로부터 문화력을 바탕으로 대화하고 협력하는 여성적 리더십으로의 전환, 리더와 추종자의 관계를 수직적이고 위계적인 관계가 아니라 수평적이고 동반자적인 관계로 파악하고, 상호 간의 협력과 조정을 통한 '관계 중심적 정치 리더십'(조희원, 2008)으로의 전환을 요구하는 목소리가 커지고 있는 것이 이를 여실히 보여준다.

　그러나 다른 한편으로 여성 정치 리더의 어머니화를 통한 엄마 리더십의 강조가 정치 공간에서의 전통적인 성별 노동분업을 강화할 위험이 있다는 점을 간과해서는 안 된다. 정치 공간에서도 여성은 일차적으로 어머니로 간주되기 때문에 여성, 아동, 가족 및 교육 같은, 이른바 어머니로서의 여성이 주로 관심을 가질 것으로 기대되는 분야에서 대부분 활동하게 되며, 이로 인해 외교, 군사, 안보 및 경제와 같은 분야에서의 활동은 심각하게 제약을 받는다. 예를 들어, 2016년 당시의 한국은 이런 문제점을 가장 명확히 보여주는 사례의 하나로, 당시 여성이 대통령이었음에도 불구하고 행정부 내의 17개 부서 중에서 여성이 장관으로 재직하고 있던 곳은 단 한 곳, 즉 여성가족부 뿐이었기 때문이다. 물론 2020년 5월 현재는 2017년 7월 중소벤처기업부가 신설되어 행정부 내의 부서가 18개로 늘어난 가운데 외교부, 법무부, 교육부, 국토교통부, 중소벤처기업부, 여성가족부, 이렇게 6개 부서의 장관직을 여성이 맡고 있어 커다란 변화를 경험하고 있는 것도 사실이다.

　결론적으로, 여성 정치 리더가 정치 공간에서 '어떻게 이끄는가?'라는 리더십과 관련한 질문에 답하고자 할 때, 여성적 리더십의 대표적 사례로 간주되는 엄마 리더십의 상점과 단점을 동시에 고려할 필요가 있다. 한편으로 여성 정치 리더는 엄마 리더십을 바탕으로 자신의 정치적 입지를 강화할 수도 있다. 그러나 다른 한편으로 엄마 리더십에만 의존할 경우 여성과 가족을 제외한 사안과 관련해서는 자신의 정치적 입지를 약화시키는 결과를 가져올 수도 있다. 정치 공간에서 소프트 파워의 중요성에 대한 논의가 진행되고 있지만, 아직까지는 하드 파워의 영향력이 지배적이며 앞으로도 그 영향력을 완전히 간과하기는 어렵기 때문이다. 따라서 여성 정치 리더는 엄마라는 사적 공간에서의 지위에 기초한 엄마 리더십 이외의 새로운 리더십의 자원을 확보하는 방향으로도 나아가야 할 것으로 보인다.

4. 정치 공간에서의 리더십에 대한 페미니즘적 비판

오늘날의 남성 중심적 정치 공간에서 여성 리더의 증가 및 여성적 리더십의 실천은 페미니즘 내에서 매우 중요한 과제의 하나다. 따라서 여성 정치 리더의 숫자를 늘리기 위한 여성정치할당제와 남녀동수제를 둘러싼 활발한 논의들(스콧, 2009; 조현옥·김은희, 2010; 김경희, 2012; Franceschet and Piscopo, 2013; 김민정, 2014; 김은희, 2019; 이정진, 2019; 이정진·김종갑, 2020; 이진옥: 2019)처럼, 여성 정치 리더의 숫자를 늘리기 위한 다양한 방안에 대한 논의들이 앞으로도 더욱 심도 있게 진행되어야 할 것이다. 이러한 노력과 더불어 우리가 생각해 봐야 할 점은 정치 공간에서의 리더십이라는 개념이 기본적으로는 위계적인 권력의 사다리를 전제로 하는 개념으로, 남성이 아닌 여성이 정치 리더가 된다고 해서 정치 공간의 이러한 속성이 근본적으로 변화될 수 있는가 하는 점이다.

적은 수에 불과하지만 우리는 과거의 정치 공간에서도 여성이 리더가 되어 리더십을 발휘한 사례들을 익히 알고 있다. '남왕(男王)'의 세계로서의 정치 공간에서 '여왕(女王)'이 다스리던 시기들이 예외적이기는 하지만 분명히 있었기 때문이다. 하지만 군주가 통치하던 군주제하에서 일반 백성의 삶은 남왕이 통치를 하든 여왕이 통치를 하든 그다지 큰 차이가 없었다. 여왕이 통치를 한다고 해서 지배를 하는 자로서의 왕과 지배를 당하는 자로서의 백성이라는, 즉 인간을 지배자와 피지배자로 나누고자 하는 정치 공간의 위계적이고 수직적인 권력 구조에 어떤 근본적인 변화가 있었던 것은 아니다. 하물며 우리는 오늘날 지배자도 피지배자도 존재하지 않는다고 가정하며, 모든 권력이 국민으로부터 나오고 인간은 다양한 차이에도 불구하고 인간이기 때문에 서로 평등하다고 전제하는, 이른바 민주주의 시대에 살고 있다. 따라서 정치 공간에서의 리더십에 대해 페미니즘 관점에서 접근하고자 할 때, 리더십이라는 개념이 갖는 다음의 두 가지 부정적인 측면으로 인해 리더십 개념의 사용에 특별한 주의를 기울여야 할 것으로 보인다.

첫째, 리더십이 위계질서와 결합되어 있고 위계질서는 여성에 대한 가부장적 지배와 불가분의 관계를 맺고 있어, 리더십이라는 용어가 1970년대의 여성운동 내에서는 '불쾌한 용어(a dirty word)'로 간주되었다는 점이다. 그래서 여성들이 가부장제로부터 자신을 해방시키기 위해서는 위계질서를 거부하고 집단과 네트워크(collectives and networks)를 통해 조직을 구성하는 방법을 찾는 것이 급선무였다. 따라서 여성들은 리더(leader)와 추종자(follower)라는 구조를 거부하고, 협의를 통해 의사결정을 함으로써 모두가 그 의사결정에 책임을 지고자 했다. 여성적 리더십에서 집단 내 구성원 간의 합의를 도출해 낼 수 있는 도덕적 역량이 무엇보다 중요한 기능을 했던 것도 바로 이러한 맥락에서였다. 다시 말하자면, '제2물결 페미니즘(Second-Wave Feminism)'은 리더십 개념에 대해 '집단적 프레임(the collectivist frames)'을 가지고 접근하고자 했던 것이라 할 수 있다(Sawer and Andrew, 2014: 2).

이와는 대조적으로 오늘날의 신자유주의적 자본주의하에서의 '제3물결 페미니즘(Third-Wave Feminism)'에서는 리더십을 둘러싼 논의의 초점이 '개인적 프레임'으로 이동하고 있다. 제2물결 페미니스트들이 '카리스마적 개인'과 동일어로 이해되는 리더십 개념에 강한 거부감을 표명하던 것과는 달리, 제3물결 페미니즘에서는 리더십의 핵심이 여성 개인의 커리어(career) 개발이나 개인적 이니셔티브(initiative)의 강화로 이해되면서 제2물결 페미니즘에서의 리더십에 대한 접근을 특징짓던 '집단성의 추구(pursuit of collectivity)'(Sawer and Andrew, 2014: 3)와는 차이를 보인다. 이로 인해 리더십에 대한 연구 또한 여성 정치 리더 개인의 성공에 초점을 맞춰 한 개인으로서의 여성이 자신의 정치적 커리어를 어떻게 쌓았는지를 다루는 경우가 많다.

리더십 개념에 대한 제2물결과 제3물결 페미니즘 간의 이러한 차이는 여성들의 집단적인 협력과 개인적인 이니셔티브의 강화라는 두 가지 목표를 서로 어떻게 조화시킬 것인가라는 질문을 제기하게 만든다(Iannello, 2010). 이런 점에서 몇몇 여성 정치 리더의 출현 및 이들에 의한 정치적 리더십의 발휘가 그 여성 개인의 성공에 머물지 않고, 집단으로서의 여성의 전체적인 삶 또한 변화시킬 수 있는 원동력으로 작용하기 위해서는, 리더십을 개인적 특질이 아니라 집단의 구성원 간에 유연하게 나눌 수 있는 일련의 기능들로 바라보는 '나눔의 리더십(shared leadership)'의 아이디어 (Sawer and Andrew, 2014: 2)를 비롯하여, 카리스마적 개인으로서의 리더십과 위계질서에 기초한 남성적 조직과 행동을 넘어서서 집단적이고 비위계적이며 민주적인 조직과 행동을 구현하기 위한 다양한 아이디어를 모아야 한다.

둘째, 이의 연장선상에서 정치 공간에서의 권력과 리더십의 관계에 대한 새로운 상상력이 필요하다(이상화, 2005; 허라금, 2005). 남성 중심의 정치 공간에서 오랫동안 권력(power)은 '지배(domination)'와 동의어로 이해되어 왔다. 지배자는 권력이 없이는 자신의 지배를 관철시킬 수 없고, '권력 없는 지배(domination without power)'란 불가능하기 때문이다. 이처럼 리더십은 권력의 문제와 직접적으로 연결되어 있으며 권력의 문제로부터 자유로울 수 없는 개념(홍성태, 2011)이다. 따라서 여성 리더가 권력의 성격을 근본적으로 변화시켜 '임파워먼트로서의 권력(power as empowerment)'과 같은 권력의 새로운 지평을 열고자 한다면, 권력으로부터 지배의 흔적을 제거하여 '지배 없는 권력(power without domination)'이라는 이상을 실현할 수 있는 구체적인 방안이 무엇인지를, 권력의 수직적이고 위계적인 속성을 수평적이고 민주적인 속성으로 바꾸어 나갈 수 있는, 다시 말하자면 권력 개념 그 자체의 소멸로 나아가기 위한 구체적인 방안이 무엇인지를 적극적으로 탐색해 나가야 한다(Allen, 2016).

권력과 리더십의 관계에 대한 새로운 조망이 절실히 필요한 이유는,

지배자와 피지배자의 존재라는 수직적 구조를 전제로 하는 과거의 군주제에서와는 달리 오늘날의 민주제에서는 지배자도 피지배자도 없는, 시민 스스로가 통치자이자 피통치자가 되는 수평적 구조를 만들어 나가야 하기 때문이다. 그럼에도 권력과 리더십을 둘러싼 논의들이 여전히 마키아벨리(Niccoló Machiavelli)의 『군주론』이나 홉스(Thomas Hobbes)의 『리바이어던(The Leviathan)』처럼 군주제하에서의 리더십을 다룬 저작들에 기초하여 이루어짐으로써, 수직적이고 위계적인 남성 중심적 리더십 연구의 틀 안에 머물러 있는 경우가 많다. 민주제에서 리더와 추종자의 존재가 민주주의의 기본 원리와 어긋나는 것은 아닌지, 민주제에서 리더의 존재는 반드시 필요한 것인지, 리더십이 기본적으로 권력의 불평등한 분배에 기초한 개념이라면 민주제에서는 이를 대체할 새로운 개념이 요청되는 것은 아닌지와 같은 좀 더 근본적인 질문이 그래서 무엇보다 필요하다. 2000년이 넘는 인류의 역사에서 민주제라는 정치체제가 출현하여 군주제를 대체한 역사가 200여 년에 불과하며, 민주제하에서도 여성이 본격적으로 정치 리더로 활동하기 시작한 것이 20여 년에 불과하다는 점에서, 페미니즘 관점에서 남성적 리더십을 넘어서기 위한 시도는 이제 겨우 시작되었다 해도 과언이 아니기 때문이다.

이런 맥락에서, 페미니즘의 이상이 여성 엘리트에 의한 남성 엘리트의 대체에 있는 게 아니라면, 남성 영웅을 대체하는 여성 영웅의 산출에 있는 게 아니라면, 페미니즘의 이상이 여성과 남성의 관계를 포함하는 '모든 인간관계의 민주화와 평등화'에 있다고 한다면, 우리는 남성적 리더십의 가장 큰 특징인 '영웅적 리더십 모델(heroic models of leadership)'과 작별을 고해야 하며, 오늘날의 페미니즘에서의 리더십 연구가 '위대한 남성

이론'을 대체하는 '위대한 여성 이론'의 창출로 나아가고 있는 것은 아닌지에 대한 반성적인 고찰 또한 요청된다. '개인으로부터 집단'으로, '통제로부터 배움'으로, '자아로부터 관계 속의 자아'로, 그리고 '타인을 지배하는 권력으로부터 타인과 함께 하는 권력'으로의 전환을 통해 '탈영웅적 리더십'(Sawer and Andrew, 2014: 13)으로 나아갈 때만, '아래로부터의 정치'라는 페미니즘의 이상에 걸맞은 새로운 리더십의 전망을 열어나갈 수 있다는 점을 기억해야 한다.

5. 맺음말

이상으로 정치 공간에서의 리더십을 둘러싼 두 가지 중요한 질문, 즉 '누가 이끄는가?'와 '어떻게 이끄는가?'라는 질문을 중심으로, 오늘날의 정치 공간에서 젠더 격차가 어떻게 나타나고 있는지를 살펴보았다. 그리고 정치 공간에서의 리더십 개념이 위계적인 권력의 사다리를 전제로 한 개념이라는 점에서, 페미니즘 관점에서는 '모든 인간관계의 민주화와 평등화'라는 목표를 염두에 둔 가운데 이 개념의 사용에 특별한 주의를 기울일 필요가 있음을 강조했다. 이를 바탕으로 이 장에서는 지금까지의 리더십 개념이 갖는 '남성 중심적' 측면 및 '위로부터의 정치'라는 이미지와 작별을 고하고자 할 때, 우리에게 어떤 새로운 지향점이 필요한지를 간략히 소개하고자 한다.

첫째, 우리는 흔히 여성 정치 리더가 남성 정치 리더와는 구분되는 새로운 리더십을 발휘할 것으로 기대하곤 한다. 또한 여성 정치 리더가 자신의 지위와 자원을 활용하여 집단으로서의 여성의 이익을 위해 활동할 것으로 기대하곤 한다. 그러나 여성 정치 리더가 이러한 기내에 항상 부합하는 것은 아니다. 1979년부터 1990년까지 영국의 총리를 지낸 마거릿 대처(Margaret Thatcher)의 경우처럼 여성 정치 리더가 집단으로서의 여성의 이익과 무관하게 활동하는 사례도 있고, 2015년 11월에 캐나다의 총리로 취임한 쥐스탱 트뤼도(Justin Trudeau)처럼 남성 정치 리더가 여성을 비롯한 사회적 약자의 입장에서 정치를 펼쳐나가는 사례도 있기 때문이다. 트뤼도 총리는 캐나다 역사상 최초로 여성이 50%를 차지하는 남녀 동수 내각을 구성했을 뿐만 아니라 연령, 지역, 출신, 경력 등도 완벽하게 고려하여 '다양성'에 기초한 내각을 구성, '페미니스트 총리'로서의 면모를 유감없이 보여준 것으로 평가받고 있다(박윤수, 2015.11.5). 이는 정치 리더의 성별만이 아니라 정치 리더가 추구하고자 하는 정치적 리더십의 방향과 내용 또한 중요하다는 점을 시사하며, 민주제라는 정치체제가 작동하기 위해서는 젠더적·계급적 및 인종적 다양성을 고려하는 새로운 정치적 리더십이 필요하다는 점을 우리에게 일깨워준다. 따라서 정치적 리더십에 대해 페미니즘 관점에서 논의하고자 할 때 이제는 정치 리더의 성별뿐만 아니라 정치 리더가 추구하고자 하는 정치의 방향과 내용에 대한 분석이 반드시 동반되어야 할 것으로 보인다.

둘째, 리더십은 이끄는 자로서의 '리더'와 따르는 자로서의 '추종자'를 전제로 하는 개념, 즉 하나의 조직에서 권력의 불균등한 분배와 그에 따른 영향력의 차이를 전제로 하는 개념이다. 이와는 달리 민주제라는 정치체제는 권력의 불균등한 분배, 즉 젠더적·계급적 및 인종적 차이에 따른 권력의 불균등한 분배로부터 벗어나, 그 모든 차이에도 불구하고 모두가 인간으로서 자유로워지고 평등해지는 사회의 건설을 목표로 한다. 이런 맥락에서 페미니즘 입장에서의 리더십 연구는 리더와 추종자의 관계를 전제로 하는 리더십 개념, 그럼으로써 의도와 무관하게 권력의 불균등한 분배를 용인하게 만드는 리더십 개념, 이로 인해 정치 리더를 일종의 정치 영웅으로 바라보게 만드는 리더십 개념과 거리를 설정하고, 리더십의 토대로서의 시티즌십의 중요성(조형·윤혜린·양민석 외, 2007)으로 시선을 돌리는 한편으로, 의사결정을 할 수 있는 권력, 영향력 및 책임을 시민이 갖는 '시민 리더십(citizen leadership)'(The Scottish Government, 2008)과 같은 새로운 개념으로도 연구의 지평을 넓혀가야 할 것으로 보인다.

마지막으로, 이의 연장선상에서 '개인'의 이름으로 모든 것을 삼켜버리는 거대한 괴물로서의 신자유주의적 자본주의는 '모든 개인의 리더화' 혹은 '모든 개인의 CEO화'를 주장하며, 누구나 노력하면 리더가 될 수 있다는 환상을 유포한다. 이런 맥락에서 신자유주의적 자본주의는 몇몇 성공한 여성 리더의 사례를 바탕으로 마치 여성이 신자유주의적 자본주의의 가장 커다란 수혜자인 것처럼 비춰지게 만든다. 그러나 우리는 신자유주의적 자본주의가 필요로 하는 '개인'은 모든 개인이 아니라 이른바 소수의 '엘리트' 개인이라는 점을 기억할 필요가 있으며, 신자유주의적 자본주의하에서의 리더십 연구가 엘리트가 되지 못한 수많은 개인을 패배자로 낙인찍음으로써 빠르게 증가하고 있는 빈부의 격차를 비롯한 다양한 형태의 불평등을 정당화하는 기제로 작용하고 있는 것은 아닌지 되돌아볼 필요가 있다. 따라서 페미니즘 관점에서의 리더십에 대한 앞으로의 연구는 리더십 연구가 발 딛고 서 있는 이러한 시대적 및 역사적 맥락에도 충분한 주의를 기울여야 할 것으로 보인다.

제 **3** 장

복지 공간에 대한 새로운 상상

/

사회적 인권으로서의 복지

1. 머리말: 복지 공간의 현재적 풍경

'대한민국'은 다양한 국민이 함께 살아가고 있는 하나의 '복지 공간 (welfare space)'이다. '복지 국가(welfare state)'라는 용어가 복지의 단위를 국민국가의 영토 내부로, 그리고 복지의 주체를 국가로 설정하는 것과는 달리, 이 장에서는 복지에 대한 이러한 전통적 이해로부터 거리를 설정하기 위해 복지 공간이라는 용어를 사용하고자 한다. 복지 공간이란 복지가 구상되고 실천되는 하나의 공간적 단위로서, 국가를 단위로 하는 국가 공간뿐만 아니라 도시를 단위로 하는 도시 공간 내지는 국가의 경계를 넘어서는 초국적 공간이 될 수도 있다. 또한 복지의 주체도 국가만이 아니라 다양한 행위자로 확장될 수 있다(Munarin and Tosi, 2009, 2014).

대한민국이라는 복지 공간의 최고법인 헌법은 제34조 제1항에서 "모든 국민은 인간다운 생활을 할 권리를 가진다"고 명기하고, 이어지는 제2 항에서는 "국가는 사회보장·사회복지의 증진에 노력할 의무를 진다"고 밝히고 있다. 즉, 이 복지 공간에서 살아가는 '국민'은 인간다운 생활을 할 '권리'의 소유자로, 그리고 '국가'는 국민이 이런 권리를 누릴 수 있도록 사회보장과 사회복지를 증진시킬 '의무'를 지닌 것으로 규정되어 있다. 따라서 대한민국이라는 공간에서 우리가 복지를 이해하고자 할 때, 모든 국민이 인간다운 생활을 할 수 있도록 사회보장과 사회복지에 힘쓰는 것은 '헌법이 정한 국가의 의무'라는 점을 염두에 둘 필요가 있다(이찬진, 2001).

그뿐 아니라 헌법 제1조 제1항은 "대한민국은 민주공화국이다"라고, 제2항은 "대한민국의 주권은 국민에게 있고, 모든 권력은 국민으로부터 나온다"고 밝히고 있다. 그런데 2011년 당시 대한민국의 놀라운 현실은, 모든 권력이 국민으로부터 나온다는 이 나라에서 '대통령을 보좌하고 행정에 관하여 대통령의 명을 받아 중앙 행정기관의 장을 지휘·감독하는 기관'으로서의 '국무총리'가, 즉 주권자인 국민이 납부하는 세금으로 월급을 받는 고위 공무원이, 복지와 관련해 국민을 상대로 '고마워해야' 한다고 타이르고 있었다는 점이다. 즉, 당시 이명박 정부의 국무총리였던 김황식 국무총리가 "복지 혜택을 받는 사람은 당당한 이익으로 생각하는 게 아니라 고마움으로 생각해야" 하며, "겸손하고 원칙을 지키고, 고마움을 알고 절제하는 나라가 될 때 품격 있는 나라가 될 것"이라고 강조했었다는 점이다(심나리, 2011.3.16).

이러한 김황식 국무총리의 발언은 20세기 초반의 대한민국이라는 복지 공간에서 복지를 바라보는 '위로부터의 시선'이 어떠한가를 함축적으로 잘 보여주는 사례의 하나였다. 복지를 권리의 문제가 아니라 고마움의 문제로 인식함으로써, 유럽이 19세기 자본주의 발전의 초기 단계에서 '자선의 시선' 혹은 '시혜의 시선'으로 복지의 문제를 바라보던 것에 머물러 있는 것이다. 누구보다도 헌법을 숙지하고 이를 준수할 막중한 의무를 지닌 국무총리에게서 국민의 권리로서의 복지 및 헌법이 정한 국가의 의무로서의 복지 증진이라는 인식을 찾아보기 어렵다는 사실은, 당시 복지 공간의 객관적 현주소가 어떠했는지를 충분히 짐작케 해준다.

당시의 국무총리가 복지를 제공받는 국민을 상대로 고마움과 절제를 강조하던 시기에 그러나 대한민국이라는 복지 공간은 노동은 가장 많이 하면서도 복지는 가장 적은 그런 공간이었다는 점을 기억할 필요가 있을 것으로 보인다. 2010년 당시 대한민국의 노동자는 1년에 평균 2163시간을 일하고 있었다. 경제협력개발기구(이하 OECD) 30개 회원국 가운데 노동시간이 가장 길었다. 회원국의 노동자 1인당 연평균 노동시간이 1751시간이었음을 고려(OECD, 2020a)할 때, 연간 무려 412시간이나 더 일하고 있었던 셈이다. 이와는 달리 국내총생산(GDP) 중에서 사회적 지출이 차지하는 비중은 겨우 8.2%로 회원국 가운데 가장 낮았다. 당시 OECD 평균이 20.5%였다는 점을 고려(OECD, 2020b)할 때, 당시의 복지가 얼마나 낮은 수준에 머물러 있었는지를 충분히 짐작해 볼 수 있다.

그럼에도 '모든 행정을 통할하고 국가를 대표'하는, 당시 이명박 대통령은 2010년 12월 22일에 열린 보건복지부 새해 업무보고 자리에서 "정부의 복지 예산은 매년 늘어나고 있으며, 내년 복지 예산은 역대 최대이다. 우리가 복지국가라고 해도 과언이 아닐 정도의 수준에 들어가고 있다"(송주민, 2011.3.18)고 강조함으로써, 현실과는 동떨어진 인식을 보여주었다. '서민형 맞춤 복지'라는 용어가 빈번히 사용되고 있었지만, 급식비가 없어 점심을 굶는 아이들, 전기와 가스가 끊겨져 추운 겨울을 맨몸으로 나는 노인들, 재개발의 이름으로 자신이 살던 동네에서 쫓겨나는 주민들, 노동을 해도 생존권 보장이 안 되는 비정규직들이 넘쳐나고 있었다. 즉, '복지 없는 복지 공간'에서 살아가고 있었다고 할 수 있다.

그렇다면 그로부터 10년이 지난 오늘날, 대한민국의 복지 공간은 어떤 변화를 보여주고 있는가? 2018년 기준으로 OECD 35개 회원국의 노동자 1인당 연평균 노동시간이 1734시간인 반면, 대한민국의 노동자는 1년에 평균 1993시간을 일함으로써 회원국 가운데 세 번째로 노동시간이 길다(OECD, 2020a). 반면에 국내총생산(GDP) 가운데 사회적 지출이 차지하는 비율은 11.1%로, OECD 35개 회원국 평균인 20.1%에 한참 미치지 못하며, 회원국 가운데 세 번째로 사회적 지출의 비율이 낮다(OECD, 2020b). 10년 전과 비교해 보면 노동시간의 차원이나 사회적 지출의 차원에서 일정 정도 긍정적인 변화가 일어나고 있는 것은 사실이다. 그러나 그 변화의 폭이나 속도가 지나치게 느려서, 대한민국이라는 복지 공간의 성격이 근본적으로 변화되었다고 보기에는 어려운 것이 현실이다.

복지 공간의 이런 현재적 풍경은 우리로 하여금 대한민국이라는 복지 공간의 현주소에 총체적으로 물음표를 던지고 새로운 미래적 풍경을 모색하도록 만든다. 복지의 성격과 관련해 '자선'으로 바라보는 '위로부터의 시선'에 맞서 '권리'로 바라보는 '아래로부터의 시선'을 발전시켜 나가야 할 필요성 및 이를 바탕으로 복지의 범위와 내용 또한 새롭게 확장할 필요성이 제기되고 있다. 복지를 '권리'의 차원에서 바라보고자 할 때, '사회적 시민권'과 '사회적 인권'이라는 두 개의 틀로 나누어 생각해 볼 수 있는

데, 이 장에서는 이 각각의 틀로 복지를 분석할 때 우리가 포착하게 되는 것과 놓치게 되는 것에 주목하고자 한다.

이런 맥락에서, 이 장은 먼저 2절에서 사회적 시민권으로서의 복지 및 베스트팔렌(Westphalian)적 틀의 가능성과 한계에 대해 살펴본다. 나아가 3절에서는 사회적 인권 차원에서 복지를 바라보고자 하는 시각 및 탈베스트팔렌적 틀에 대한 소개가 이어진다. 마지막으로 맺음말에 해당하는 4절에서는 문제로 제기되지 않는 자본주의적 전제 등 이른바 국가 복지의 한계로도 시선을 돌려 복지 공간의 미래적 풍경을 스케치하는 데 고려해야 할 점을 간단히 언급한다.

2. 사회적 시민권으로서의 복지

1) 사회적 시민권과 복지

1990년대 이후로 사회주의권의 붕괴와 이전의 사회주의 국가들의 자본주의적 세계경제로의 통합 및 이에 따른 경제적 지구화의 가속화는 자본주의 사회에서 복지국가가 갖는 의미를 반성적으로 되돌아보도록 만들어주었다. 캐나다의 사회학자 미쉬라(Ramesh Mishra)가 사회주의 대안의 붕괴, 경제의 지구화, 그리고 국민국가의 상대적 쇠퇴라는 복지국가의 변화하는 맥락으로 시선을 돌리며, "지금 당장 취해야 할 최소한의 필요 조치는 복지국가가 해체되는 추세를 저지하고 전전 시기의 자유방임 자본주의 사회로 되돌아가는 사태를 막아내는 일"(미쉬라, 2002: 216~217)이라고 강조한 것도 이러한 시대적 흐름과 기본적으로 연결되어 있다.

미쉬라가 이처럼 복지국가가 해체되는 추세를 저지해야 한다고 생각하는 이유는, 복지국가가 사회주의로 귀결되지 않을 수도 있겠지만 보편적인 사회복지 프로그램들은 "누가 뭐래도 자유시장 사회의 불안정과 불평등에 맞선 인민적 투쟁의 산물"이며 그런 프로그램들은 "비록 불완전하나마 공동성, 곧 연대의 가치를 상징하는 동시에 시장경제의 한계 안에서 인간의 욕구가 인정되고 있음을 보여"주기 때문이다(미쉬라, 2002: 217). 경제적 지구화가 사회적 불평등을 일국적 차원에서는 물론이고 지구적 차원에서도 산출해 내고 있다는 점을 감안할 때, 자유방임 자본주의와 복지 자본주의 간의 차이에 주목하며 복지 자본주의의 방어를 통해 자유방임 자본주의의 확산을 방지해야 한다는 미쉬라의 주장은 한편으로 충분한 설득력을 갖는다.

1990년대에 접어들어 복지국가의 발전 및 복지국가의 정당화를 위한 노력의 하나로 '시민권(citizenship)', 좀 더 구체적으로 '사회적 시민권(social citizenship)' 혹은 '사회권(social rights)'이라는 용어가 폭발적으로 사용되기 시작한 것도 이런 시대적 맥락과 무관하지 않을 것이다. 복지국가의 확대를 이러한 권리의 확대로, 그리고 복지국가의 축소를 이러한 권리의 축소와 동일시하는 가운데, 영국의 이론가 마샬(Thomas Humphrey Marshall)의 시민권에 대한 논의를 바탕으로 복지국가와 사회적 시민권을 등치시키고 있는 것이라 하겠다(서정희, 2008: 147~148).

마샬은 시공을 초월하는 시민권의 보편적 원리란 존재하지 않으며, 역사적 조건과 상황에 따라 시민권이 규정하는 권리와 의무의 내용은 달라진다고 보며, 지난 3세기 동안 출현한 시민권의 세 가지 형태를 구분한다. 첫 번째 형태는 18세기에 출현한 '공민권(civil rights)'으로서 자산, 개인적 소유와 성의에 대한 권리 등 개인의 자유에 필요한 권리의 확립이다. 두 번째 형태는 주로 19세기에 확립된 '정치권(political rights)'으로서 정치적 권력의 행사에 참여하는 권리를 포괄한다. 그리고 세 번째 형태가 바로 '사회권(social rights)'으로서 주로 20세기 이후에 확립되었으며, 경제적이고 사회적인 보장 측면에서의 시민권을 강조하고 있다(안치민, 2003: 13~17; Marshall, 1950). 즉, 사회권은 공민권과 참정권이 확립된 후에 그 뒤를 이어 출현한 것으로 근대 민주주의 국가에서 시민적 권리가 발전해 가는 과정의 완성을 의미한다 할 수 있다(미쉬라, 2002: 222).

우리가 복지를 권리로서 이해하기 위해 이처럼 마샬의 사회적 시민권 혹은 사회권이라는 개념에 의거하는 것은, 첫째, 자본주의 사회의 시장에서의 불평등 혹은 계급사회의 불평등이 평등한 체계로서의 시민권을 통해 완화되어 왔다는 것을 받아들인다는 의미다. 즉, 불평등한 체계인 계급사회와 시민권의 평등 체계가 경합하면서 시민권을 통해 계급불평등이 완화된다고 바라보는 것이다. 둘째, 시민권, 특히 사회적 시민권의 본질을 보편성에서 찾고 있는 것이다. 마샬의 시민권은 시민의 지위(status)에서 발생하는 것이기 때문에 사회적 시민권의 본질은 보편성이며, 한 개인이 한 국가의 시민이기 때문에 주어지는 보편적 권리라고 보는 것이다. 셋째, 시민권에 근거한 복지 급여의 수준과 내용에 대해서도 그 수준은 최적화된 수준으로 지급되어야 하며, 조건 부과를 동반하는 급여 조건은 시민권의 원칙에 위배된다고 보는 것이다. 즉, 사회적 시민권의 핵심은 조건성을 수반하지 않는 시민의 지위 그 자체에서 발생하는 무조건적 (unconditional) 권리라고 해석하는 것이다(서정희, 2008: 150~152).

그러나 미쉬라의 안내에 따라 우리가 "서구의 복지국가에서 국가 복지를 하나의 '권리' 내지 …… 수급 자격으로, 나아가 모든 시민을 포괄하는 어느 정도 보편적인 급부로 인식하는 발상"(미쉬라, 2002: 222~223)을 전전의 사회정책의 핵심 요소로 인식하게 되면, 즉 모든 시민의 보편적 내지는 무조건적 권리에만 초점을 맞추게 될 경우, 우리는 예상치 않은 문제에 봉착하게 된다. 첫째, 사회권은 다른 두 가지 권리, 그러니까 공민권 및 정치권과 동등한 위상을 확보하지 못하고 있다는 점을 망각하게 된다. 이 두 가지 권리는 본질적으로 절차적인(procedural) 권리들이고, 따라서 보편적인 인권으로서 제도화될 수 있는 권리들인 반면에, 사회권은 성격상 실질적(substantive)이라는 점이다. 사회권은 물질적 자원을 동원하고 재분배하는 쟁점을 제기함으로써, 사회권의 부여는 자유 자본주의 사회에서 기본적인 권리 가운데 하나인 경제적 권리 내지는 사유재산의 권리와 갈등을 일으키게 된다는 점이다. 둘째, 사회권이 문제가 되는 또 다른 이유는 생활수준에 대한 실질적 권리로서 사회권이 적정 수준이 아니라 최저 수준을 함축한다는 데서 비롯된다. 그러나 연금과 건강보호 같은 핵심 사회복지 프로그램들은 최저 수준을 뛰어넘기 마련이고 흔히는 적정 수준을 목표로 하게 된다. 바로 그렇기 때문에 이런 프로그램들의 경우 경제성장이 주춤거리는 경우에는 최저 수준으로 감축해야 한다는 주장에 취약해지고는 한다는 점이다(미쉬라, 2002: 224~225).

오늘날 사회적 시민권 담론은 흔히 좌파의 전유물로 인식되기도 하는데, 시민권 담론에 호소하는 것은 비단 좌파만은 아니라는 점을 염두에 둘 필요가 있다. 우리가 시민권이라는 개념을 사용할 경우, 이는 '권리'만이 아니라 '의무'라는 개념도 동시에 함축하고 있기 때문이다. 다만 차이는 좌파의 경우 '권리 담론'에 무게중심을 설정하고, 우파는 '의무 담론'에 무게중심을 설정한다는 점이다. 기존의 복지국가가 사회적 시민권의 권리적 측면만을 강조하여 복지국가의 실패를 야기했다고 보는 미국의 이론가 미드(Lawrence Mead)가 그 대표적인데, 가령 그는 현재의 빈민들은 시민권적 의무를 수행할 능력이 없거나 수행하지 않아서 그들에 대한 급여 제공은 시민권적 권리가 아니라 시혜로만 주어져야 한다고 주장하며, 무엇보다 먼저 책임과 의무를 강조한다(서정희, 2008: 154).

잘 알려져 있듯이, 이처럼 책임과 의무가 강조될 때 가장 중요하게 제기되는 의무의 구체적 형태는 물론 노동이다. 특히 미드는 노동을 꺼려하는 빈민들의 삶의 방식 때문에 빈곤 문제가 발생한다고 본다. 그리고 복지국가의 재정 위기는 이런 빈민들에게 복지국가가 급여를 지급하기 때문이라고 본다. 따라서 빈민들이 사회적 의무로서의 노동을 하지 않는 것은 마샬이 말하는 시민권의 평등 원칙에 위배되는 것이므로, 빈민들이 가치 있는 사람들로 간주되게 하려면 이들에게도 노동 의무를 평등하게 강제함으로써, 빈곤의 문제와 시민권적 의무를 결합시켜 사고해야 한다는 것이다(서정희, 2008: 156).

근로연계복지(welfare-to-work), 또는 제공된 일자리를 수용하거나 일종의 직업 훈련을 받는 조건으로 복지수급 청구 자격을 부여하는 정책을 놓고 벌어지는 현재의 논쟁들이 바로 이런 사례들이다. 일반적으로 말해 근로연계복지는 신자유주의적 정책에 속하며, "책임 없이 권리 없다"라는 대중적 구호에 집약된 대로 근로연계복지 정책은 개인의 책임을 강조한 빅토리아 시대로 되돌아가자고 호소한다. '당사자의 행동거지에 따라 조건부로' 복지를 제공해야 한다는 주장인데, 여기서 훌륭한 행동거지란 일차적으로 유급 일자리를 받아들이는 것으로 정의되고는 한다(프레드먼, 2009: 484~485).

2) 사회적 시민권으로서의 복지와 베스트팔렌적 틀

복지 공간의 차원에서 보자면, 사회적 시민권에 기초한 복지 개념은 국민국가를 기본단위로 하는 '케인스주의적-베스트팔렌적 틀(Keynesian-Westphalian Frame)' 혹은 '베스트팔렌적 틀(Westphalian Frame)'(프레이저, 2010: 29, 13~14)을 전제로 한다. '한 국가의 영토에 거주하는 국가 시민'이 자신의 공동 이익을 제한된 정치공동체의 일반의지로 정식화한다는 가정에 기초한 이 틀 내에서는, 시민권과 국적 그리고 영토 내 거주가 등치된다. 이런 가운데 복지는 시민으로서 동등한 자격을 갖는 국민들 사이의 재분배의 문제로, 그리고 국민국가라는 행위자가 국민국가 내부에서 복지에 대한 기본적 책임을 지는 것으로 이해되어 왔다. 지금까지 복지국가는 국민국가라는 특정한 영토적 공간 안에서 구상되고 실행되는 일국적 프로젝트, 즉 '근대의 국민국가적 프로젝트'(Beck, 1997: 24)로 인식되어 왔던 것이다.

이러한 '베스트팔렌적 틀' 내부에서 복지를 권리로서 누리기 위해서는, 앞에서 강조한 바 있듯이 먼저 사회적 의무로서의 노동에 충실할 것이 요구된다. 이로 인해 '노동을 강제하는 조건부 복지'라는 문제가 발생하게 된다. '시민 자격' 혹은 '시민으로서의 지위'에 기초, 국민국가라는 복지 공간에 거주하는 모두가 시민으로 지칭되는 가운데 '동등한 시민'으로서 복지에 대한 수급권을 갖는다는 이미지를 전달하지만, 그 시민이 노동능력이 없을 경우, 노동능력이 있다 해도 노동시장에서 유급노동을 구하기 어려울 경우, 여성일 경우, 외국인일 경우, 장애인일 경우에는 '시민의 의무'를 다하는 '동등한 시민'으로 대접받지 못한다는 점이다.

이로부터 '베스트팔렌적 틀'에 기초한 복지의 두 번째 중요한 문제가 생겨나는데, 이때의 노동은 노동시장에서 화폐를 매개로 교환되는 유급노동만을 의미한다는 점이다. 덴마크의 사회학자 에스핑-안데르센(G østa Esping-Andersen)의 용어를 빌리면, 자본주의 사회에서 사회권은 '탈상품화(de-commodification)'를 통해 '상품'으로서의 시민의 위치를 완화하는 데 그 목적이 있다(에스핑-안데르센, 2006). 따라서 사회권을 누리기 위해서는 먼저 노동시장에서 자신의 노동력을 판매함으로써 이를 상품화해야 한다. 그러나 여성에게는 노동력의 상품화 자체가 쉽지 않은데, 사회가 여성에게는 주로 가정에서 무급노동을 수행할 것으로 기대하기 때문이다(Sainsbury, 1996; Bolzendahl, 2010).

자본주의 사회는 그러나 노동시장에서의 유급노동만으로 유지되지 않는다. 가정에서 주로 여성들에 의해 수행될 것으로 기대되는 무급노동, 즉 가사, 보육, 양육 및 돌봄노동 없이는 노동시장에서 유급노동의 재생산이 불가능하다. 재화를 만들어내는 생산 영역에서의 생산 노동과 인간 혹은 노동력을 재생산하는 재생산 영역에서의 재생산 노동, 두 가지가 반드시 필요하다. 그럼에도 생산 영역만이 '경제(the economy)'로 간주되며 생산 노동만이 사회적으로 중요한 노동으로 인정을 받는다. 이와는 달리 재생산 노동은 사회적으로 하찮은 노동으로 간주되며, 국내총생산(GDP)을 산출할 때도 전혀 고려의 대상이 되지 않는다. 따라서 '경제'라고 불리고 있는 것은 남성의 입장에서 본 '시장화되고 화폐화 된 경제'에 불과하며(홍태희, 2005: 212), 경제라는 영역 그 자체가 이미 '젠더화된 장소' (Cameron and Gibson-Graham, 2003: 145)라는 점이다.

자본주의 사회에서의 복지국가는 바로 이런 남성 중심의 경제 개념과 노동 개념에 기초, 한 남성 노동자가 가족 임금을 통해 가족 구성원을 부양할 것으로 전제하는 '남성 생계부양자 모델'을 구축해 왔다. 전통적으로 남성을 가족의 생계부양자로 그리고 여성은 경제적으로 남성에 의존하는 것으로 설정한 가운데, 생계부양자로서의 남성을 실업, 질병 및 노년과 같은 사회적 위험으로부터 보호하는 데 초점을 맞추어왔다(안숙영, 2010: 191~195). 이런 가운데 여성은 흔히 남편이라는 이름의 남성 혹은 국가에게 의존하는 상황에 놓이게 되었다. 다시 말하자면, 복지국가는 사회보장에 있어 여성과 남성을 상이하게 보장함으로써 불평등한 젠더관계를 재생산해 온 것이다(Weiss, 2003: 4).

복지국가의 이러한 젠더성과 더불어, 사회적 시민권에 기초해 복지국가를 바라볼 때 나타나는 세 번째 문제점은, 복지국가의 분배적 기능을 과대평가하게 된다는 점이다. 그러나 영국의 이론가 고프(Ian Gough)가 지적하듯, 복지국가는 우선적으로 주로 가구 형태가 상이하고 상이한 상황에 있는 가계들 간의 소득을 '수평적으로' 재분배하는 기능을 수행하는 매개체이다. 즉, "복지국가는 이윤으로부터 임금소득으로의 재분배나 상류 및 중상류 계층으로부터 저소득 계층으로의 재분배가 아니라, 임금과 봉급을 얻는 계급(광의의 노동계급)의 내부에서 소득을 재분배하는 것"(고프, 1990: 146)이라는 점이다. 복지국가가 소득을 계급 간에 수직적으로 재분배하는 것이 아니라 같은 계층 내에서 수평적으로 재분배하는 기능을 주로 수행한다는 점은, 우리가 복지국가에 대한 '일면적 환상'을 경계해야 할 중요한 이유의 하나다.

네 번째 문제점은, 사회적 시민권의 차원에서 복지를 논하다 보면 논의가 보편복지냐 선별복지냐의 차원에 머물고 복지국가가 갖는 통제적 성격이나 훈육적 성격 등이 논의에서 사라지게 된다는 점이다. 이와 관련, 미국의 정치철학자 낸시 프레이저(Nancy Fraser)가 전후 케인스주의적 복지국가가 정점에 도달한 시기에 저술활동을 했던 푸코(Michel Foucault)가 "복지국가가 이룩한 가장 자랑스러운 성취 속에서도 여전히 존재하고 있던 부정적 측면들"을 볼 수 있도록 우리에게 가르쳐 주었다고 지적하며, "그의 관점에서 볼 때, 전후 사회국가의 구성 요소들은 훈육적 지배라는 교도소 군도를 구성하며, 그것은 자기 스스로가 부과하는 것이기 때문에 더욱더 교활한 것"(프레이저, 2010: 197)이라고 비판적으로 적고 있듯이 말이다.

3. 사회적 인권으로서의 복지

1) 사회적 인권과 복지

앞에서 살펴보았듯, 서구 복지국가에서 복지와 복지국가의 이론화와 정당화에 있어 사회적 시민권 개념은 그 핵심을 이루고 있다. 그러나 사회적 시민권은 자본주의 사회의 근간인 재산권에 대한 제한이나 제약은 고려하지 않는다. 사회적 시민권의 보장은 재산권을 침해하지 않는 가운데서만 가능하며, 만일 재산권과 사회적 시민권이 충돌할 경우는 재산권

의 우선성 내지는 불가침성이 법적으로 보장된다.[1] 이러한 재산권의 불
가침성으로 인해 사회적 시민권의 완전한 보장은 자본주의 사회에서는
사실상 기대하기 어려우며, 경제가 위기에 처할 때는 재산권 보장이라는
이름으로 시민적 사회권의 축소나 폐기가 자유자재로 이루어진다.

물론 제2차 세계대전 이후부터 1970년대 중반에 이르는 이른바 복지
국가의 황금기에는 사회권에 기초한 복지국가가 경제적으로 긍정적인
효과를 가져오는 한편으로, 정치적으로도 안정과 통합에 기여할 것으로
기대되고는 했다. 그러나 1970년대 중반 이후로 서구 경제가 심각한 문
제에 봉착하면서는 상황이 달라졌다. 경제적 권리 내지 사유재산의 권
리가 정책의 우선순위로 떠오르면서, "사회권은 사유재산의 권리를 침
해하는 것"으로 여겨지는 가운데 수세 국면에 처하게 되었다(미쉬라, 2002:
224~225).

사회적 시민권 개념의 이러한 태생적 한계로 인해, 인간은 누구나 인
간답게 살 권리를 가지고 있으며 인간답게 살기 위해서는 기본적인 생존
의 권리, 즉 '생존권'이 보장되어야 한다는 사실은 종종 간과된다. 우리의
'몸' 혹은 '신체 공간'(슈뢰르, 2010: 313~337)은 우리가 인간으로 존재하기 위
한 가장 구체적인 물질적 형태의 하나다. 적정량의 식량과 적당한 주거와
적정한 의료 등이 없이는 인간으로서의 생존 자체가 불가능하다. 사회적
시민권 개념은 그러나 생존에 필요한 식량과 주거와 의료 등을 제공하기

---

1   대한민국이라는 복지 공간에서 2009년 1월의 '용산 철거민 사망 사건'은 이 양자의 충돌
     을 보여주는 대표적인 사례였다. 권리와 권리가 충돌할 때, 즉 집주인의 재산권과 세입자
     의 주거권이 충돌할 경우, 재산권이 우선시되며 주거권을 지키기 위한 세입자의 싸움은
     정부에 의해 불법폭력행위로 규정된다(박상희, 2009.1.20; 이세영, 2009.10.16).

에 앞서, 그 몸의 국적이 어디인지 성별은 무언지 노동은 수행하고 있는지 등등을 먼저 질문한다. 자신이 거주하는 공간의 국적을 소지하지 않았을 경우, 인간답게 살 권리는 전혀 보장되지 않는다. 따라서 우리가 인간답게 살 권리라는 맥락에서 복지의 문제에 접근하고자 할 때, 인권으로서의 생존권의 문제는 그 출발점으로 자리 잡지 않을 수 없다.

그러나 놀랍게도 인권 개념은 지금까지 복지의 구상과 실천에서 논의의 중심으로 떠오르지 못했다. 1948년 12월 10일에 발표된 국제연합(UN, 이하 유엔)의 '세계인권선언'은 제2조에서 "모든 사람은 인종, 피부색, 성, 언어, 종교, 정치적 또는 그 밖의 견해, 민족적 또는 사회적 출신, 재산, 출생, 기타의 지위 등에 따른 어떠한 종류의 구별도 없이, 이 선언에 제시된 모든 권리와 자유를 누릴 자격이 있다"고 밝히고 있다. 한 인간이 어떤 국민국가에서 태어났든, 여성으로 태어났든 남성으로 태어났든, 흑인으로 태어났든 황인으로 태어났든 백인으로 태어났든, 즉 '출생의 우연'과는 상관없이 '인간'이라는 이유로 권리와 자유를 누릴 '자격'이 있다고 밝히고 있다. '권리'는 어느 한 국민국가의 국적을 가진 '시민'이기 때문에 혹은 노동할 능력을 가진 '시민'이기 때문이 아니라, '인간'이기 때문에 누릴 자격이 있다고 규정하고 있는 것이다.[2] 우리는 '인간'이기 때문에 굶어죽지 않을 권리, 충분한 치료를 받을 권리, 적당한 곳에 거주할 권리 등등

---

2   이런 면에서, 1789년 프랑스혁명의 '인간의 권리와 시민의 권리에 대한 선언'이 사실상은 재산을 소유하고 세금을 납부할 수 있던 남성 시민의 권리만을 보장할 뿐, 여성, 외국인 및 노예의 권리를 의미하는 것은 아니었다는 점에 주목할 필요가 있다. 따라서 드 구즈(Olympe de Gouges)가 1791년에 '여성의 권리와 여성 시민의 권리에 대한 선언'을 발표, 여성의 권리를 주장한 것은 우리에게 많은 시사점을 준다(발리바르 외, 2003).

을 보장받아야 한다는 언명인 것이다.

그러나 인권의 차원에서 복지를 이론화하고자 할 때, 영국의 법학자 프레드먼(Sandra Fredman)의 제안에 따라 '인권 공화국'으로 나가고자 할 때, 이번에는 인권에 대한 심각한 오해와 맞닥뜨린다. 인권이 주로 국가에 대한 개인적 방어권 내지는 저항권으로만 소극적으로 해석되고 있기 때문이다. 다시 말하자면, 인권이 시민적·정치적 권리로만 일면적으로 해석됨으로써, 인권은 동시에 경제적·사회적·문화적 권리를 의미하기도 한다는 점이 종종 망각되는 것이다. 이로 인해, 복지는 인권의 개념과 불가분적으로 연결될 수밖에 없음에도 불구하고, 의료보장 같은 복지 문제가 인권과는 무관한 별개의 영역으로 간주되고 있는 것이 현실이다.

총 30조에 걸치는 '세계인권선언'은 인권의 두 가지 측면에 대해 언급하고 있다. 하나는 제3조에서 제21조까지의 '시민적 및 정치적 권리'로, 총 19조에 걸쳐 권리의 범위와 내용이 비교적 구체적으로 다루어지고 있다. 다른 하나는 제22조에서 제28조에 이르는 '경제적, 사회적 및 문화적 권리'인데, 총 7조에 걸쳐 권리의 범위와 내용이 비교적 간단하게만 다루어지고 있다.[3] 두 가지 권리 간의 이러한 불균형은 이후 동서냉전 속에서 동구와 서구 간의 끊임없는 갈등의 소지로 작용했고, 결국 1966년 12월 16일 유엔은 '시민적 및 정치적 권리에 관한 국제규약' 및 '경제적, 사회적 및 문화적 권리에 관한 국제규약'을 통해 '세계인권선언'에 나타나 있던

---

3   그래서 1948년 12월 '세계인권선언'의 채택을 둘러싼 투표에서 당시 구소련과 다른 사회주의 국가 5개국은, 경제적·사회적 및 문화적 권리가 소홀히 취급되었다는 이유로 기권을 표시하기도 했다(브라운, 2009: 592~593).

이러한 불균형을 시정하기에 이른다.[4] 즉, 인권의 시민적 및 정치적 측면으로서의 '자유권'만이 아니라, 인권의 경제적·사회적 및 분화적 측년으로서의 '사회권'의 중요성 또한 국제무대에서 그 중요성을 인정받게 되었던 것이다. 따라서 복지를 인권의 개념에서 접근하기 위해서는 '세계인권선언' 및 이 두 국제규약에 나타나 있는 이러한 인권의 두 가지 측면에 주목할 필요가 있다.

이런 맥락에서 인권의 물질적 측면인 '경제적·사회적 및 문화적 권리'로 시선을 돌린다 할 때, 유엔의 '경제사회이사회(Economic and Social Council)' 산하 '경제적·사회적 및 문화적 권리 위원회(Committee on Economic, Social and Cultural Rights)'가 1993년에 시민적 및 정치적 권리들만이 인권침해로 인식됨으로 인해, 경제적·사회적 및 문화적 권리가 시행이 가능하지 않은 2급 권리로 간주되는 한편으로, 경제적·사회적 및 문화적 권리 또한 시민적 및 정치적 권리와 더불어 국제인권법의 근본 신념이라는 대전제가 간과되고 있다고 천명한 것(국가인권위원회 국제협력담당관실, 2005: 11)은 우리에게 중요한 시사점을 준다.

이는 경제적·사회적 및 문화적 권리의 지위가 아직까지는 시민적 및 정치적 권리와 동등한 지위를 갖지 못하고 있다는 점을 잘 보여준다. 미국을 비롯한 몇몇 서구 국가들은 보편적 인권은 직업, 주거, 관대한 복지

---

4   이런 가운데, '시민적 및 정치적 권리'는 흔히 '제1세대 권리'로, '경제적·사회적 및 문화적 권리'는 '제2세대 권리'로 불리기도 한다. 그러나 이 두 권리는 모두 본질적으로 개인의 권리를 다룬다는 점에서, 1981년 유엔의 '반줄 헌장(Banjul Charter)'이 아프리카의 인권 현실과 관련해 부와 자연자원을 자유롭게 처분하는 공동체의 권리에 주목하기 시작하면서, 집단의 권리에 주목하는 '제3세대 권리'라는 개념도 등장했다(브라운, 2009: 586).

혜택을 포함해야 한다는 논리를 여전히 받아들이지 않고 있다. "정부는 고의적으로 시민들을 고문하지만 일반적으로 고의적으로 시민들을 빈곤이나 취약한 건강으로 몰아넣지는 않는다. 따라서 빈곤이나 질병을 막고자 하는 도덕적 의무는 고문을 중단하고자 하는 도덕적 의무만큼 설득력 있지는 않다"라는 논리하에서 말이다(라이커트, 2008: 170).

그러나 미국의 사회복지학자인 라이커트(Elisabeth Reichert)가 "미국의 정책이 고의적으로 어린이들이 기초적인 의료 혜택을 받지 못하도록 한다면 고문에서는 해방되었으나 충분한 의료 혜택을 받지 못하는 어린이들과 무슨 도덕적 차이가 있는가?"(라이커트, 2008: 171~172)라고 문제를 제기하고 있듯이, 우리는 정부 정책이 충분한 음식, 쉼터 또는 의료 서비스 등을 제공하지 않음에 따라 시민들에게 불필요한 물리적 고통을 안겨준다면 이러한 정책들은 고문을 허용하는 정책만큼이나 강하게 비난받아야 한다는 점에 유의할 필요가 있다. 그리고 이런 인식을 바탕으로, '세계인권선언' 제22조의 "모든 사람은 사회의 일원으로서 사회보장제도에 대한 권리를 가지며, 국가적 노력과 국제적 협력을 통해 그리고 각국의 조직과 자원에 따라 자신의 존엄성과 인격의 자유로운 발전을 위해 불가결한 경제적·사회적 및 문화적 권리의 실현에 관한 모든 권리를 가진다"는 규정, 그리고 제25조의 "모든 사람은 식량, 의복, 주택, 의료, 필수적인 사회역무를 포함하여 자신과 가족의 건강과 안녕에 적합한 생활수준을 누릴 권리를 가지며, 실업, 질병, 불구, 배우자와의 사별, 노령, 그 밖의 자신이 통제할 수 없는 상황에서의 다른 생계 결핍의 경우 사회보장을 누릴 권리를 가진다"는 규정에 따라, 인권의 물질적이고 제도적인 형태로서의 사회적 인권에 기초한 복지를 발전시켜 나가야 한다.

2) 사회적 인권으로서의 복지와 탈베스트팔렌적 틀

인권은 지금까지의 베스트팔렌적 틀 내에서 시민권을 통해 국민국가 구성원들에게만 보장된다. 그러나 이는 인류 전체를 대상으로 하는 인권의 보편성이라는 가치와 충돌한다. 인간이라는 이유만으로 전 세계의 모든 인간이 갖는 보편적인 인권과, 어떤 국가의 국민으로서 갖는, 즉 정치 공동체의 구성원으로서 갖는 시민권 사이에는 근본적으로 갈등의 소지가 있다(강현수, 2010: 86; 조효제, 2015). 지구화 속에서 민족 및 국가의 경계가 약화됨에 따라 오늘날 '탈국민국가적 상황(die postnationale Konstellation)'(Habermas, 1998)이 출현하고 있는 가운데, 인권과 시민권 사이의 갈등을 극복하기 위한 방안의 하나로, 기존의 베스트팔렌적 틀을 넘어서는 '국민국가의 상대화'(Narr und Schubert, 1994: 257)로 시선을 돌려볼 필요가 있다.

베스트팔렌적 틀이 안정적으로 작동하던 동안에는, 개별 국가의 거주자는 시민이자 국민이었다. 그러나 이 '자명성의 아우라'(프레이저, 2010: 32)가 오늘날에는 지구화에 따른 이주, 디아스포라, 이중 삼중 시민권, 복수의 주거지 등으로 인해서 약화되고 있다. "모든 국가에는 영토 내에 거주하는 비시민들이 존재"하며, "대부분의 국가들은 다문화적이고/이거나 다민족적"이며, "모든 민족은 영토적으로 분산"되어 있다(프레이저, 2010: 154). 이런 변화는 우리에게 어떤 복지 공간을 기본단위로 하여 사회적 인권으로서의 복지를 제도화할 것인가라는 새로운 문제를 제기한다.

복지 공간의 스케일과 관련해 지금까지의 '당구공 모델'[5]로서의 국민국

---

5 '베스트팔렌적 틀' 내에서 가장 중요한 행위자는 국민국가로 전제되며, 국민국가는 '당구

가에 기초한 복지의 구상과 실천에 물음표를 던지도록 만들고 있는 것이다. 국민국가를 단위로 하던 복지 공간을 벗어남으로써, 복지의 일국성에 내재한 배타적 성격에 물음표를 던지고 인권이 국경을 넘어서도록 만들어야 한다. 베스트팔렌적 틀을 넘어서는 '탈베스트팔렌적 틀'을 적극적으로 구축해 나갈 필요가 있다. 다시 말해, 국민국가에 포박되어 있던 복지국가적 상상력으로부터 벗어나, 즉 '복지민족주의(welfare nationalism)'를 벗어나, '국제적 복지 책임' 혹은 '복지 국제주의(welfare internationalism)'(Kaufmann, 2003: 39)로 시선을 던져야 하지 않을까 하는 점이다.

이런 시대적 맥락에서, 국민국가 내부에서만 적용되는 것으로 간주되던 사회정책을 '지구적 사회정책'으로 발전시켜 나가고자 하는 미쉬라의 시도는 우리의 관심을 끌기에 충분하다. 그 핵심에는 '권리'에 기반한 개념인 '사회권'으로부터 '사회적 표준(social standards)'이라는 개념으로의 방향 전환이 놓여 있다. '개인의 권리'가 아니라 '공동체의 표준'이라는 측면에서 사회정책을 생각하며, 공동체의 성원에 대한 공동체의 배려로서 사회복지를 개념화 하게 되면, 설사 문화와 사회가 다르더라도 보편적으로

공'과 같은 성질을 갖는 것으로 가정된다. 당구대 위의 당구공들이 서로 침투가 불가능한, 서로 맞닥뜨리면 어떤 접합점도 찾을 수 없이 곧바로 서로 다른 방향으로 튕겨져 나가듯이, 주권으로 무장한 국민국가도 외부의 그 어떤 국가나 힘에 의해서도 그 주권을 침해당해서는 안 되며, 단단한 당구공으로서의 일체성을 유지해야 한다는 가정이다. 당구대 위의 당구공이 색깔은 나르시만 크기는 모누 같늣이, 국가라는 당구공의 크기도 모두 같은 것으로 전제된다. 2020년 5월 기준 14억 3378만 인구의 중국, 3억 2906만 인구의 미국, 8351만 인구의 독일이나, 1003만 인구의 스웨덴, 1만 2000명 인구를 가진 투발루나, 유엔에 회원국으로 등록된 193개국이 주권국가라는 이름으로 모두 같은 크기를 가진 하나의 당구공으로 간주되는 것이다.

적용할 수 있게 되리라는 것이다. 나아가 사회적 표준은 권리라는 좀 더 추상적이고 절차적인 개념에 비해서 국가의 경제적 표준 및 능력과 논리적으로 좀 더 긴밀하게 연계될 수 있으리라고 미쉬라는 보고 있다. 세계화되는 경제에서 사회복지를 발전의 한 측면으로 제도화해 나가자는 이러한 제안은, 국가생활의 경제적 측면 및 정치적 측면과 나란히 '사회적' 측면을 유지하고 강화하려는 적극적 시도의 하나로 읽힐 수 있을 것이다(미쉬라, 2002: 227~228).

나아가 이런 제안을 보다 구체화하기 위해서는, 경제의 지구화에 따른 세계경제의 출현 속에서 인권이 오늘날 근본적으로 위협을 받고 있다는 점에 주목, 지구적 맥락 속에서 인권을 새로이 개념화 하고자 하는 독일의 정치학자 나르(Wolf-Dieter Narr)와 로트(Roland Roth)의 다음과 같은 주장에 귀를 기울일 필요가 있을 것으로 보인다(Narr und Roth, 1996: 302~305). 첫째, 근대 인권은 서구적으로 각인되었다. 서구적 인권은 자본주의적-국가주의적 형태의 유럽적-앵글로색슨적 세계 질서와 결합되어 오늘날 지구적 차원에서 요청이 가능한 하나의 권리가 되었다. 이것이 의미하는 것은 인권이 진실로 받아들여지기 위해서는 문화적 특수성에 주목해야 한다는 것, 즉 인권이 지구적인 것이 되기 위해서는 탈서구화되어야 한다는 점이다. 둘째, 인권이 추상적이고 일반적인 규범 이상을 의미하기 위해서는 이를 매개할 수 있는 개별적이고 특수한 형태들이 개발되어야 한다. 즉, 보편적 요구가 관철되기 위해서는 그 요구라는 것이 개인과 상황에 맞추어 구체화되어야 하며, 이에 발맞추어 지역적·국가적 및 초국가적 제도들 또한 건설되어야 한다. 셋째, 인권은 현실에 대한 요구로서 물질적 전제조건을 필요로 한다. 따라서 한 사회의 헌법과 정치 속으로 총체적으로 연계되어 들어가야 한다. 인권이 적용되기 위해서는 사회와 정치가 그에 걸맞게 구성되어야 한다. 넷째, 오늘날 인권은 보편적이고 지구적인 요청으로 간주되고 있다. 이런 요청에 따라 인권은 인권이 선언된 이후로 200여 년간 계속되어 온 것처럼 국민국가적으로 영토화되어서는 안 된다. 왜냐하면 인권이 국경을 넘지 못하고 바로 국경에서 멈추어 버리기 때문이다.

4. 맺음말: 복지 공간의 미래적 풍경

이상으로 대한민국이라는 복지 공간의 현재적 풍경, 즉 복지가 자선으로 이해되는 현실에 대한 간략한 스케치에 이어, 권리로서의 복지를 논의한다 할 때 '사회적 시민권으로서의 복지'와 '사회적 인권으로서의 복지' 사이에는 어떤 차이가 있는지를 살펴보았다. 나아가 이 과정에서 사회적 시민권으로서의 복지가 갖는 문제점에 주의를 환기시키며, 사회적 인권으로서의 복지로 시선을 돌려야 할 필요성을 강조하고자 했다. 이를 바탕으로 맺음말에 해당하는 이 절에서는, 대한민국이라는 복지 공간의 미래적 풍경을 그려보고자 할 때 우리가 고려해 봐야 할 몇 가지 점에 대해 간단히 언급하며 글을 마무리 짓고자 한다.

첫째, '자본주의 경제의 우선성'에 기초한, 복지국가의 '결코 문제로 제기되지 않는 자본주의적 전제'이다(Grottian, Narr und Roth, 2003: 11). 복지국가의 자본주의적 전제하에서 모든 사회정책의 정도와 한계는 경제성장에 의해 결정되며, 사회정책은 정도와 질에 있어서 경제성장의 종속변수이다. 복지국가는 자본주의적 전제를 질적으로 변화시킨 것이 아니라, 단지 양적으로 완화했을 뿐이라는 점(Narr, 1999: 25~27)을 염두에 두어야 할 필요가 있다는 점이다. 복지에 관한 논의가 자본주의라는 지평 안에서만, 즉 그 전제조건인 자본주의에는 전혀 물음표를 던지지 않은 가운데 그 '내부적 논쟁'에만 머무를 경우, 노동력의 탈상품화라는 카테고리를 중심으로 전개되는 노동 구속적 복지를 넘어서기 어렵다. 그러나 사회적 인권으로서의 복지라는 '아래로부터의 복지'를 추구하기 위해서는 자본주의 너머의 복지 공간에 대한 새로운 상상 또한 필요할 것으로 보인다. 역사적으로 볼 때, 복지는 자본주의의 전유물만은 아니었다. 실패로 돌아가기는 했지만, 20세기는 자본주의적 복지와는 전혀 다른 상상의 기반 위에 세워져 있던 사회주의적 복지 또한 경험했기 때문이다. 따라서 복지와 관련해 이러한 역사적 경험으로부터도 배울 수 있을 것이다.

둘째, 복지의 주체에 대한 반성적 고찰의 필요성이다. 지금까지의 사회정책은 국가 중심적으로 운영되어 관료주의적 성격을 피하기 어려웠다. 국가적 사회정책에서 공공적 사회정책으로 전환하기 위한 방안들에 대한 모색이 필요하다. 이런 맥락에서 시민들의 적극적 참여를 통한 '사회정책의 민주적 정치화'는 무엇보다 중요하다 할 수 있다. 시민이 복지의 수급권자로서만이 아니라 복지의 공동 결정에도 참여할 수 있는 '시민정책으로서의 사회정책'이 필요하다(Narr, 1999: 60). 국가복지에서 공공복지로 초점을 이동하는 가운데 사회정책을 민주적으로 재구성해 나가기 위한 노력이 다차원적으로 전개되어야 한다.[6] 물론 여기서 '시민'은 매우

6 가령 독일의 수도 베를린의 리히텐베르크구(區)에서 2005년부터 실시하고 있는 '주민참

다양한 얼굴을 하고 있다는 점이 고려되어야 한다. 내국인·비장애인·남성의 얼굴만이 아니라 여성, 아동, 노인, 외국인, 장애인, 성소수자 등 계급, 성, 인종, 연령, 장애, 섹슈얼리티 등과 관련해 다채로운 얼굴을 하고 있다는 점이 적극적으로 인식되는 가운데, 이들의 '외침과 요구'(a cry and a demand)(Mitchell, 2003: 11)가 미래의 복지 공간을 구성해 나가는 데 중요한 역할을 해야 할 것이다.

　마지막으로, 지구화 시대에 '틀의 설정에 관한 정치'가 갖는 의미에 주목하며 복지를 바라보는 틀 자체를 새로이 설정할 필요가 있다. 복지의 범위 및 내용과 관련해 일국적으로는 물론이고 지구적으로도 '잘못 설정된 틀에 저항하는 투쟁'과 이에 대한 대안적인 접근이 필요하다. 예를 들어, 국제적 차원에서 전개되는 사회정책이라 할 수 있는 '공적개발원조(Official Development Assistance: ODA)'[7]를 보자. 제3세계의 경제발전과 복지 향상이라는 이름 아래 OECD/DAC 회원국들은 1961년부터 2006년까지 45년간에 걸쳐 약 1조 6000억 달러를 지원했다(한국국제협력단, 2008: 351). 반면 전 세계는 2019년 한 해 동안 군사비로만 약 1조 9170억 달러를 지

여예산제도'는 하나의 좋은 사례가 될 수 있다. 예산 그 자체의 투명성과 효율성보다는 주민들의 참여와 주민들에게 권한을 이양하고자 하는 직접민주주의 또는 참여민주주의적 요소를 강화하고자 하는 시도로서 그 의미가 지대하다(풀뿌리자치연구소, 2011: 38~52).

7　공적개발원조란 OECD 산하에 있는 개발원조위원회(Development Assistance Committee: DAC) 회원국들의 중앙과 지방정부 및 그 집행기관 등의 공적 기관이 '원조수원국 리스트'에 올라 있는 국가나 지역 및 다자간 개발협력기구에 제공하는 자금이나 기술협력을 의미한다. OECD/DAC의 정의에 따르면, ODA의 주요 목적은 개발도상국의 경제발전과 복지 향상이어야 하며, 공여 조건이 완화된 원조, 즉 증여율이 25% 이상인 양허성 조건의 자금이어야 한다(한국국제협력단, 2008: 31).

출했다(Stockholm International Peace Research Institute, 2020). 이러한 불균형은 물론 각국의 예산 지출에서도 그대로 나타난다. 복지부문과 군사부문을 아우르는 총체적 접근의 필요성 및 복지를 다른 부문과의 관계 속에서 바라볼 필요성, 그럼으로써 복지를 바라보는 틀을 확대해야 할 필요성이 바로 여기에 있다(안드레아센·마크스, 2010).

제4장

젠더의 렌즈로 본 복지 공간

/

이론적 현황과 전망

1. 머리말

우리가 살고 있는 21세기 초반의 세계에서 '복지국가(welfare state)' 혹은 '복지 공간(welfare space)'이라는 개념은 20세기의 유럽이 남긴 가장 중요한 유산의 하나이다. 3장에서 설명했듯, 복지국가가 복지를 구상하는 실천하는 주체로서의 국가에 초점을 맞춘 개념이라면, 복지 공간은 복지가 구상되고 실천되는 단위로서의 공간에 초점을 맞춘 개념이라 할 수 있다. 지금까지 국민국가의 영토 내부가 기본적인 복지 공간으로 전제되어 온 것과는 달리, 오늘날에는 지구화로 인해 국민국가의 경계가 약화되는 가운데 일국적 복지 공간을 넘어서는 초국적 복지 공간 내지는 도시를 단위로 하는 도시적 복지 공간으로도 시선을 돌릴 필요성이 점차로 부각되고 있다(Munarin and Tosi, 2009, 2014).

20세기 유럽의 복지는 국민국가를 공간적 단위로 하여 국가에 의해 구상되고 실천되는 노동자 복지, 즉 노령과 질병 및 실업을 비롯하여 노동자가 노동과정에서 처하게 되는 사회적 위험에 대해 국가적 차원에서 대응하는 것을 그 핵심으로 하고 있었다. 이는 복지의 무게중심이 '자선'의 차원에서 종교 단체나 자선 단체에 의해 실시되던 19세기의 '민간복지'로부터, 20세기로 접어들면서는 '국민의 권리'라는 차원에서 정부에 의해 실시되는 '국가복지'로 옮겨졌음을 의미하는 것이었다. 이는 20세기의 유럽이 일구어낸 값진 성과임에 틀림없다. 그러나 우리가 살고 있는 21세기에는 지구화의 가속화로 인해 복지의 핵심이 내용의 차원에서든 단위의 차원에서든 다시 한 번 새로운 방향으로 전환될 것을 요구받고 있다. 여기서는 다음의 두 가지가 중요하게 고려되어야 한다.

첫째, 국민을 상대로 실시하는 국가복지로의 전환에도 불구하고 복지 공간을 지배하던 국가복지가 남성 중심적으로 구성되어 있고 국민 또한 남성의 얼굴을 하고 있다는 점에 대해 20세기의 대부분에 걸쳐 침묵이 이루어져 왔다는 점이다. "누가 시민인가?"(Orloff, 1993: 308)라고 질문하며 시민 노동자(citizen worker)가 가진 남성의 얼굴에 주목하기 시작한 게 겨우 1990년대 초반이었다. 그리고 "복지국가 이론의 맥락에서 왜 분석적이고 설명적인 개념으로서의 젠더에 관심을 가져야 하는가?"(Bussemaker and Van Kersbergen, 1994: 8)라는 문제의식이 싹트기 시작한 것도 그 역사가 오래되지 않는다. 또한 "페미니스트는 젠더 평등을 향한 투쟁에서 복지 국가를 자원으로 간주할 수 있는가?"(Orloff, 2009: 317)라는 질문을 둘러싸고 활발하게 논쟁이 전개되기 시작한 것 또한 그다지 오래지 않다. 오를로프(Ann Orloff)가 '복지국가의 젠더화'는 여전히 '끝나지 않은 어젠다(an unfinished agenda)'(2009: 317)라고 지적하고 있듯이 말이다.

둘째, 지금까지의 복지국가가 갖는 국민국가성에 대해 반성적 고찰이 필요하다는 점이다. 미국의 정치철학자 프레이저는 이를 '베스트팔렌적 틀'(2010: 13)에 기초한 복지 모델이라고 정의하는데, '한 국가의 영토에 거주하는 국가 시민'이라는 가정하에서 시민권과 국적 및 영토 내 거주가 등치되는 가운데, 복지가 시민으로서 동등한 자격을 갖는 국민들 사이의 재분배의 문제로 인식되는 것을 뜻한다. 그런데 오늘날 지구화 속에서 국민국가의 경계를 넘는 초국적 이주가 급속히 증가하면서 이러한 복지 모델의 실효성이 의문시되고 있다. 또한 초국적으로 이주하는 인구의 절반이상이 여성이라는 점에서, 일국적 복지 공간으로부터 초국적 복지 공간으로 우리의 지평을 확장하는 일이 젠더의 렌즈로 볼 때 무엇보다 시급하다는 점이다(김영순·최승은·황해영 외, 2019).

젠더에 대한 침묵은 대한민국이라는 복지 공간에서도 물론 예외가 아니다. 예를 들어, 2010년 여름의 무상급식 논쟁을 출발점으로 보편복지를 둘러싼 논쟁이 활발했지만, '여성' 혹은 '젠더'라는 카테고리는 이 주류 복지론 논쟁에서 거의 역할을 하지 못했다. 그래서 '여성이 보이지 않는다'(박길자, 2011.3.11)는 비판이 나오고, '남성 전용 복지의 한계'를 지적하며 페미니즘의 입장에서 '북유럽식 복지 모델'로 나가야 한다는 목소리(장지연, 2011.3.22)가 나온 바 있다. 또한 국경을 넘어 대한민국이라는 복지 공간으로 이주하는 여성의 숫자가 빠르게 늘어나고 있음에 주목할 때, 일국적 복지 공간을 전제로 하는 시민권 개념에 대한 비판과 초국적 시민권에 대한 논의(황정미, 2011; Fuchs and Epstein, 2017) 또한 절실히 요청되는 시점이다. 따라서 대한민국이라는 복지 공간을 젠더의 렌즈로 분석, 젠더

중립성의 가면 뒤에 숨어 있는 '남성 중심성'과 '여성 주변성'을 가시화하고, 복지 공간을 초국적으로 확장해 나가는 가운데, 젠더 평등에 기초한 새로운 복지 공간을 구성해 나갈 필요가 있다.

이런 문제의식하에서, 이 장은 1990년대 초반 이후 젠더의 렌즈로 복지 공간을 비판적으로 분석해 온 다양한 연구들에 대한 '이론적 지형도'를 작성해 봄으로써, 21세기의 새로운 복지 공간을 구성해 나가기 위한 하나의 디딤돌을 마련하는 데 그 목적이 있다. 이를 위해 먼저 2절에서는 국가와 시장이라는 카테고리를 중심으로 한 기존의 복지 공간 분석이 갖는 한계로 시선을 돌리며 복지의 생산에서 가족이 하는 역할을 전면에 드러내고자 한 시도들을 탐색한다. 그리고 3절에서는 복지 공간에서의 여성의 지위를 둘러싼 논쟁, 즉 어머니인가 아니면 노동자인가라는 쟁점을 둘러싸고 전개된 논쟁의 흐름을 짚어보고, 노동자로서의 여성의 지위의 강화 및 돌봄노동의 탈여성화가 필요하다고 주장한다. 나아가 4절에서는 지구화 속에서 국민국가의 경계가 약화되는 가운데 젠더의 렌즈로 볼 때 일국적 복지 공간으로부터 초국적 복지 공간으로 그 지평을 확장해 나가는 일이 무엇보다 시급하다고 강조한다. 마지막으로 5절에서는 젠더와 복지를 둘러싼 유토피아적 상상력의 필요성과 더불어 이를 현실화하기 위한 방안에 대해 간략히 스케치한다.

2. 국가와 시장, 혹은 국가와 시장과 가족?

젠더의 렌즈로 볼 때 기존의 주류 복지국가론은, 복지의 생산에서 '국가'와 '시장'이 수행하는 역할에만 주목하고 '가족'이 수행하는 역할에 대해서는 고려하지 않는 한계를 내포하는 것이었다. 덴마크의 사회학자 에스핑-앤더슨(Gosta Esping-Andersen)의 '복지 자본주의'의 '유형학'에서 대표적으로 나타나듯이, 다양한 복지레짐 간의 차이를 드러내는 데 있어 두 개의 주요한 카테고리는 국가와 시장이었다. 시민이 시장에서 '상품'으로 위치하게 되는 자본주의 경제체제에서, 복지는 '상품'으로서의 노동자가 노동과정에서 맞닥뜨릴 수 있는 잠재적 위험들, 즉 노령, 질병 및 실업과 같은 사회적 위험들에 대한 보호를 국가가 제공함으로써 노동력을 '탈상품화'하는 것을 의미하고 있었기 때문이다(에스핑-안데르센, 2006).

그러나 국가와 시장에 무게중심을 설정하는 분석은 가족이라는 다른 하나의 카테고리를 고려하지 않음으로써 복지 공간에 각인되어 있는 젠더관계를 분석의 시야에서 놓쳐버리는 한계를 노출했다. 따라서 국가와 시장 그리고 가족을 포함하는 '복지 삼각형'(Ostner, 1998: 226)으로 그 카테고리를 확장함으로써, 복지의 생산에서 가족이 수행하는 역할을 새롭게 조명하는 작업이 무엇보다 시급히 필요했다. 이는 국가와 시장이 남성 행위자의 공간으로, 가족이 여성 행위자의 공간으로 인식되던 상황에서 가족이 수행하는 역할을 전면에 부각시킴으로써 기존의 남성 중심적 복지 공간 분석에서 전혀 드러나지 않던 여성의 역할을 '가시화'한다는 의미를 갖는 것이었다.

가족이라는 카테고리에 대한 강조를 출발점으로, 1990년대 중반에는 '노동자 정책으로서의 사회정책'이라는 외양을 띠는 복지국가의 젠더 중립성에 대한 비판이 본격적으로 시작되었다. '젠더 정책으로서의 사회정책'을 강조하는 가운데 복지국가 연구의 '전반적 젠더화'를 향한 움직임이 구체적으로 모습을 드러내기 시작했다(Ostner, 1994; Sainsbury, 1994). 사회 정책을 '노동자 성책'이 아니라 '센더 정책'(Ostner, 1994, 1995, 1998, 2004)으로 이해하려는 연구는 이후 크게 두 가지 방향으로 진행되었다. 하나는 여성과 남성이 노동시장에서 불균등한 직업 기회를 갖는다는 점에 주목하면서 노동시장에서의 '젠더 격차(gender gap)'를 분석하는 것이었다. 노동시장에서의 균등한 직업 기회는 여성의 경제적 자율성 획득에 무엇보다 중요한 요인이다. 그런데 이 직업 기회가 양성 간에 불균등하게 배분됨으로써 임금격차와 젠더 불평등이 생겨나고 있었고, 이는 복지 공간에서 국가가 어떻게 젠더 임금격차(gender pay gap)를 만들어내는가에 대한 연구들로 이어졌다(Mandel, 2009; Mandel and Shalev, 2009; Dackweiler, Rau und Schäfer, 2020).

다른 하나는 돌봄노동의 부담이 있는 여성과 돌봄노동의 부담이 없는 여성이 노동시장에서 서로 다른 직업 기회를 갖는다는 점에 주목하면서 '가족 격차(family gap)'를 분석하는 것이었다. 가족 내에서 여성이 돌봄노동과 맺는 다양한 관계를 고려하지 않은 채 유급의 생계노동이 모든 여성에게 동일한 의미를 가질 것이라고 전제하며 여성도 남성과 마찬가지로 생계노동에 종사해야 한다고 가정하는 '헤게모니적 복지국가 페미니즘'에 독일의 정치학자 오스트너(Ilona Ostner)는 강하게 의문을 제기했다(Ostner, 2004). 노동시장에서의 불균등한 고용 기회 및 임금에서의 젠더 불평등은 사실상 가족 내에서 여성이 수행하는 돌봄노동의 부담과 관련되어 있다는 것을 강조하려는 목적에서였다. 여성이 돌봄노동의 부담 없이 노동시장으로 진입할 수 있도록 하기 위한 돌봄노동의 '탈가족화'가 중요한 연구 대상으로 부각된 것도 바로 이런 맥락에서였다(김영미, 2009;

Hook, 2010).

오늘날의 문제는 신자유주의적 지구화의 물결 속에서 '젠더 격차'와 '가족 격차'가 더 커지고 있다는 점이다. 정규직 감소와 비정규직 증가로 노동시장에서 고용불안정이 심화되는 가운데, 저임금으로 비정규직에 종사하는 노동자의 대다수가 여성이라는 점(김영순, 2010; 신경아, 2019a)은 여성과 남성 간의 '젠더 격차'가 더욱 확대되고 있음을 의미한다. 나아가 가족 내에서의 돌봄노동이 점차로 시장의 역할에 맡겨지는 가운데, 여성과 여성 간의 '가족 격차' 또한 더욱 커지고 있다. 국가나 그 밖의 공공기관이 제공하는 공공서비스가 축소되면서, 돌봄노동의 '사회화'를 통한 '탈가족화'가 아니라 돌봄노동의 '시장화'를 통한 '탈가족화'가 이루어지고 있기 때문이다. 각 가족이 돌봄노동을 노동시장에서 사적으로 구매해야 하는 상황으로 내몰리고 있는 가운데, 가족 내에서의 돌봄노동의 부담이 다시 여성의 어깨 위로 옮겨지고 있는 것이다.

그뿐만 아니라, 대한민국이라는 복지 공간처럼 출산율이 낮을 경우, 국가는 출산 장려를 목표로 여성을 어머니라는 이름으로 다시 '여성화'하려고 시도한다. 미래의 '시민 노동자'를 출산하고 양육하기 위해 '어머니'가 되라고 강조한다. 1990년대까지만 하더라도 인구 억제를 목표로 '둘도 많다 하나 낳고 알뜰살뜰', '엄마건강 아기건강 적게 낳아 밝은 생활'을 외치던 국가가 2000년대로 접어들어서는 여성들을 상대로 이제는 아이를 많이 낳아야 하다고 요구한다. 이런 복지 공간에서 여성이 복지와 맺는 관계는 '보육 정책'으로 협소화되며, '여성복지'와 '보육 정책'이 동의어가 된다. 게다가 '보육 정책'조차 국가 차원에서 체계적으로 실시되지 않고 있다는 점에서 문제는 더욱 심각하다. 0~2세를 위한 국공립 보육시설이

2018년 현재 16.7%에 불과하여 직장 맘들이 심각한 어려움을 겪고 있기 때문이다.

이는 '젠더 격차'와 '가족 격차' 사이의 '격차', 즉 여성 간의 '계급 격차'가 오늘날 더욱 커지고 있음을 의미한다. 돌봄노동을 시장에서 구매할 수 없는 저소득층 여성의 경우, 노동시장에서의 유급노동과 가족 내에서의 무급노동을 동시에 책임질 수밖에 없다. 이와는 달리 돌봄노동을 시장에서 구매할 수 있는 고소득층 여성의 경우는 돌봄노동의 부담으로부터 벗어나 노동시장에서의 유급노동에 전념할 수가 있다. 이는 젠더적 차원과 계급적 차원이 점차로 강하게 결합해 나가고 있음을 시사한다. 따라서 여성 간의 '동질성'을 넘어서는 '이질성'에 대한 연구, 즉 여성 내부의 상이한 얼굴을 드러내는 작업 또한 필요하다. 이런 측면에서 젠더 불평등에 있어 노동시장에서의 젠더와 계급의 상호작용(McCall, 2001), 젠더와 '인종'의 상호작용(Browne and Misra, 2003; Foster, 2008), 비정규직 여성 노동자의 상황(김영순, 2010) 및 여성 가구주의 빈곤(김수정, 2008)처럼, 여성의 다양한 상황에 주목하는 연구들이 등장한 것은 매우 의미 있는 일이다.

젠더의 렌즈로 복지 공간을 재구성하고자 할 때, 이러한 여성 간의 차이는 '자본의 공간화'라는 구조적인 문제 속에서 발생하는 현상이라는 점 또한 고려되어야 한다. 신자유주의적 지구화 속에서 나타나는 여성 노동 공간의 분절, 즉 한편으로는 성별화(젠더화)와 성화(섹슈얼리티화)에 따른 자본의 공간화, 다른 한편으로는 국가, 인종, 민족의 경계 짓기라는 자본의 공간화 속에서 나타나는 현상이라는 점을 염두에 두어야 한다(고정갑희, 2005). 그럴 때만이 여성 간의 이질성을 간과하지 않으면서도 여성 간의 동질성에 기초한 연대를 모색할 수 있는 가능성, 다시 말해 자본주의적 지배의 전 지구적 침투에도 불구하고 '민족, 인종, 성, 계급적 분리를 넘어서는 페미니즘의 연대'(모한티, 2005)를 구성할 수 있는 가능성이 우리 앞에 모습을 드러낼 것이기 때문이다.

3. 어머니 혹은 노동자?

캐나다의 사회복지학자 미쉬라는 1990년대 이후 사회주의 대안의 붕괴, 경제의 지구화 및 국민국가의 상대적 쇠퇴라는 복지국가의 변화하는 맥락으로 시선을 돌리며, 자유방임 자본주의와 복지 자본주의를 비교하는 가운데 자유방임 자본주의 사회로의 회귀를 막아내는 한편으로 복지국가의 해체 추세를 저지할 필요성(미쉬라, 2002: 216~217)을 강조한 바 있다.

이처럼 미쉬라가 복지국가의 해체 추세를 저지해야 한다고 생각하는 이유는, 보편적 사회복지 프로그램들은 "누가 뭐래도 자유 시장 사회의 불안정과 불평등에 맞선 인민적 투쟁의 산물"이며 그런 프로그램들은 "비록 불완전하나마 공동성, 곧 연대의 가치를 상징하는 동시에 시장경제의 한계 안에서 인간의 욕구가 인정되고 있음을 보여주기" 때문이다(미쉬라 2001: 217). 신자유주의적 지구화가 일국적 차원에서는 물론이고 지구적 차원에서도 사회적 불평등을 산출, '지구화의 사회적 한계'가 뚜렷이 그 모습을 드러나고 있다는 점을 감안할 때, 복지 자본주의의 방어를 통해 이러한 한계에 대응해야 한다는 그의 주장은 충분한 설득력을 갖는다.

자유방임 자본주의 이외에는 다른 대안이 없다는 목소리가 전 세계적으로 힘을 얻어가는 20세기 말과 21세기 초의 시대적 상황에서, '시민권 (citizenship)'이나 '사회적 시민권(social citizenship)'에 대한 탐색이 급증하기 시작한 것(Turner, 1997; Revi, 2014; Moses, 2019)은 복지국가의 정당화라는 차원에서 보자면 하나의 자연스러운 흐름이었다고 할 수 있다. 이런 시대적 맥락 속에서 여성의 사회권에 대한 논의(Orloff, 1993; Lewis, 1996; Sainsbury, 1996; 김영란, 2002)도 활발하게 전개되기 시작하는데, 논의의 초점은 여성이 남성과는 다른 지위를 바탕으로 복지를 제공받는다는 점을 가시화하는 것, 즉 남성과는 다른 여성의 복지수급 자격을 분석하는 것이었다.

자본주의 사회에서 기본적으로 남성은 '노동자'로서의 지위를 통해 국가로부터 복지를 제공받는다. "사회민주주의적 시민은 시민 노동자, 남성 가족부양자, 노동계급의 영웅이다. 그의 권리, 정체성, 참여 유형은 노동시장에 대한 '그의' 관계들, 이 관계들을 둘러싸고 형성된 단체들의 망과 협력구조에 의해 결정되었다"(Orloff, 1993: 308)는 지적에서 나타나듯, 시민 노동자로서의 남성은 노동시장에서의 유급노동을 바탕으로 국가로부터 '직접적으로' 복지를 제공받는다. 이와는 달리, 여성은 '아내로서의 지위'나 '어머니로서의 지위'를 통해 '간접적으로' 복지를 제공받는다. 남편 혹은 아이를 매개로 복지를 제공받게 되면서, 여성에게 '노동자로서의 지위'는 개인적 '선택'의 문제로 간주되었다. "남편 없이는 빈곤한가?"(Ostner, 1995)라는 질문이 상징적으로 보여주듯, 여성과 복지의 관계에서는 '남성에 대한 의존'이 그 기초를 이루고 있었다(Lewis, 1996; 황정미, 2007). 즉, 복지 공간은 여성과 남성의 사회권을 보장하는 데 있어 그 수급 자격을 달리하는 '젠더화된 모델'(Lewis, 1996: 1)에 기초하고 있었다 할 수 있다.

이로 인해 이론 차원에서는 '평등'과 '차이'의 문제(Lewis, 1997)가 중요한 이슈로 떠올랐고, 정책 차원에서는 '어머니 혹은 노동자?'(Mothers or Workers?)(Misra, 1998)라는 질문에서 압축적으로 나타나듯, '어머니로서의 여성의 지위에 초점을 맞출 것인가?' 아니면 '노동자로서의 여성의 지위에 초점을 맞출 것인가?'라는 문제로 압축되었다. 그리고 이런 맥락에서 '일과 가족의 양립' 혹은 '일과 가족의 균형'(Weir, 2005: 308)이 무엇보다 중요한 과제로 떠올랐는데, 어머니에 무게중심을 둘 것인가 아니면 노동자에 무게중심을 둘 것인가에 따라 각각의 복지 공간은 역사적으로 상이한 모델을 보여주었다.

이 과제가 서유럽을 포함한 '자본주의적 복지 공간'에서 중요한 현안으로 떠오른 건, '가족 임금'에 기초한 '남성 생계부양자 모델'이 붕괴되기 시작한 1970년대 중반이었다(프레이저, 2017: 157~192). 반면에 구소련과 동유럽을 포함한 '사회주의적 복지 공간'에서는 제2차 세계대전이 끝나고부터 이 과제가 이미 시급한 사안으로 떠올랐다. 그리고 1980년대 중반에는 이 목표가 형식적으로는 완전히 달성된 것으로 선언되었다(차인순, 1992; 김해순, 1992, 1998; Grapard, 1997). 1990년대 초반 사회주의가 붕괴되면서 다시 미완성의 과제로 변화되었기는 하지만 말이다(Glass and Marquart-Pyatt, 2008; Fodor and Balogh, 2010). 한편 대한민국이라는 복지 공간에서는 1990년대 말의 IMF 위기를 계기로 '약한 남성 생계부양자 모델'(장지연, 2009) 혹은 '계급별로 분열된 남성 생계부양자 모델'(김영순, 2009: 537)이 붕괴되면서, 일과 가족의 양립에 대한 관심이 빠르게 증가하기 시작했다(김수정, 2008; 장지연, 2009; 김영순, 2010).

오늘날의 자본주의적 복지 공간에서는 기존의 '남성 생계부양자 모델'에 대한 대안으로, '보편적 부양자 모델(the universal breadwinner model)', '돌봄제공자 동등 모델(the caregiver parity model)', '성인 노동자 모델(the adult worker model)'(Daly, 2011) 및 '보편적 돌봄제공자 모델(the universal caregiver model)'(프레이저, 2017: 157~192)을 비롯한 다양한 구상이 논의 중이다. 이러한 대안의 탐색 과정에서 제2차 세계대전 직후부터 '평등'에 무게중심을 설정하고 '보편적 부양자 모델'을 지향했던, 구소련과 동유럽을 포함하는 사회주의적 복지 공간의 역사적 경험은 우리에게 일정한 시사점을 던져준다.

'사회주의적 복지 공간'에서는 국가가 시민에게 복지를 제공하는 책임을 지고 있었다. 사회주의적 사회계약은 공적으로 소유된 기업과 협력하여 시민에게 복지를 제공하는 것이 국가의 의무라는 아이디어에 기반하고 있었다. 즉, 사회주의적 복지레짐은 조합주의적이고 온정주의적인 요소를 갖는 국가주의적 복지레짐이었다. 그리고 젠더 계약은 '일하는 어머니(a working mother)'라는 아이디어에 기초하고 있었는데, 이는 여성이 전일제로 노동에 참여하는 동시에 매일의 가사노동과 돌봄노동의 대부분도 수행하는 것을 의미했다(Jäppinen, Kulmala, and Saarinen, 2011: 2).

구소련의 경우 '보편적 부양자 모델'에 따라 남성과 마찬가지로 여성도 생산과정에 참여했다. 직업을 통해서 여성이 경제적 독립을 누릴 수 있고 경제적인 독립으로 비로소 남성의 종속으로부터 벗어날 수 있다고 보았기 때문이다. 즉, '노동자'로서 남성과 동일하게 노동과정에 참여하는 게 여성해방의 중요한 목표였던 것이다(차인순, 1992: 99). 이론적으로 사적 소유가 폐지된 사회주의 사회에서의 노동은 생존의 유일한 수단이자 자기 실현의 매개이다. 사회의 구성원들은 남녀를 불문하고 노동을 통해서만 이 존재하게 된다. 여성이 독립된 노동의 주체가 된다는 것은 자본주의 사회에서와 달리 노동시장에서의 이중 착취, 즉 노동자로서 일반적인 착취와 여성으로서 받는 차별을 받지 않게 됨을 의미하며, 가족 내에서는 남편의 경제력에 더 이상 의존하지 않게 됨을 뜻하는 것이었다(차인순, 1992: 89).

구소련에서 여성의 노동 참여는 남성과 비교할 때 양적으로 동등한 참여의 수준을 나타냈으며, 구소련 여성의 경제활동 참여는 출산 문제를 극복한 것으로 나타났다. 임신과 출산이 많은 20~29세 사이에도 여성의 노동활동 참여율은 80%를 넘어 노동활동 참여 곡선은 자본주의 사회에서의 M자형과는 다른 L자형을 보였다. 그리고 1980년대를 기준으로 여성은 평균적으로 봤을 때 남성의 70%에 해당하는 임금을 받았다. 이는 당시 서유럽과 미국이 60%였다는 점을 감안할 때 매우 높은 것이었다. 물론 당시 77%인 스웨덴에 비해서는 낮은 편이었지만 말이다(차인순, 1992: 88~95).

구동독에서도 상황은 이와 별반 다르지 않았다. 1949년 '남녀동등법'을 헌법에서 명문화한 이후로, 구동독은 여성의 경제 분야 참여를 촉진하고 여성이 직업을 갖는 것을 일생의 과제로 삼을 수 있는 조건을 형성해 나갔다(Wagener, 2002; Fischer, 2010). 그리고 1950년대 말과 1960년대 초 사이에 여성 노동과 모성보호 정책을 동시에 실시해 나가기 시작했다. 여성이 가정으로부터 해방되고 사회에서 노동할 수 있도록 탁아소, 유치원, 세탁소, 구내식당 등 사회간접시설을 설치했다. 이 시설 운영비는 국가가 전적으로 부담했으며, 1980년대에는 이 시설이 거의 완성에 가까워져 모든 어린이는 탁아소나 유치원에 들어갈 수 있었다. 그리고 학교가 끝나고 오후에 집에 있는 학생을 위해 '학교유치원'이 있었는데, 1989년에는 81%의 학생이 이 시설을 이용했다(김해순, 1992: 116~118). 교육 정책 측면에서도 1980년대에는 남녀 교육률이 거의 평균화되었고, 1989년에는 노동능력이 있는 여성의 경우 91.2%가 고용되어 있었다(김해순, 1992: 122). 이는 2018년 기준으로 자본주의적 복지 공간에서 여성의 경제활동 참가율이 가장 높은 나라인 아이슬란드가 77.9%, 그다음으로 높은 스웨덴이 70.8%를 기록하고 있다는 점(국가통계포털, 2019)을 고려할 때 풍부한 시사점을 던져주는 수치라 하지 않을 수 없다.

그러나 이러한 목표가 달성되었음에도, 구소련과 구동독의 여성이 완전한 해방을 경험한 것은 아니었다. 왜냐하면 '국가와 여성만의 여성해방론'(차인순, 1992: 99), 즉 '남성은 빠진' 채로 '국가와 여성만을 축으로 한' 여성해방론에 머물러 있었기 때문이다. 구소련의 여성해방론은 '어머니-노동자 모델'에 기초, 노동자로서의 역할과 어머니로서의 역할을 조화시키는 것을 목표로 했고, 이에 기초한 여성 정책은 우수한 모성보호 정책을 비롯한 다양한 정책을 매개로 여성의 노동자화와 어머니화를 동시에 가능하게 만들었다. 그러나 가족과 양육에 대한 국가적 지원과 배려는 배타적으로 여성만을 대상으로 진행되었다. 어머니와 자녀는 국가의 여성 정책에 의해 견고하게 연결된 가운데, 국가 정책은 아버지를 제외한 어머니만의 양육 책임을 재생산했다. 다시 말하자면, 여성의 전통적인 가사와 양육의 역할을 남성과 국가의 공동 참여하에 변화시킨다는 논의는 전혀 없었던 것이다(차인순, 1992: 100~101).

동독에서도 문제는 '여성만을 위주로 실시했던 일방적인 동등 정책'(김해순, 1992: 123)이었다. 1989년 여성 임금이 남성 임금의 약 70~80% 정도였는데, 이는 헌법에서 명문화하고 있는 '동일노동'에 '동일임금'이 실제로는 시행되지 않았음을 말해 주는 것이었다. 양육의 부담을 완전히 국가가 넘겨받음으로써 양육노동의 탈가족화가 사회화라는 방식을 통해 이루어졌음에도 이런 임금격차를 제거할 수 없었다는 것은 가부장적 문제로 시선을 돌리게 만든다. 남자들이 퇴근하여 집에 오면 여성과 똑같이 무보수 가사노동에 '동등'하게 종사해야 한다는 정책상의 대책도 없었고, 가사노동에 따른 불리한 결과는 여성에게만 지워졌던 것이다. 즉, 가정 정책이 부모(남녀)를 위주로 시도되었던 것이 아니고 어머니를 중심으로 수립되었던 것이다(김해순, 1992: 127).

사회주의적 복지 공간이 붕괴한 이후, 러시아를 포함한 동유럽 13개 국가에서는 당 프로그램이나 정책결정자들이 모든 이의 유급노동의 중요성을 강조하던 국가사회주의적인 해방의 프로젝트와는 거리를 설정하면서, 여성의 노동력 참여율이 최대 20%에서 25%까지 감소했다. 유급노동을 사회에 대한 여성의 기여의 중요한 영역으로 설정했던 공산주의적 엘리트들의 강조는 여성이 집에 있어야 할 필요성 및 여성의 자연스러운 차이에 관한 주장으로 대체되었다. 정치적 삶에서의 가톨릭교회와 보수 우파 정당의 영향력 증가 또한 몇몇 국가에서 여론을 이런 방향으로 흐르게 만들었다. 그리고 또한 새로 등장한 탈공산주의적 정치가들의 경우는 과거의 정권과 자신을 구분 짓기 위해 여성해방이라는 어젠다를 거부한다는 점을 강조하는 경향이 있었다. 그래서 몇몇 포스트 국가사회주의 나라에서는 복지국가의 '재전통화(re-traditionalization)' 과정이 전개되고 있다는 평가가 나오기도 했다(Fodor and Balogh, 2010: 291~292).

사회주의적 복지 공간의 이러한 역사적 경험은 두 가지 함의를 우리에게 던진다. 첫째, 평등에 대한 새로운 이해가 필요하다는 점이다. 지금까지 평등은 여성이 유급의 생산 노동에 적극적으로 참여하는 것으로 이해되어 왔다. 그러나 이는 여성에게만 이중의 역할이 부여되는 것을 의미하고, 남성의 삶에는 아무런 변화를 가하지 않은 채 사회제도와 여성의 역할만을 변화시키는 여성해방의 방식(차인순, 1992: 108)과 다름이 없다. 이 문제를 극복하기 위해서는 이제 평등이 가족 안에서 남성이 무급의 가족노동을 수행하는 것으로도 이해되어야 한다. '남성' 또한 '노동자이자 아버지'로서 '일과 가정의 양립'의 주어로 자리해야 한다는 점이다. 지금까지 '비가시적이던' 남성이라는 젠더를 '가시화'해야 한다(안숙영, 2017).

둘째, 여성이 '노동자로서의 지위'에 기초해 사회권을 보장받는 방향으로 나가야 한다는 점이다. 스웨덴을 비롯해 오늘날 여성의 경제활동 참가율은 점차로 높아지고 있다. 대한민국이라는 복지 공간에서도 여성의 경제활동 참가율이 2012년을 기준으로 50.1%를 기록한 이후로 2018년에는 52.9%를 나타냈다(통계청, 2019). 이는 노동자로서의 여성의 위치에 대한 고려 없이는 여성의 상황을 제대로 이해할 수 없음을 의미한다. 그럼에도 여성은 일차적으로 여전히 어머니로 위치가 설정되는 가운데 양육의 일차적 책임자로 전제된다. 그럼으로써 '일과 가정의 양립'의 주어가 여성으로 '당연시'된다. 이를 넘어서기 위해서는 여성이 노동자라는 사실에 기초, 노동자의 지위를 바탕으로 복지를 제공받는 방향으로 전환하는 한편으로, 일과 가정의 양립을 여성의 일로 이해하는 한계를 벗어나야 한다.

4. 일국적 복지 공간 혹은 초국적 복지 공간?

1) 일국적 복지 공간

이 장의 바로 앞 장인 3장에서 설명한 바 있듯이, 복지 공간의 차원에서 보자면, 사회적 시민권에 기초한 20세기 유럽의 복지국가는 국민국가라는 일정한 영토적 공간 안에서 구상되고 실천되는 일국적 프로젝트, 즉 '근대의 국민국가적 프로젝트'였다. 따라서 복지와 사회정책 연구에서도 국민국가를 기본적 분석틀로 전제하는 '방법론적 일국주의'(Beck, 1997: 24, 46)가 지배적이었다. 그러나 오늘날에는 지구화로 인해 국민국가의 행위 능력이 부분적으로 제약을 받게 되면서, 이러한 전제가 점차로 의문시되고 있다. 이런 가운데 1990년대로 접어들면서 사회정책과 세계시장의 관계 혹은 유럽통합이 유럽 회원국의 사회정책에 미치는 영향을 비롯해, 국민국가의 틀에 포박된 복지국가의 한계를 벗어나고자 하는 이론적 시도, 혹은 '국민국가의 상대화'(Narr und Schubert, 1994: 257)를 위한 이론적 시도가 활발하게 등장했다.

미국의 정치철학자 프레이저는 지금까지의 복지국가가 갖는 이러한 일국적 성격에 주목하며 이를 '베스트팔렌적 틀'(2010: 13)에 기초한 복지 모델이라고 정의했다. 이는 '한 국가의 영토에 거주하는 국가 시민'이라는 가정하에서 복지가 시민으로서 동등한 자격을 갖는 국민들 사이의 재분배 문제로 인식되는 것을 강조하기 위한 것이었다. 그런데 여기서 문제는 시민의 기본적 전제의 하나가 '노동'이며 복지에 대한 권리를 누리기 위해서는 먼저 사회적 의무로서의 노동에 충실해야 한다는 점이다. 즉,

'노동을 전제로 한 복지'라는 성격을 갖는다는 점이다.

센너의 렌즈로 볼 때 바로 이 시점에서 '베스트팔렌적 들'에 기초한 복지의 한계가 생겨난다. 왜냐하면 이때의 노동이란 화폐를 매개로 노동시장에서 교환되는 유급노동을 의미하기 때문이다. 자본주의 사회에서 노동력의 탈상품화로서의 사회권을 누리기 위해서는 먼저 노동시장에서 자신의 노동력을 판매함으로써 이를 '상품화'해야 한다. 그러나 상품화의 기회가 '시민' 누구에게나 균등하게 열려 있는 건 아니다. 가령, 집단으로서의 남성과는 달리 집단으로서의 여성에게는 노동력의 상품화 자체가 쉽지 않기 때문이다. 왜냐하면 사회가 남성에게는 노동시장에서 자신의 노동력을 상품화함으로써 유급노동을 수행할 것으로 기대하는 반면, 여성에게는 가정에 머물며 무급노동을 수행할 것으로 기대하는 경향이 강하기 때문이다(Sainsbury, 1996; Lewis, 1997; 장지연, 2004; Bolzendahl, 2010).

하지만 자본주의 사회는 노동시장에서의 상품화된 유급노동만으로는 유지되지 않는다. 가정에서 주로 여성에 의해 수행될 것으로 기대되는 상품화되지 않은 무급노동, 즉 가사, 보육, 양육, 간병 등을 비롯한 무급의 돌봄노동이 없이는 노동시장에서의 유급노동의 재생산 자체가 불가능하다. 즉, 한 사회가 유지되기 위해서는 재화를 만들어내는 생산 영역에서의 생산 노동과 노동력을 재생산하는 재생산 영역에서의 재생산 노동, 두 가지가 모두 요구된다. 그럼에도 우리가 살아가고 있는 자본주의 사회에서는 재생산 노동 혹은 '사회적 재생산'(Laslet and Brenner, 1989)은 사회적으로 하찮은 노동으로 간주되며, 오랫동안 주류 경제학의 주요한 분석 대상으로 떠오르지도 못했다(홍태희, 2014; 마르살, 2017; 스트로버, 2018). '남성적인 경제학(macho economics)'(넬슨, 1997: 36)이라는 비판이 등장하게 된 것도 이처럼 주류 경제학이 여성의 경제활동의 경험을 제대로 반영하지 못하기 때문이었다.

이런 가운데 한 가구의 가장인 남성이 노동시장에서 벌어오는 임금으로 아내와 자녀를 비롯한 그 가구의 구성원 모두가 살아간다고 가정하는 '가족임금 이상'에 기초한 젠더질서가 1970년대 중반까지의 복지 공간을 지배하고 있었다(프레이저, 2017: 157~158). 복지국가가 일국적 복지 공간 내에서 여성과 남성에 대한 사회보장을 상이하게 실시함으로써 불평등한 젠더관계를 재생산해 온 것이라 할 수 있다. 그동안 활발하게 진행되어 온, '여성친화적 국가' 혹은 '국가페미니즘'을 비롯해 국가의 성격을 둘러싼 다양한 논쟁(Hernes, 1987; Misra, 1998; Mazur and McBride, 2007; 우명숙, 2009)도 이러한 복지국가와 젠더의 복잡한 양면적 관계를 해명하기 위한 것이었다.

그런데 오늘날 복지국가는 지구화의 흐름 속에서 국민국가에 기초한 일국적 복지 공간의 단위를 뛰어넘을 것을 요구받고 있다. 왜냐하면 국민국가의 국경이 열리며 노동력이 지구적으로 이동하고 있기 때문이다. 복지국가가 시민 노동자에 기초해 노동력의 상품화와 탈상품화를 기준으로 조직되어 왔음을 감안할 때, 노동력이 이동한다는 것은 복지의 단위와 내용 또한 그에 맞추어 변화되어야 한다는 것을 의미한다. 유럽통합의 가속화 속에서 '복지국가'로부터 '복지 공간'으로 그 발상을 전환하려는 노력들이 전개되고 있는 것이 그 대표적 사례에 속한다(Munarin and Tosi, 2009). 유럽연합 회원국 내에서는 한 노동자가 다른 나라에서 일하고자 할 때 더 이상 비자를 발급받을 필요가 없다. 물론 유럽연합 이외의 다른 나라에서는 상황이 이와는 아주 다르다. 여전히 비자를 통해 국민국가가 노동력의 이주를 강력히 통제하고 있다. 그럼에도 점점 더 많은 이들이 일자리와 새로운 삶의 기회를 찾아 국경을 넘는다. 그리고 그 가운데 설반이 여성이다. 따라서 복지 공간의 초국적화는 오늘날 젠더와 복지의 관계에서 새롭게 다루어져야 할 과제의 하나임에 틀림이 없다.

2) 초국적 복지 공간

3장에서 살펴보았듯, '베스트팔렌적 틀'이 안정적으로 작동하던 때에는 개별 국가의 거주자는 곧 그 국가의 시민이자 국민을 의미했다. 그런데 오늘날에는 이 '자명성의 아우라'(프레이저, 2010: 32)가 지구화에 따른 이주, 디아스포라, 이중 삼중 시민권 및 복수의 주거지 등으로 인해서 약화되고 있다. 즉, 모든 국가에는 영토 내에 거주하는 비시민이 존재하고, 대부분의 국가들은 다문화적이고/이거나 다민족적이며, 모든 민족은 영토적으로 분산되어 있는 게 오늘날의 현실이다(프레이저, 2010: 154). 이처럼 '탈국민국가적 상황(die postnationale Konstellation)'(Habermas, 1998)의 도래로 '탈베스트팔렌적 틀(Post-Westphalian Frame)'(프레이저, 2010: 50)이 점차로 그 모습을 드러내는 가운데, 그렇다면 우리가 젠더의 렌즈로 복지를 분석하고자 할 때 이러한 변화가 던지는 함의는 무엇인가?

1990년대 중반 이후로 복지국가에 대한 젠더적 차원에서의 분석과 비판은 양적으로는 물론이고 질적으로도 놀라운 발전을 이루었다. 그럼에도 여전히 '반쪽의 국가'(Kulawik und Sauer, 1996)에서 살고 있다는 의문이 드는 것은 왜인가? 복지국가에 대한 젠더적 비판을 통해 페미니스트들이 획득하고자 한 것은 과연 무엇이었는가? 여성이라는 젠더의 삶은 그러한 비판을 통해 획득한 삶의 기회로 인해 더욱 풍부해졌는가, 아니면 의도하지 않았던 부작용 또한 경험하고 있는 것은 아닌가? 그래서 "지금 우리는 우리의 목표 — 일하러 갈 권리, 아이를 가질 권리, 모든 것을 가질 권리 — 를 달성했고, 그게 왜 그리 어려운지 불평하기를 멈춰야 한다"는 목소리(Weir, 2005: 308에서 재인용)가 들리는 가운데, 무엇을 얻었고 무엇을 잃었는지 반성적으로 되돌아볼 필요가 있다.

이런 맥락에서 부유한 나라의 여성들이 유급노동에 종사하기 위해 빈곤한 나라에서 온 여성들을 고용하여 자신의 자녀들을 돌보게 하는 지구적 차원에서의 새로운 노동 분업 현상(Weir, 2005: 308), 즉 일과 돌봄의 균형이라는 이슈가 지구적 경제에서 '계급'과 '인종'의 중첩에 의해 더욱 복잡해지고 있는 현실로 눈을 돌릴 필요가 있다. 즉, '누가 돌보는가?'(Who cares?)'(Jenson, 1997)라는 문제가 일국적 복지 공간을 넘어서서 전 지구적으로 확산되어 나가고 있다. '돌봄은 가족 내에서 그리고 가족 구성원에 의해 제공된다'는 가정이 지구화 속에서 근본적으로 흔들리고 있는 현실, 돌봄노동이 가족 내에서 수행되는 무급노동이 아니라 점차로 시장에서 화폐를 매개로 교환되는 유급노동으로 변화되고 있는 현실, 비단 일국적으로만이 아니라 지구적으로 교환되는 '서비스 상품'으로 변화되고 있는 현실은 다음의 두 가지에 주목하게 만든다.

첫째, 돌봄노동은 비단 젠더 문제만이 아니라 계급 문제나 인종 문제이기도 하다는 점이다. 남성보다 여성에게 더 많이 떠넘겨진 돌봄노동은 물론 오랫동안 일국적으로도 특권계급에 속하는 여성이 구매할 수 있는 상품이었다. 가령, 미국에서 특권계급에 속하는 백인 여성들이 재생산 노동으로부터 자유롭게 된 것은 역사적으로 유색인 여성들의 저임금 서비스 구매를 통해서였다. 이렇게 함으로써 '재생산 노동의 인종적 분업'이 유지되어 여성들 사이의 2단계 위계화가 형성되었다. 그러나 지구화에 따른 이른바 '제1세계'에서의 복지국가의 축소는 사회적 재생산의 부담을 사적 부담으로 전가시키며, 재생산 노동의 이러한 일국적 정치학을 국제적으로 확산시키는 계기로 작용했다. 이는 이주를 보내고 받아들이는 국가의 여성들 사이에서 '재생산 노동의 3단계 이전'(파레냐스, 2009: 106)이 일어나고 있음을 의미한다. 즉, 재생산 노동의 지구화는 젠더, 인종 및 계급이라는 분석의 카테고리가 어떻게 중첩되는가를 상징적으로 잘 보여준다.

둘째, 돌봄노동은 그것이 '상품'이 되어 '유급노동'으로 전환된다 하더라도, 여전히 여성의 일로 인식되기 때문에 저임금을 피하기 어렵다는 점이다. "아이를 양육하는 무급노동이 유급노동이 되었을 때, 아이를 보살피는 노동의 낮은 시장가치는 한층 더 낮아졌다"(혹스차일드, 2000: 285)는 비판에서 잘 나타나듯이 말이다. 이는 돌봄노동의 '탈가족화'가 일어난다 하더라도, '재생산 경제의 지구화' 내지는 '여성적 서비스의 지구화' 속에서 돌봄노동의 분업이 결국에는 '여성과 여성 사이에서' 일어난다는 것을 의미한다. 돌봄노동이 '탈가족화'되고는 있지만 '탈여성화'되지는 않고 있는 것이다(Bowman and Cole, 2009). 즉, 돌봄노동의 '탈가족화'가 여성과 남성 간의 노동 분업으로 나아가는 게 아니라, 여성과 여성 간의 '재생산 노동의 국제적 분업'으로 나아가면서 오히려 젠더적 노동 분업이 공간을 달리해 더욱 강화되고 있다는 점이다. 이는 돌봄노동의 '탈가족화'가 가장 가부장적 방식으로 다시 변형되어 나타날 수도 있음을 시사한다.

이처럼 젠더적 차원의 부정의가 국가 단위가 아니라 지구 단위로 재생산되는 현실에서, 국민국가 프로젝트로서의 복지국가를 넘어설 필요성은 따라서 젠더의 렌즈로 볼 때 더더욱 절실하다. "미국과 유럽에서 여성들에 관한 연구는 격리되고, 무사슬적이고, 2인적인 '일-가족 균형'의 그림에만 초점을 맞추면서 보모와 그들이 일부를 구성하는 감정적인 생태학은 외면하고 있다"(혹스차일드, 2000: 264)는 지적은, 젠더적 관점에서의 복지국가 연구에서도 여전히 강한 힘을 발휘하고 있는 '방법론적 일국주의'의 한계를 잘 지적하고 있다. 이런 맥락에서 "우리 시대의 핵심적인 정치적 질문, 즉 지구화하는 시대에 발생하는 젠더 부정의의 전 영역에 도전하기 위해 어떻게 재분배, 인정, 대표의 요구들을 통합시킬 것인가?"라고 질문하며, '초국적 공간'의 중요성으로 시선을 돌리자는 미국의 정치철학자 프레이저의 제안(2010: 196)을 눈여겨볼 필요가 있다.

우리가 복지의 지평을 '초국적 공간'으로 넓힐 경우, 가령, 출산과 양육의 문제를 바라보는 시각에도 변화가 올 수 있다. 2020년 5월 기준 현재 유엔에는 193개국이 회원국으로 가입되어 있다. 각 국가의 여성의 상황은 물론 판이하게 다르다. 한국은 출산율 증가가 현안인 반면, 출산율 억제가 현안인 나라들도 있다. 출산 장려와 출산 억제가 국가 단위로 이루어지면서, 여성의 '몸'에 대한 국가의 개입도 다양하게 이루어진다. 엄마가 어느 나라 국적을 가졌는가에 따라 인간의 가장 기본적 권리인 생명권을 보장받기도 하고 부정당하기도 한다. 국민국가를 단위로 하는 '베스트팔렌적 틀'의 함정은 바로 이처럼 출산의 문제나 생명의 문제를 국가나 민족의 인구 조절과 일차적으로 결부시킴으로써, 여성의 몸의 도구화나 생명권의 방치를 결과한다는 점이다.

'탈베스트팔렌적' 복지 공간에 대한 상상을 페미니스트들이 시작해야 하는 이유 중 하나가 바로 여기에 있다. 국민국가 단위로 보자면 몇몇 국가에서 인구가 부족할 수도 있지만, 전 지구적으로 보사면 인구'는 부족하지 않다. 즉, 우리가 복지의 공간적 단위를 어떻게 설정하는가에 따라 아주 다른 사회정책적 선택을 할 수 있는 가능성이 열린다. 따라서 지구화 시대에 '틀의 설정에 관한 정치'가 갖는 의미에 주목하며 복지를 바라보는 틀 자체를 새로이 설정할 필요가 있다. 복지의 범위 및 내용과 관련해 일국적으로는 물론이고 지구적으로도 '잘못 설정된 틀에 저항하는 투쟁'과 이에 대한 대안적인 접근이 필요하다(프레이저, 2010: 46~49).

나아가 젠더 문제를 '여성에 관한 이슈'로 제한하는 데서 벗어나야 한다. 19세기 후반의 '여성 문제'와 20세기의 '여성 이슈'라는 개념처럼 말이다(Connell, 2005: 227). 우리는 지금까지 일과 가족의 양립을 여성의 문제로 이해해 왔다. 그러나 이제는 이를 남성의 문제로도 바라보며 젠더 문제에서 남성을 '보이도록' 만들어야 한다. 일과 가족의 양립의 주어는 여성과 남성으로 변화되어야 한다. "최종적인 기본적 해결책은 아버지들에게도 아이들을 보살피는 일을 분담시키는 것이다. 그렇게 된다면, 전 세계에서 보살핌은 사회적인 계급 사다리를 따라 밑으로 전해지는 것이 아니라 수평적으로 퍼질 것이다"(혹스차일드, 2000: 285)라는 제안처럼 말이다. 지난 20세기의 복지국가는 여성을 일차적으로 '어머니'로 규정하고, 남성은 일차적으로 '노동자'로 규정해 왔다. 그러나 앞으로는 '노동자로서의 여성'과 '아버지로서의 남성'으로도 시선을 돌려야 하며, 그러기 위해서는 돌봄노동의 '탈여성화'와 생계노동의 '탈남성화'라는 두 방향에서 변화가 이루어져야 한다.

이런 맥락에서, '보이지 않는 가슴'(폴브레, 2007)으로서의 사회적 돌봄노동의 의미와 가치에 대한 재조명 및 재배치(황보람, 2009)를 바탕으로, '아버지 정책(father politics)'이나 '부성보호 정책'을 적극적으로 추진해 나가야 한다. '21세기 아버지'의 새로운 모습을 보여주고 있는 스웨덴의 아버지들은 이런 면에서 오늘날 우리의 관심을 끌기에 충분하다(Bennhold, 2010.6.9; 김건, 2019; 윤승희, 2019). 스웨덴은 '2인 부양자 및 2인 돌봄자 모델'(Klinth, 2008: 20)에 기초한 정부 정책을 통해 남성이 아버지 역할에 충실할 수 있도록 자녀 양육을 지원함으로써, '젠더 평등의 개척자 내지는 가부장제 축소의 개척자'라는 평가를 받고 있다. 즉, 보편적 복지국가의 틀 내에서 사회정책을 통해 개인으로서의 여성과 남성을 가족 혹은 다른 사회적 기관들에 대한 의존으로부터 자유롭게 하고자 노력하고 있는 것이다(Rush, 2011: 38~39).

5. 맺음말

이상으로 1990년대 초반부터 본격적으로 전개되기 시작한 젠더와 복지의 관계를 둘러싼 논쟁을 크게 세 가지 쟁점을 중심으로 살펴보았다. 2절에서는 국가와 시장으로부터 국가와 시장과 가족이라는 '복지 삼각형'으로 우리의 시선을 확장할 필요가 있음을, 3절에서는 여성의 복지수급 자격과 관련해 노동자로서의 여성의 지위를 강화할 필요가 있음을 강조했다. 나아가 4절에서는 지구화 속에서 일국적 복지 공간을 초국적 복지 공간으로 확장할 필요에 대해 논의했다. 이를 바탕으로 맺음말에 해당하는 이 절에서는 21세기의 더 풍부한 복지 공간으로 나아가고자 할 때, 우리에게 요구되는 몇 가지 '유토피아적 상상력'에 대해 간략히 스케치하고 자 한다.

첫째, 20세기의 자본주의적 복지 공간이 갖는 구조적 성격, 즉 '노동을 강제하는 조건부 복지'라는 패러다임을 넘어서야 한다. 복지를 권리로서 누리기 위해서는 먼저 사회적 의무로서의 노동에 충실해야 한다는 전제 를 벗어나야 한다는 점이다. 이런 맥락에서 "삶과 노동을 취업노동 중심 모델에 의거하여 재분배하자는 담론은 의미가 없다. …… 여성의 …… 더 이상 그들의 추가 노동의 강조만을 통해서 사회적으로 필요한 노동을 하 고자 하는 것은 별다른 의미가 없다"(브라운·융, 2000: 150)는 점에 주목하 며, '복지국가의 혜택과 취업노동으로의 참여를 분리'하기 위한 방안을 모색해야 한다. 복지라는 권리는 노동시장에서 노동능력을 입증하는 '시 민 노동자'이기 때문이 아니라 '인간'이기 때문에 마땅히 누릴 자격이 있 는 것으로 이해되어야 하기 때문이다.

둘째, 노동이 삶의 목적이 되어버린 '신자유주의적 인간'으로서의 우리 의 자화상에 대해 반성적으로 되돌아봐야 한다. 가령, 오늘날 대한민국이 라는 복지 공간이 '장시간 노동체제'(배규식, 2012)로 인해 '과잉노동사회' (강이수·신경아·박기남, 2015)의 성격을 벗어나지 못하는 가운데, '과잉노동, 과소복지'(박명준, 2017.2.14)라는 역설적 상황에 놓여 있다는 점이다. 이는 우리가 자본주의적 생산력의 지속적인 향상에도 불구하고 누구에게나 더 많이 노동하는 것이 삶의 목적이 된, 어떤 역설적 상황에 처해 있음을 의 미한다. 취업노동의 재분배와 노동시간의 단축 등을 통해 생계노동에 저 당 잡힌 우리의 삶을 재구성할 필요가 그래서 시급하다(국미애, 2018).

마지막으로, '출생의 우연'에 기초한 '공간의 힘'(데 블레이, 2009)이 인간의 운명에 미치는 영향력이 더욱 커지고 있는 가운데, 복지 공간의 초국적화를 통해 '국제적 복지 책임'에 기초한 '복지 국제주의(welfare internationalism)'의 전망(Kaufmann, 2003: 39)을 발전시켜 나가야 한다. "한 사람의 운명, 즉 평생 가사노동을 할 것이냐 아니면 노동시장에 적응해 돈벌이를 할 것이냐는 원칙적으로는 산업사회에서조차도 요람에서부터 결정된다"는 점에서, 남자와 여자라는 것 자체는 현대의 산업사회 속에 자리한 '현대적 신분'(벡·벡-게른스하임, 1999: 63~64)이다. 이 현대적 신분이 오늘날에는 지구화 속에서 초국적으로 재생산되고 있다. 국경을 넘어 이주해도 여성은 여전히 가사노동을 비롯한 여성의 일로 알려진 일에 종사하며 저임금을 받는 가운데, 복지의 혜택을 받지 못하는 경우가 많다. 따라서 복지 책임을 국제적으로 확장하는 작업은 젠더의 차원에서 무엇보다 절실한 유토피아적 상상력이라 하지 않을 수 없다.

1793년 프랑스의 드 구즈(Olympe de Gouges)는 여성의 참정권을 주장했다는 이유로 단두대의 이슬로 사라졌다. 여성도 남성과 동등한 참정권을 부여받아야 한다는 주장이 그녀를 단두대에 매달게 만들었다(스콧, 2006). '구즈'의 '유토피아'는 오늘날 '우리'의 '현실'이다. 누군가 꿈을 꾸는 한 유토피아는 언젠가 현실이 된다. 유토피아와 현실은 그렇게 서로 긴밀하게 연결되어 있다. 따라서 꿈을 꾸는 일, 유토피아를 꿈꾸는 일은 그 자체가 역사를 앞으로 밀고 나가는 동력이다. 앞으로 200년 뒤인 23세기 여성들의 눈에 비친 21세기 초반 우리의 젠더적 현실은 어떤 모습일까? 구즈가 우리에게 동등한 시민으로 대접받기 위한 가장 기본적 조건으로서의 참정권이라는 새로운 지평을 열어 주고자 했다면, 우리는 이를 바탕으로 어떤 복지 공간을 만들어나가고자 하는가? 복지 공간에서 살아가는 다양한 얼굴을 어떻게 '보이도록' 만들고, 어떻게 젠더, 계급, 인종, 장애, 섹슈얼리티로부터 자유로운 평등한 복지 공간을 구성해 나갈 것인가? 지금이야말로 새로운 유토피아를 향한 상상력을 발휘할 시점이다.

제2부

젠더와 공간의 만남을 위한 실천적 모색

제**5**장

젠더와 국가

/

'전쟁과 여성인권 박물관'의 건립 과정을 중심으로

1. 머리말

올해 2020년은 일본 제국주의 지배로부터 해방된 지 75주년이 되는 해이다. 그러나 이처럼 긴 시간이 흘렀음에도, 오늘날의 대한민국은 36년간에 걸친 일본 제국주의 지배의 흔적이 여전히 잔존한 채로 우리의 삶에 영향을 미치고 있음을 확인하게 된다. 대표적인 사례가 한국과 일본 양국 간에 아직도 해결의 실마리를 찾지 못하고 있는 일본군 '위안부' 문제다. 2015년 12월 28일, 한국과 일본 두 나라의 외교 장관이 공동 기자회견을 통해 일본군 '위안부' 문제에 관한 '합의'를 발표한 바 있지만, 이른바 이 '위안부 합의'라는 것이 형식과 내용 측면에서 볼 때 어느 것 하나 만족할 만한 수준이 아니라서, 현재까지도 정부 차원의 제대로 된 합의는 이루어지지 않았기 때문이다(장혜원, 2018).

그러나 일본군 '위안부' 문제에 관한 한, 이처럼 국가의 '밖'에 있는 과거 제국주의 국가와의 관계에서의 탈식민화를 의미하는 '외부적 탈식민화'만이 그 해결책을 못 찾고 있는 것은 아니다. 국가의 '안'에서도 가부장제를 바탕으로 자국의 여성을 '2등 국민화'하려는 경향이 완전히 사라지지 않음으로서, 바로 얼마 전까지만 하더라도 '내부적 탈식민화'로 나가는 발걸음이 지체되고 있던 것이 현실이기 때문이다. 따라서 일본 제국주의 지배로부터 해방 75주년을 맞아 '포스트식민 국가(postcolonial state)'로서의 대한민국이 진정으로 탈식민화를 이루기 위해서는 '외부적 탈식민화'와 더불어 '내부적 탈식민화'를 가속화하기 노력이 필요할 것으로 보인다.

'내부적 탈식민화'의 과제와 관련하여, 우리는 무엇보다 먼저 '젠더 중립적인 운명공동체'로 이해되는 '국가' 그 자체에 의문을 던질 필요가 있다. 국가가 젠더와 무관한 운명공동체로 인식됨으로써, 국가가 사실상 젠더에 따라 구조화되어 있다는 점이 논의의 수면 위로 떠오르지 못하기 때문이다. '할아버지가 살아온 이 나라의 역사'와 '할머니가 살아온 이 나라의 역사'가 서로 다름에도 불구하고, 국가는 '남성' 국민에 의해서는 물론이고 '여성' 국민에 의해서도 종종 '할아버지와 아버지 세대를 거쳐 손자 세대로 이어지는 국가'로 이해되는 가운데, '할머니와 어머니 세대를 거쳐 손녀 세대로 이어지는 국가'는 우리의 시야에서 사라진다. 할아버지, 아버지, 손자로 이어지는 부계혈통의 국가에서 남성 국민인 할아버지의 역사가 남성 국민과 여성 국민 모두를 아우르는 '역사' 혹은 '국사'를 대변하게 되면서, 할아버지와 할머니의 역사가 다를 수 있으며, 할아버지의 역사가 할머니의 역사를 억압하고 있을지도 모른다는 점은 종종 잊힌다

(안숙영, 2013: 26~27).

국가에 대한 이런 남성 중심적 이해의 문제점은 대표적으로 일본군 '위안부' 할머니들을 위한 추모 공간인 '전쟁과 여성인권 박물관'(이하 '박물관')의 건립 과정에서 찾아볼 수 있다. 2020년 5월 현재 여성 폭력과 전쟁없는 세상을 만들어 나가는 데 커다란 역할을 하고 있는 '박물관'이 문을연 것은 2012년 5월 5일 서울시 마포구 성산동의 성미산 자락에서다. 그러나 원래는 성미산 자락이 아니라 서울시 서대문구 현저동에 있는 '독립공원' 안에 건립될 예정이었다. 그런데 2007년에서 2008년에 걸쳐 광복회를 비롯한 32개 독립유공자 단체가 이에 강력히 반대하고 나섰다. "독립공원 내에 위안부 박물관 계획을 승인한 것은 몰역사적인 행위로서 독립운동을 폄하시키고 순국선열에 대한 존경심을 떨어뜨리는 것"(고성진, 2008.11.3)이라는 이유에서였다. '박물관' 건립을 인가했던 서울시도 결국에는 이를 받아들임으로써, '박물관' 건립을 추진했던 한국정신대문제대책협의회(이하 정대협)[1]는 부지를 성미산 자락으로 불가피하게 변경할 수밖에 없었고, 그래서 한국과 일본 시민이 모은 20억 원의 성금으로 뒤늦게 공사를 시작하여 예정보다 2년여 늦게 문을 열게 된 것이었다.

국민, 영토, 주권이 국가의 3요소라 할 때, '박물관' 건립 과정의 우여곡절은 제국주의에 의한 식민지 경험이 있는 포스트식민 국가인 대한민국

---

[1]　1990년에 37개 여성 단체의 결의로 발족한 정대협은 2015년 12월 28일 한일 위안부 합의 무효화 및 일본군 성노예제 문제의 정의로운 해결을 위해 2016년 100만 시민이 참여한 가운데 '일본군 성노예제 문제 해결을 위한 정의기억재단'이 설립됨에 따라, 2018년 7월 11일에 이 정의기억재단과 통합하여 현재는 '정의기억연대'라는 이름으로 활동하고 있다. 더 자세한 내용은 '정의기억연대' 홈페이지 참조(http://womenandwar.net/kr).

에서, '영토' 혹은 '국토'라는 이름으로 불리는 공간에서 '남성' 국민이 어떻게 '여성' 국민을 배세해 왔는가를 보여주는 상징적인 사례였다. '빅물관'의 건립 과정은 포스트식민 국가에서 국가가 주권을 행사할 수 있는 영역인 영토 혹은 국토를 매개로 하여 어떠한 '공간의 정치학'이 전개되어 왔는가를 여실히 보여주었다. "장소는 경계를 규정하는 규칙들을 구성하는 권력관계를 통해 만들어진다. 이러한 경계들은 사회적이면서 동시에 공간적이기도 하다. 이러한 경계들은 …… 누가 어떤 공간에 속하는지, 누가 제외되어도 괜찮은지 등을 정해준다"(맥도웰, 2010: 25)는 점을 고려할 때, '박물관'의 건립 과정은 공간이 갖는 사회적 성격, 즉 공간 안에 담긴 사회적 권력관계를 드러낸 것이었다고 할 수 있다. 이로 인해 우리는 '박물관'의 건립 과정을 매개로 하여 대한민국의 공적 공간이 여전히 남성 중심적 민족주의에 의해 지배되고 있음을 확인하게 된다.

이런 맥락에서, 이 장은 먼저 2절에서 2003년 12월 18일에서 2012년 5월 5일에 이르는 '박물관'의 건립 과정을 중요한 사건을 중심으로 연대기적으로 살펴본다. 이어지는 3절에서는 포스트식민 국가인 대한민국의 공적 공간에서 민족적 정체성의 확립이라는 이름 아래 남성 중심적 민족주의가 이른바 공적 기억을 구축해 나가는 과정으로 시선을 돌려, 광복회를 포함한 독립유공자 단체가 '독립공원' 내에 '박물관'이 들어서는 것에 대해 "최후의 일인까지 결사저지"하겠다며 일본군 '위안부' 여성의 기억을 공적 공간에서 배제해 나가는 과정을 다룬다. 나아가 4절에서는 포스트식민 국가에서 여성 국민이 직면하는 이중의 어려움, 즉 과거 제국주의 국가의 가부장제와 더불어 이제는 자국의 가부장제와도 싸워야 하는 어려움 속에서, 일본군 '위안부' 여성이 '박물관'의 건립을 계기로 대항 공간을 만들어 나가는 한편으로 대항 기억을 구축해 나가는 과정을 탐색한다. 마지막으로 5절에서는 포스트식민 국가인 대한민국에서 우리에게 필요한 것은 '외부적 탈식민화'와 더불어 '내부적 탈식민화'이기도 하다는 점, 그리고 이를 위해서는 성차별주의, 계급차별주의, 인종차별주의에 총체적으로 문제 제기를 할 필요가 있다는 점을 강조한다.

2. '박물관'의 건립 과정

2003년 12월 18일에 정대협은 돌아가신 '위안부' 할머니들을 위한 추모회를 여는 한편으로, 이들이 겪은 고통을 잊지 않고 다시는 이런 일이 일어나지 않도록 교육하고 활동하기 위한 공간으로 '박물관'을 건립하기로 하고 이를 위한 점화식을 생존해 계신 '위안부' 할머니들과 함께 진행했다. 이후 1년에 걸쳐 박물관 건립을 위한 건립위원회를 구성하고, 박물관 건립 사업에 대한 21개 정대협 회원 단체로부터의 논의를 거쳐 2004년 12월 16일에는 '전쟁과 여성인권 박물관 건립위원회'가 발족식을 가진데 이어 모금활동도 공식적으로 시작되었다.

그러나 '박물관' 부지가 확보되지 않은 가운데서 모금활동은 성과를 보이지 않았다. 그래서 부지를 확보하는 일이 무엇보다 시급해졌고, 서울시로부터 부지를 기증받는 방법에 대한 모색이 이루어지기 시작했다. 그 결과 2005년 10월 25일에는 서울시와의 협의 끝에 서대문 '독립공원' 내에 있는 100여 평 규모의 매점 부지를 활용하기로 합의가 이루어졌다. 이를 바탕으로 2006년 4월 14일에는 문화재청으로부터 '박물관' 건립을 허가

받고, 2006년 8월 18일에는 서울시 도시공원위원회 소위원회 회의를 통해 최종 허가를 받으면서, 정부로부터 건립비 예산을 지원받기 위한 활동 또한 활발하게 전개되기 시작했다. 그러나 여성부(2010년 3월 여성가족부로 개편) 장관과의 면담 같은 적극적 활동에도 불구하고 정부가 재정 지원이 어렵다는 입장을 밝히자, 건립위원회는 일반 시민을 대상으로 한 모금캠페인으로 방향을 돌렸다.

그런데 '박물관' 건립 계획이 알려진 뒤부터 정대협의 윤미향 상임대표에게 "위안부는 근본적으로 독립운동과 다르다"며 추진을 중단하라는 압력을 넣어오던 광복회가 2007년에 들어서서는 '박물관' 건립에 공개적으로 반대하고 나서기 시작했다. 광복회는 그해 4월 19일, 당시 오세훈 서울시장을 방문해 '박물관' 건립을 전면 백지화하라고 요구하며 '박물관' 건립을 막기 위한 활동에 본격적으로 나섰다. 당시 광복회의 남민우 사무총장은 "위안부 희생자들이 물론 불쌍하기는 하지만 목숨을 걸고 광복을 위해 싸운 이들과 '피해자'인 위안부는 층위가 다르다"며, "서대문 독립공원에 위안부 박물관이 들어오면 독립운동이라는 성지의 '순수성'이 훼손된다"고 주장했다. 그러나 당시 서울시 사회과 임한균 생활보장팀장은 "위안부는 피해자이고 역사적으로 의미 있는 일이라고 완곡히 설명했다"며 "재검토는 없다"는 입장을 밝혔고, '박물관' 건립을 담당하는 공원과에서도 광복회의 주장을 받아들이지 않을 것임을 명확히 했다(김다슬, 2007.6.3).

광복회의 반대에도 불구하고 이처럼 서울시가 '박물관' 설립 계획에 변함이 없다고 밝힘으로써, 2008년 7월 31일에는 서울시에 건축허가 신청서류를 제출하고, 2008년 10월 17일에는 서울시로부터 사업인가 통보증을 받았다. 그러자 이번에는 광복회, 순국선열유족회, 민족대표 33인 유족회 등 32개 독립유공자 단체가 2008년 11월 3일에 서울 여의도에 있는 광복회관에서 '독립공원 내 일본군 위안부 박물관 건립반대 공동 기자회견'을 열고는, "서울시가 서대문 독립공원 안에 허가한 '전쟁과 여성인권 박물관', 이른바 '위안부 박물관' 건립을 반대한다"며, "건축허가 내준 서울시 당국은 순국선열들께 참회하고, 건축허가를 당장 취소·철회하라"고 촉구했다. 당시 광복회의 김영일 회장은 "독립공원 내 '일본군 위안부 박물관' 건축을 허락한 것은 …… 수많은 우리 독립운동가들과 독립운동을 폄하시키는 '순국선열에 대한 명예훼손'임을 …… , 무엇보다도 일본인들에게 선조들의 악행에 대한 반성은커녕, 도리어 웃음거리를 제공하는 결과를 초래할 수 있음을 분명히 알아야 할 것"이라고 주장했다. 또한 "일본군 위안부 박물관 건축허가는 …… 청소년들에게 올바른 역사의식보다는 '우리 민족은 적극적인 항일투쟁보다 일제에 의해 수난만 당한 민족'이라는 왜곡된 역사 인식을 심어 미래 세대들에게 역사적 진실에 대한 혼동을 줄 수 있음을 분명히 알아야 할 것"이라고 강조하기도 했다(고성진, 2008.11.3).

당시 광복회 등의 기자회견 소식이 알려지자 독일, 일본, 호주 등 해외의 여성인권 단체들이 '박물관' 건립을 반대하는 광복회의 입장을 비판하는 성명서를 정대협에 보내왔고, 국내에서도 인터넷 다음(Daum) '아고라'에서 '전쟁과 여성인권 박물관 저지 활동 철회 서명·청원·모금운동'이 활발하게 전개되었다. 수많은 누리꾼이 참여해 서명한 가운데, 한 누리꾼은 "광복을 이뤄야 할 이유 중 하나 아니었을까요? 부끄럽고 수치스럽기는 하지만 잊어서는 안 될 역사입니다"라며 '박물관' 건립은 계속되어야 한다는 의견을 냈고, "광복회를 청산하자! 그리고 국민의 힘으로 과거 청산의 뜻을 모아 박물관 사업에 후원하자"며 모금을 호소한 누리꾼도 있었다. 그리고 광복회 자유게시판에도 건립활동 저지 철회를 요구하는 의견이 올라갔다. 여기서 인천의 김상순 씨는 "저는 전쟁이 뭔지도 모르는 시절에 태어났지만 위안부 희생자들을 뵙고 오면 제가 모든 죄를 진 것 같아 며칠씩 잠을 못 이룹니다. 누가 더 큰 피해를 보고 아니고를 떠나서 왜 그분들이 광복회 희생자 여러분들과 다르다고 생각하시는지요?"라고 묻기도 했다(≪수원시민신문≫, 2008.11.2).

광복회 등의 기자회견에 서울시는 "박물관 건립인가 과정에는 법적인 하자가 전혀 없다"며 "박물관 건립은 이미 인가가 난 상황으로 재론의 여지가 없다"(김재희, 2008.11.7)고 다시 입장을 표명했고, 2009년 3월 8일 '세계 여성의 날'을 맞아 드디어 일본군 '위안부'의 인권 회복을 위한 '박물관'의 착공식이 '독립공원' 내에 있는 매점 부지에서 열렸다. 교통이 편리하고 '서대문형무소'와 가까워서 한일 양국 간 역사를 종합해서 볼 수 있는 곳에 들어설 '박물관'은 지하 1층, 지상 3층 규모로, 전시관, 교육관, 자료실 등을 운영할 계획을 가지고 있었다. 그러나 착공식이 열리던 이날에도 '박물관'이 들어설 매점 부지에는 여전히 매점들이 헐리지 않은 채로 남아 있었다. 서울시에서 광복회 등이 반대한다는 이유로 매점 건물에 대한 멸실 허가를 유보하고 있었기 때문이다. 그리고 순국선열유족회 회원 10여 명이 착공식이 열리는 무대 위로 진입을 시도하며, "'독립의 성지'인 독립공원에 어울리지 않는 정신대 할머니들을 위한 박물관이 웬 말이냐"며 항의하기도 했다(이로사·구교형, 2009.3.8).

착공식이 열렸음에도 불구하고 '박물관' 부지에 대한 최종 허가를 내준 서울시가 광복회를 포함한 독립유공자 단체의 항의로 매점 건물에 대한 멸실 허가를 계속해서 내주지 않으면서, 건립 계획은 이후 2년여에 걸쳐 표류 상태로 머물렀다. 이에 정대협은 부지를 이전하기로 결정하고, 2011년 7월 21일 기자회견을 열어 '박물관' 부지를 서울시 마포구 성산동으로 옮긴다고 밝혔다. 정대협은 기자회견문에서 "단 한 분의 할머니라도 더 살아계실 때 일본군 '위안부' 범죄의 진실과 역사의 교훈을 담아내야 할 '전쟁과 여성인권 박물관'은 더 이상 미룰 수도 없고 미뤄서도 안 될 과제"라며, "박물관이 개관될 수 있도록 여러 방안을 검토하고 알아본 끝에, 서울 성미산 자락 작은 터에 할머니들의 숨결과 함께해 준 이들의 뜻을 담아 박물관을 건립하고자 한다"고 설명했다(조정훈, 2011.7.21).

부지 선정을 둘러싼 이런 우여곡절 끝에, 마침내 2012년 5월 5일에 '박물관'이 문을 열었다. 정대협의 윤미향 상임대표는 "위안부 할머니들이 어린이들에게 평화의 공간을 선물한다는 뜻"(이경미, 2012.5.4)으로 어린이날에 개관한다고 밝혔다. 2003년 12월 18일에 '박물관' 건립을 위한 점화식 이후로 8년 반이라는 세월이 흐른 뒤였다. 개인 주택을 개조해 만든 지하 1층, 지상 2층 규모의 '박물관'은 2020년 5월 현재 "일본군 '위안부' 생존자들이 겪었던 역사를 기억하고 교육하며, 일본군 '위안부' 문제를 해결하기 위해 활동하는 공간"(전쟁과 여성인권 박물관, 2020)으로서의 위상을 확고히 해나가고 있다.

'박물관'의 건립 과정을 돌아보면, 물론 광복회를 비롯한 32개 독립유공자 단체의 반대가 무엇보다 문제였다. 그러나 애초에 건립 허가를 내주었다가 반대에 직면하자 멸실 허가를 내주지 않음으로써 정대협이 부지를 옮길 수밖에 없도록 만들어, 결국에는 광복회의 주장에 굴복하고만 서울시 또한 '박물관'이 독립공원 내에 들어서지 못한 데 직접적인 책임이 있다는 점을 우리는 명확히 기억해야 할 것으로 보인다. 따라서 당시 오세훈 서울시장이 2007년 7월부터 서울을 '여성친화적인 도시'로 만든다며, '여성이 행복한 도시 프로젝트'를 국제적으로 크게 선전한 결과, UN 공공행정상 대상을 수상했었다는 점(서울특별시청, 2010.5.12)은 그야말로 아이러니다. 이른바 '여성이 행복한 도시'에서 일본군 '위안부' 여성은 독립공원이라는 공적 공간에서 자신의 기억을 만들어나갈 수 있는 기회를 부여받지 못했기 때문이다. 그렇다면 서울시가 행복하게 만들겠다던 그 '여성'이란 도대체 누구였을까?

3. 포스트식민 국가에서의 공적 공간과 공적 기억

'독립공원' 내에 '박물관'이 들어서는 것에 대해 광복회가 "최후의 일인까지 결사저지"하겠다고 나서면서, 결국 '박물관'은 1992년 8월 15일에 개원한 총면적 3만 3031평 규모의 탁 트인 '독립공원' 내에는 들어서지 못했다. 독립공원은 서울의 지하철 3호선 독립문역과 연결되어 있어 누구나 대중교통을 이용하여 손쉽게 찾아갈 수 있는 반면에, '박물관'의 경우는 상황이 전혀 다르다. 박물관 하면 흔히 널따란 대로에 위치하며 건물 또한 그에 걸맞게 웅장할 것으로 기대하지만, '박물관'은 좁은 골목으로 이어진 평범한 주택가에 위치한 데다 건물의 규모도 104평으로 아주 작기 때문이다. 그래서 방문객이 '박물관'을 찾아가려면 적지 않은 인내와 노력을 기울여야 한다. 누구나 찾아가기 쉬운 곳에 자리한 '독립공원'과

찾아가기 어려운 곳에 자리한 '박물관', 즉 '공원'이라는 공적 공간과 '주택 가'라는 사적 공간에 위치한 두 건물의 현주소는, 포스트식민 국가인 대한민국의 '영토' 안에서 누가 공적 공간의 주요한 행위자이며 누가 공적 기억을 만들어낼 수 있는 자유를 가지고 있는가를 잘 보여준다.

남성적 시각에서 볼 때, 권력의 이양과 주권의 획득에 따른 제국주의 국가로부터의 독립은 '포스트식민성'이라는 새로운 조건을 가져다준다 (영, 2013: 147~148). 이러한 단절을 바탕으로 포스트식민 국가에서는 민족적 정체성의 확립이라는 이름 아래 "민족이 자신의 운명을 통제하도록 하는 신념과 정책을 강화하는 실천"으로서의 민족주의(인로, 2011: 79)에 기대어 이른바 단일한 '공적 기억' 혹은 '공식 기억'을 만들어냄으로써 국가의 정치적 안정을 꾀하고자 하는 열망이 무엇보다 강렬하게 나타난다. "식민주의는 특히 민족주의의 기름진 터전이다. 그렇지 않았다면 분열되었을 사람들에게 외국 지배라는 강력한 공통의 경험을 제공하기 때문이다. …… 요즘 생각되는 것은 가장 안정된 정치체제는 국가의 힘이 민족적 정체성이라는 침대에서 쉴 때이다"(인로, 2011: 79~80)라는 통찰처럼, 포스트식민 국가에서는 외국 지배라는 공통의 경험을 반복하지 않기 위해 민족주의를 강화하려는 열망이 공적 공간에서 뜨겁게 표출되고는 하는 것이다.

이때 '본래 제한되고 주권을 가진 것으로 상상되는 정치공동체'로서의 '민족'이라는 개념은 공적 공간에서 그 최고의 권위를 부여받는다. 왜냐하면 "민족은 가장 작은 민족의 성원들도 대부분의 자기 동료들을 알지 못하고 만나지 못하며 심지어 그들에 관한 이야기를 듣지도 못하지만, 구성원 각자의 마음에 서로 친교의 이미지가 살아 있기 때문에 상상된 것"

(앤더슨, 2002: 25)으로, "각 민족에 보편화되어 있을지 모르는 실질적인 불평등과 수탈에도 불구하고 민족은 언제나 심오한 수평적 동료 의식으로 상상되기 때문"(앤더슨, 2002: 27)이다. 다시 말하자면, 민족이라는 개념은 민족 내부의 불평등과 수탈을 무마시키는 역할을 함으로써, 포스트식민 국가에게 정치적 안정성을 제공해 주는 강력한 이데올로기로 작용한다.

민족주의를 바탕으로 단일한 '공적 기억' 혹은 '공식 기억'을 만들어내려는 열망은, 공간적으로 보자면 공적 공간이라 불리는 영토의 곳곳에 제국주의의 만행을 고발하기 위해, 그리고 제국주의에 맞서 싸운 독립투사의 영웅적 행위를 기념하기 위해 기념비, 기념탑이나 동상을 세우고 공원을 만들거나 아니면 기념관이나 박물관을 짓는 것으로 표출된다. 이런 측면에서 국가는 "시민들을 보편적 프로젝트에 포섭하기 위해 지도, 깃발, 건축물, 문화재, 의복, 스포츠와 정치적 수사를 통해 구성되는 문화적 구성물"(맥도웰, 2010: 333)과 다름없다. 그러나 공적 공간에 이런 기념물과 상징물을 세울 수 있는 주체는 포스트식민 국가에서 살아가는 모든 국민이 아니다. 권력의 사다리의 상층부를 차지하는 특정한 '남성' 국민만이 상상의 공동체로서의 민족에 대해 상상할 수 있는 자유를 부여받으며, '그들'이 민족에 대해 갖고 있는 '특수한 상상'은 각종 기념물과 상징물을 매개로 '우리'의 '일반적 상상'으로 자리 잡는다. 한 국가의 이른바 '공적 기억' 혹은 '공식 기억'이 탄생하는 것이다.

이 과정에서 기념물이나 상징물을 설립하는 주체는 대부분 국가나 그 내부의 유력한 사회집단인 경우가 대부분이다. 이른바 권력의 주체인 이들은 공적 공간에서 자신의 정체성을 공고히 하기 위해 자신의 기원과 형성 및 발전에서 중요한 의미를 갖는다고 여겨지는 특정한 인물이나 역사적 사건을 지속적으로 '기념'하고자 하며, 여기에는 역사 서술이라든가, 종교적 의례라든가, 축제라든가, 예술적 형상화라든가, 국경일 제정이라든가 같은 각종 법적이고 정치적인 조치들이 포함되며, 바로 이러한 과정을 통해 비로소 한 국가나 사회의 집단기억이 구축된다(전진성, 2004: 190).

대한민국이라는 이름으로 새로 태어난 포스트식민 국가에서 광복회와 순국선열유족회를 비롯한 독립유공자 단체는, 식민지 시기에 나라를 위해 목숨을 바친 '순국(殉國)'을 이러한 '공적 기억'의 구축을 위한 핵심에 놓았다. 그리고 이를 통해 '순국선열(殉國先烈)', 혹은 '전사 영웅(Warrior Hero)'(Prividera and Howard, 2008)은 공적 공간의 핵심적 행위자로 자리 잡았다. 이런 맥락에서 일본 제국주의에 의한 식민지 시대에 "조국의 독립을 위해 수많은 애국지사들이 갖은 옥고를 치르고 마침내 목숨까지 빼앗겼던" 장소인 '서대문형무소'의 의미는 더더욱 극대화되며, 서대문형무소를 중심으로 조성된 '독립공원'[2]은 '공적 기억'의 생산과 유포를 위한 대표적 장소로 위치하게 된다.

건립 과정에 광복회와 순국선열유족회도 참여한 바 있는 '독립공원'은 "우리 민족의 성지"로, 크게 독립문, 서재필 선생 동상, 독립관, 3.1독립선언기념탑, 순국선열추념탑 및 '서대문형무소 역사관'으로 구성되어 있으며, 최근인 2019년 8월 14일에는 '독립과 민주의 길'이 새로 문을 열었다. 독립관에서 서대문형무소 역사관 입구에 이르는 약 100m 구간에 설치된

2　이하 '독립공원'과 그 내부에 있는 '서대문형무소 역사관' 및 '순국선열추념탑'에 관한 정보는, 서울시의 '산과 공원' 홈페이지(http://parks.seoul.go.kr) 내 '독립공원' 부분에서 인용한 것이다.

'독립과 민주의 길'에는 1919년부터 2018년에 이르는 100년간의 대한민국의 독립과 민주의 역사를 포함해 100가지의 주요 현대사의 사건들을 이미지로 표현한 100개의 동판이 설립되었다(윤고은, 2019.8.13).

독립공원 방문자는 독립공원 입구에 있는 독립문에서 시작, 서재필 선생 동상을 지나 3.1독립선언기념탑과 순국선열추념탑 및 '서대문형무소 역사관'에 이르는 도정에서, 일본 제국주의의 탄압에도 불구하고 독립국가의 건설을 위해 목숨을 바쳐가며 싸웠던 독립투사들의 발자취에 대해 생각하게 되는데, 특히 '서대문형무소 역사관'은 '독립공원'의 핵심에 속한다. 이는 '서대문형무소'가 "우리 민족 독립의 현장이며 살아 있는 역사의 터"이자 "온갖 고문과 억압에도 굽힘이 없었던 역사의 현장"이라는 의미를 갖고 있기 때문이다.

그래서 서대문구에서는 서대문형무소의 옥사와 사형장, 망루 등을 원형 그대로 복원하고 악명 높았던 구(舊) 보안과 건물을 보수하여 '서대문형무소 역사관'으로 새롭게 개관함으로써, "과거의 역사를 되풀이하지 않기 위해서는 지난날을 확실하게 되돌아보고 교훈을 삼아야 할 것"이라는 점을 명확히 하고, "온 국민과 해외 동포 특히 청소년들이 이곳 서대문형무소 역사관을 통해서 조국에 대한 올바른 역사관과 선열들의 희생으로 굽히지 않았던 자주독립 정신을 깨닫는 역사의 산 교육장"으로 만들고자 한 것이었다.

'서대문형무소 역사관'과 더불어 독립공원에서 방문객의 시선을 끄는 것은 가로 40m, 세로 8.7m, 높이 22.3m에 이르는 '순국선열추념탑'이다. 이 추념탑은 '순국선열', 즉 "일제 침략으로부터 국권을 회복하고 독립을 쟁취하기 위해 1895년부터 1945년 8월 15일 광복까지 국내외 의병, 독립군, 광복군으로 이어진 무장투쟁과 3.1운동 대한민국 임시정부를 중심으로 한 정치, 외교, 군사, 의열항쟁, 민족계몽운동과 언론, 문예투쟁, 종교계 및 학생운동으로 항일 투쟁을 전개하는 과정에서 전사, 옥사, 옥병하신" 순국선열을 추념하기 위해 세워졌다.

'독립공원' 내 '박물관'의 건립 문제를 중심으로 정대협과 광복회 간의 갈등이 표출된 것은, 이처럼 기념관과 박물관이 갖고 있는 '정치적 성격'(김은경, 2010: 179) 때문이었다. "박물관의 탄생은 국민이라는 정치적 가치로 고양된 새로운 '공공 영역(public sphere)'의 탄생을 알리는 신호탄과 같은 것이었다"(전진성, 2004: 40)는 주장처럼, 기념관과 박물관으로 가득 찬 공적 공간의 출현은 제국주의 국가는 물론이고 포스트식민 국가에서도 국민국가를 민족에 기반한 상상의 공동체로 구축해 나가는 데 있어 핵심적인 역할을 한다. 즉, 박물관은 "과거를 둘러싼 상징 투쟁에서 빼놓을 수 없는 중요한 기억 생성의 도구이자 유통 수단"으로, "과거의 경험을 어떤 특정 맥락에 놓아 현재의 기억으로 불러내고 이를 유통시키는 역할"을 함으로써, "'죽은' 과거의 공간이 아니라, 새로운 기억과 담론을 만드는 공간"(김은경, 2010: 179)이기 때문이다.

그런데 문제는 기념관과 박물관으로 가득 찬 공적 공간에서 주요한 행위자는 주로 남성 국민으로 한정되어 있었다는 점이다(Levin, 2010; Ruiz, 2018). 남성 국민에게 기념관과 박물관은 자신의 영웅적인 행위를 미래 세대에게 전하는 '기억과 담론의 공간'이었다. 공적 공간에 있는 기념관, 박물관, 동상, 기념탑 등은 '남성' 영웅의 행위를 기억하고 유통시키기 위한 장치들이었다. 그래서 "근대국가의 박물관에서 '2등 국민'인 여성의 경험과 기억은 쉽게 망각"(김은경, 2010: 182)되고는 했다. 공적 혹은 공공 기억을 창출해 내는 공간으로서의 박물관이 갖고 있는 의미(천경효, 2018)를 염두에 둘 때, 공적 공간이 갖는 이런 남성 중심적 성격으로 인해 '여성' 국민이 공적 공간에 자신의 동상을 세우거나 박물관을 짓기는 결코 쉽지 않다. 더욱이 포스트식민 국가에서 가부장제로 인해 45년에 걸쳐 침묵을 강요당해 온 '여성' 국민이 공적 공간에서 자신의 목소리를 내고자 할 때, 자신을 공적 공간의 정당한 지배자라고 생각하는 '남성' 국민에 의한 저항은 무엇보다 강하다. 그 '남성' 국민이 '순국선열' 혹은 '독립투사'의 이름을 하고 있을 때는 더더욱 그러하다.

'독립공원' 건립 목표 중 하나는 '역사의 산 교육장'을 제공하는 것이었다. 따라서 원래 계획되었던 대로 '박물관'이 '독립공원' 내에 건립되었더라면, 어린이와 청소년을 비롯한 수많은 국내 방문객은 물론 해외에서 찾아오는 수많은 방문객에게도 일본 제국주의가 식민지 조선의 남성 국민과 여성 국민에게 어떤 만행을 저질렀는가를 보여주는 한편으로, 이런 역사를 반복하지 않기 위한 활발한 토론의 공간을 새롭게 생산해 낼 수 있었을 것이다. "일본군 '위안부' 피해자도, 독립유공자와 똑같이 이국땅에서 저희가 한국인으로서 살아가면서 마음속 깊이 의지해 온 존재들"로서, "세계 각국, 특히 일본에서 방문하는 사람들이 한국의 피해 역사와 투쟁 역사를 다각적으로 볼 수 있고 아직도 역사 인식이 바로 서지 못한 일본에서 차별에 시달리는 재일 한국인에게도 참으로 큰 힘을 줄 것"이라던 기대처럼[3] 말이다.

---

3   이는 2008년 11월 2일 '일본 해외공동건립추진위원장단의 성명서'에 담겨 있던 내용으로, 이 성명서는 2008년 11월 3일 정대협이 "광복회는 '전쟁과 여성인권 박물관' 건립 방해 활

그럼에도 일본군 '위안부'의 상처와 기억은 포스트식민 국가가 구축하고자 하는 '공적 기억'의 내부에 둥지를 틀 수 없었다. "한국의 기나긴 식민지 그리고 신식민지 지배의 역사 속에서 민족 주체성은 일고의 여지도 없이 남성 주체성만을 의미"(최정무, 2001: 30)하는 것이었다. 그럼으로써 "남성의, 남성에 의한 한민족 공동체"(문승숙, 2001: 62)가 구축되고 "한 사회에서 집단적 '기억의 직물'이 짜이는 과정과, 그럼으로써 그 사회의 정체성이 구축되는 방식"(전진성, 2004: 191)이 "남성주의적 민족주의"(최정무, 2001: 46)를 벗어날 수 없었기 때문이다. '박물관'이 '독립공원' 내에 들어설 수 없었던 것은, "남성주의적 민족주의로 물들어 있는 식민 후기 공간에서 여성으로 살아간다는 것은 어떠한 의미를 갖는 것일까?"(최정무, 2001: 46)라는 질문을 다시 제기하게 만들며, 젠더의 렌즈로 봤을 때 포스트식민 국가로서의 대한민국이 내부적 탈식민화 과제와 관련해 어디쯤 와 있는가로 시선을 돌리게 한다.

포스트식민 국가에서 탈식민화의 시선은 종종 포스트식민 국가의 '외부'로, 즉 대한민국의 상황에서는 일본으로 향하는 경우가 대부분이다. 그러나 일본군 '위안부' 문제와 관련해서는 우리의 시선을 '내부'로도, 즉 포스트식민 국가인 대한민국 '내부'로도 향해야 할 것으로 보인다. "한국인 대 일본인이라는 이분법적 도식, 즉 우리 대 그들, 희생자 대 가해자, 선 대 악이라는 이가적 코드"로부터 한 걸음 물러서서, 다시 말해 "적을 비난함으로써 적의 존재는 가시화되고, 적이 존재한다는 것은 곧 '한국인'

___

동을 중단해야 한다"는 내용의 보도자료를 배포하면서 첨부한 해외에서 온 연대 성명서들 가운데 하나였다.

의 집단적 정체성을 확증하는 데 도움"이 된다는 사고로부터 벗어나(양현아, 2001: 166), 일본군 '위안부' 여성이 45년간에 걸쳐 '침묵'하도록 강제했을 뿐만 아니라, '독립공원' 내에 '박물관'이 들어서는 것을 방해함으로써 또 한 번의 침묵을 강제한 대한민국의 남성주의적 민족주의의 문제점 또한 내부적 탈식민화의 관점에서 반성적으로 되돌아봐야 한다.

4. 포스트식민 국가에서의 대항 공간과 대항 기억

대한민국이라는 이름으로 새로 태어난 포스트식민 국가에서 광복회를 비롯한 독립유공자 단체가 '독립공원'이라는 공적 공간에서 '순국'의 행위를 중심으로 공적 기억을 구축함으로써 '독립공원'이라는 공적 공간에 대한 독점권을 유지하고자 했다면, 정대협은 '독립공원' 내 '박물관'의 건립을 통해 "기존의 남성 중심적 민족주의에 제동을 거는 한편, 민족주의적 상징 장소에 안착하여 일본군 '위안부'운동의 '시민권'을 획득"(김은경, 2010: 178~179)하고자 한 것이라 할 수 있다. '독립공원' 내에 '박물관'을 건립함으로써, 공적 공간의 주인은 남성이라는 사회적 편견에 맞서는 한편으로, 공적 공간 안에 '대항 공간'을 마련하고 '대항 기억'을 구축함으로써 여성을 공적 공간의 주인으로 새롭게 자리매김하고자 한 것이었다. 다시 말하자면, 이는 '공적인 공간 부수기'(미첼, 2011: 449~457)를 실천하고, '하위 주체들의 공적 대항 공간'(Fraser, 1990)을 생산하려는 것으로, 주류사회가 특정 공공장소에 부여한 본연의 기능에 주변화 된 집단이 저항해 자신의 필요에 맞게 공적 공간을 전유하여 이를 새롭게 생산하고자 한 것이었다(안숙영, 2012b; 김명희, 2016, 2018).

'박물관'의 건립을 둘러싼 우여곡절은 제국주의로부터의 해방과 독립, 즉 권력의 이양과 주권의 획득에 따른 포스트식민성이라는 새로운 조건의 출현이 남성 국민과 여성 국민에게 서로 다른 의미를 갖는다는 점으로 우리의 시선을 돌리게 만든다. 포스트식민 국가의 출현은 남성과는 달리 여성에게는 식민지 과거와의 단절을 의미하는 것이 결코 아니었다. 포스트식민성이라는 조건하에서 일본군 '위안부' 여성의 기억은 공적 공간에서 오랫동안 배제되어 왔으며, 특히나 '박물관'의 건립을 계기로 해서는 순국선열의 '투쟁의 역사'와 일본군 '위안부' 여성의 '수난의 역사'가 대조적으로 이해되는 것에서 알 수 있듯이, "권력의 이양과 주권의 획득은 바람직한 일이긴 했지만 끝은 아니었으며, 긴 여정에서 단지 한 단계일 뿐이었다. 독립 이후 여성의 지지를 더 이상 필요로 하지 않는 가부장적 권력과 질서에 저항하여 여성의 투쟁은 오늘날에도 계속"(영, 2013: 147)되는 가운데, 여성들은 제국주의로부터의 해방과 독립 이후에 '제2의 해방 투쟁'을 다시 시작해야 했기 때문이다.

공적 공간과 공적 기억에서 일본군 '위안부' 여성을 배제하기 위해서는 이른바 '순결 이데올로기' 혹은 '정조 이데올로기'가 흔히 활용되어 왔다. 정조 개념은 "여성의 섹슈얼리티란 그것이 마땅히 속해야 하는 장소가 있다"는 의미로서, 여성의 성이란 남성과 민족에 귀속된다는 것을 여성이 인정하게 함으로써 여성의 성을 여성 자신으로부터 소외시키는 역할을 해 왔다(양현아, 2001: 170). 순결 이데올로기는 "남성에게는 그들 스스로 자청했던 나라 방어의 책임을 면제시켜 주는 동시에 여성의 목숨을 대가로 남성의 권위를 수호"하고, "성적 노역을 위해 일본 군대에 징집된 '종군 위안부' 여성들은 전선에서 돌아온 뒤 반세기가 지나도록 숨죽이며 자신의 과거를 숨기고 살아"(최정무, 2001: 29)오게 만들었다. 이처럼 순결 혹은 정조가 일본군 '위안부' 문제의 핵심에 놓임으로써, '위안부' 문제는 '개인적이고 도덕적인 영역'(양현아, 2001: 174)으로 축소되었고, 포스트식민 국가인 대한민국에서 '한국의 수치'로 간주되고는 했다.

그러나 1990년 11월 16일 여성운동 단체와 시민, 종교, 학생 단체가 결집되어 정대협이 결성되고, 1991년 8월에 고(故) 김학순 할머니가 최초의 피해자로 자신을 공개하는 한편으로, 1992년 1월 8일 일본 대사관 앞에서 수요집회가 시작되면서, "일본군 '위안부'운동"(이나영, 2010, 2016, 2017)이 그 모습을 드러내는 가운데, "수많은 젊은 여성이 끊임없는 폭력과 죽음의 위협 속에서 문자 그대로 수천 번이나 성행위를 강요당했던 이 범죄가 '정조의 상실'로 규정될 수 있는 것일까?"(양현아, 2001: 174)라는 비판적 목소리가 점차로 힘을 얻기 시작했다.

이후 일본군 '위안부' 문제의 핵심은 '개인적 차원'에서의 '정조의 상실'이 아니라 제국주의에 의한 '국가적 차원'에서의 조직적인 '전쟁범죄' 및 이에 따른 '여성인권 침해'에 놓여 있다는 점이 수면 위로 떠오르기 시작했다(이나영, 2018). 그리고 일본군 '위안부' 문제가 갖는 이런 성격을 공적 공간에서 좀 더 명확히 밝히기 위한 방법의 하나로, 정대협은 '독립공원' 내에 '평화와 인권교육의 장'으로서의 '박물관'을 건립하고자 했다. 일본군 '위안부' 문제를 적국의 남성에 의해 '더럽혀진' 자국 여성의 순결의 문제로 보는 관점에 맞서, '박물관'의 건립을 계기로 일본군 '위안부' 문제가 '전쟁과 여성인권'의 문제라는 점을 강조함으로써 '박물관'을 '평화의 공간'으로 설정하고자 했다(박정애, 2014). "우리는 피해의 역사만을 박물관에 전시하는 것이 아니라 피해를 다시는 겪지 않도록 올바르게 기억하고 교육할 수 있도록 하며, 그 피해를 이겨내기 위해 살았던 생존자들의 노력과 희망 …… 세계가 함께 연대했던 역사를 미래 세대들에게 알려주고자 한다"(정대협 외, 2008)는 박물관 건립과 관련한 정대협의 입장 표명에서 잘 나타나듯이 말이다.

이런 상황에서 2007년에서 2008년에 걸쳐 광복회가 '박물관'의 건립에 반대하고 나선 것은, 정대협은 물론이고 여러 시민사회 단체, 종교 단체, 여성 단체, 학자, 후원자, 각국의 '위안부 결의안'을 통과시켰던 전 세계 평화 애호인들에게는 이해하기 어려운 일이었다. 그뿐 아니라 "우리 사회가 얼마나 일본군 '위안부' 피해자들의 아픔에 무관심하며, 여전히 보수적인 잣대로 전쟁 피해자 여성들을 대하는지를 절실히 느끼"(정대협 외, 2008)게 만들었다. 그리고 광복회가 '우리 민족'의 이름으로 '독립공원'이라는 공적 공간에 대한 독점권을 주장하고 나서면서, '수평적인 정치공동체'로서의 민족이라는 개념 뒤에 감추어진 젠더적 불평등과 억압이 다시 그 모습을 선명하게 드러내기 시작했다.

'박물관'의 건립을 둘러싼 정대협과 광복회의 갈등은, 결국 정대협이 '박물관'을 '공원'이라는 공적 공간에서 '주택가'라는 사적 공간으로 부지를 이전하여 건립하는 것으로 일차적으로는 마무리되었다. 그러나 다음과 같은 질문들, '제국'공원이 아니라 '독립'공원 내에서 탈식민지 국가의 여성이 자신의 역사를 미래 세대에게 전할 공간을 얻지 못한다는 것은 무엇을 의미하는가, 제국주의에 의한 전쟁이 식민지 국가의 여성에게 어떤 영향을 미쳤는지를 보여줄 수 없는 '독립'공원이라면, 이때의 '독립'은 누구를 위한 독립인가, '독립'은 또한 식민지 여성 국민을 위한 것이어야 하지 않는가와 같은 질문들에 포스트식민 국가로서의 대한민국이 아직도 대답을 못 하고 있다는 점에는 아무런 변화도 없다.

광복회를 비롯한 독립유공자 단체가 "가부장적 순결의식을 토대로 민족운동의 '순결함'과 일본군 '위안부'의 '불순함'을 대비시켜 '위안부' 역사를 배제하고, 이를 통해 '민족의 성지'로서 독립공원의 숭고함을 더욱 공고히 하고자"(김은경, 2010: 179) 하면서 발생한 광복회와 정대협 간의 갈등은, 포스트식민 국가인 대한민국에서 탈식민화의 과제를 젠더 관점에서 밀고 나가고자 할 때 다음과 같은 두 가지 점에 특별히 주목해야 할 필요가 있음을 시사한다.

첫째, "피해 여성과 그 지원 그룹이 싸워야 할 상대는 동시에 한일 양국의 가부장제이기도 하다"(우에노, 1999: 108)는 점, "피식민지국 여성들이 지배국에 의해, 또 같은 종족의 남성들에 의해 이중으로 식민화된다"(최정무, 2001: 30)는 점을 계속해서 염두에 두어야 한다는 점이다. 광복회가 '독립공원' 내 '박물관' 건축을 '순국선열에 대한 명예훼손'으로 이해하고, 일본인들에게 선조들의 악행에 대한 반성은커녕, 도리어 웃음거리를 제공하는 결과를 초래할 수 있다고 주장한 것은, "자기 민족 여자는 자기 것이며 그 여자가 다른 민족에게 능욕당하는 것은 '남자의 명예'를 더럽히는 것"(우에노, 1999: 105)이라는 가부장적 전제가 포스트식민의 조건하에서도 반복적으로 재생산되고 있다는 것을 상징적으로 잘 보여주기 때문이다.

광복회는 포스트식민 국가에서 '서대문형무소'가 갖는 의미, '헤게모니적 남성성'의 상징이라 할 수 있는 독립투사들이 투옥되어 나라를 위해 목숨을 바친 곳으로서의 의미에 주목, '독립공원'을 민족적 정체성의 확립에서 절대적인 의미를 갖는 '성스러운 장소'로 코드화하고자 했다. 그런데 이렇게 코드화된 서대문형무소 근처에 '일본군 위안부 박물관'을 짓는 것은, '순국'이라는 '헤게모니적 남성성'의 발현에도 불구하고 자국 여성을 적으로부터 지켜내지 못했다는 '남성' 국민으로서의 자괴감을 일깨우는 것이었을 것이다. 그리고 이는 "여성의 신체를 더럽혀지지 않고 유린당하지 않은 남성 중심적 민족(homonational), 즉 남성동일적 사회(homosocial)의 정체성에 대한 은유로 규정"(최정무, 2001: 28)하는 포스트 식민 국가로서의 대한민국에서 '헤게모니적 남성성'에 상처를 입히는 것으로 받아들여졌을 것이다. 따라서 포스트식민의 조건에서도 여전히 강력한 힘을 발휘하고 있는 가부장제에 대한 심도 있는 분석이 무엇보다 필요하다 할 수 있다.

둘째, 광복회는 일본군 위안부 박물관 건축허가가 "미래의 주역인 우리 청소년들에게 올바른 역사의식보다는 '우리 민족은 적극적인 항일투쟁보다 일제에 의해 수난만 당한 민족'이라는 왜곡된 역사 인식을 심어 미래 세대들에게 역사적 진실에 대한 혼동을 줄 수 있음을 분명히 알아야 할 것"이라고 강조했는데, 이는 '남성 민족주의자의 투쟁'과 '여성 위안부의 수난'이라는 이분법을 통해, 남성에 의한 '투쟁'은 공적 공간에서 미래 세대에 의해 '기억'되어야 하는 반면에, 여성이 경험한 '수난'은 '망각'되어야 한다고 주장함으로써, 포스트식민 국가 여성의 주체성을 강하게 부인하는 동시에 억압하고 있다는 점이다. 즉, "식민 후기 한국에서 …… 성차별적인 민족주의 담론은 남성의 단일한 주체성은 민족주의적이며, 따라서 영웅적인 것이라고 높이 평가한다. 하지만 …… 피식민지 여성의 이중적인 종속에 대해서는 입을 다무는 남성 동질적 민족주의 담론은 파편화된 담론일 뿐이다"(최정무, 2001: 51)라는 비판처럼, 성차별적인 민족주의 담론이 갖는 문제점으로 시선을 돌려, 이러한 민족주의 담론이 여성의 주체성을 억압하고 있다는 점을 기억해야 할 것이다(이나영, 2015).

이런 맥락에서 "전쟁이 없어야만 우리 같은 사람이 또 생기지 않지, 전쟁이 있으면 우리 같은 사람 또 생기지 않으란 법 없어, 또 생겨"라는 길원옥 할머니의 외침처럼, 일본군 '위안부' 여성이 자신의 역사를 '망각'되어야 할 '수난'의 역사로 바라보는 광복회에 맞서, '박물관'의 건립을 통해 전쟁이 여성 인권을 침해하는 가장 직접적인 계기의 하나라는 점을, 따라서 전쟁이 일어나지 않게 해야 한다는 점을 미래 세대에 전하고자 한 것은 포스트식민 국가인 대한민국에서 계속 지체되고 있던 내부적 탈식민화의 과제를 앞으로 한 걸음 더 밀고 나간 것이었다고 할 수 있다. 다시 강조하자면, "할머니에게 명예와 인권을!"이라고 외침으로써, 포스트식민 국가의 미래 세대에게 말을 건네며 이들을 "평화와 인권교육의 장"으로서의 '박물관'으로 초대하는 한편으로, "제2차 세계 대전 중 일본에 의해 자행된 잔혹한 전쟁범죄 가운데 하나인 여성에 대한 강간, 성폭력, 성적 학대 등등의 여성 인권 유린과 전쟁범죄"[4]를 '박물관'이라는 공적 공간을 통해 '폭로'하고 '고발'함으로써, 포스트식민 국가에서 탈식민화의 주체, 즉 "식민주의, 인종주의, 민족주의, 성차별주의라는 중층적인 폭력의 피해자이면서 그 폭력의 하중을 이겨낸 생존자"(태혜숙, 2004: 322)로 새롭게 서고 있는 것이라 할 수 있다.

---

4   '재미시민사회협의회(가)(Corean Americans NGO USA: CANGO USA)'는 2008년 11월 1일에 발표한 "광복회는 '전쟁과 여성인권 박물관' 건립 저지활동을 당장 중지하라!"는 성명서에서, 일본군 '위안부' 문제의 핵심을 이렇게 정리한 바 있다(≪수원시민신문≫ 2008.11.2).

5. 맺음말

'수요시위', 즉 '일본군 성노예제 문제 해결을 위한 정기 수요시위'가 2020년 5월 27일 자로 1441회를 맞았다. 1992년 1월 8일 미야자와(宮澤喜一) 전 일본 총리의 방한을 계기로 서울에 있는 일본 대사관 앞에서 시작된 '수요시위'가 2011년 12월 14일 자로 1000회를 맞으면서는 청동으로 만들어진 소녀상 하나가 주먹을 불끈 쥔 채로 일본 대사관을 응시하기 시작했고, 이후로 이 소녀상은 일본 제국주의에 의해 제2차 세계대전에서 일본군의 성노예가 되어야 했던 '위안부' 할머니의 아이콘이자, 전쟁에 반대하고 평화를 염원하는 평화의 아이콘으로 자리 잡았다(김서경·김운성, 2016). 매주 수요일 12시에 세계에서 가장 오래된 시위인 '수요시위'가 오늘날에도 이 소녀상 앞에서 열리고 있는 가운데, 혼자였던 소녀상은 2019년 8월 9일 기준으로 전국의 124곳에 세워지게 되었다(이준헌, 2019.12.3).

'수요시위'는 일본 정부를 향해 일곱 가지 사항을 요구한다. 전쟁범죄 인정, 진상 규명, 공식 사죄, 법적 배상, 전범자 처벌, 역사 교과서에 기록 및 추모비와 사료관 건립이 그것이다. 이런 측면에서 2015년 12월 28일의 이른바 '위안부 합의'가 형식적으로는 서면이 아닌 공동발표문 형식이라서 조약에 해당하는지의 여부가 모호하고 그 법적 성격이 불분명할 뿐만 아니라, 내용적으로도 일본이 언급한 책임의 성격이 '법적' 책임인 것인지 여부가 불확실한 가운데, 절차상으로도 피해자의 의사가 배제된 상태(장혜원, 2018)라서, 일본군 '위안부' 문제에 대한 사죄나 보상을 하지 않고 있는 일본의 몰역사적 태도에는 아직도 근본적인 변화가 없다. 따라서 정부는 이러한 현재의 상황을 변화시키기 위한 노력을 기울여 나가야 한다.

그리고 일본의 아베(安倍晋三) 총리는 자신의 바람대로 일본을 '정상국가', 즉 정치적 위상과 경제력이 나란히 가는, 국제적으로 존경받는 강대국으로 만드는 것을 목표로 한다면, 과거 일본 군국주의의 상징인 야스쿠니 신사를 참배하고, 일본군 '위안부' 동원의 강제성을 인정한 '고노 담화'를 검증하는 등의 퇴행적인 정치 행보로는 이러한 목표에 도달할 수 없음을 인식해야 한다. 과거 구서독의 브란트(Billy Brandt) 총리는 1970년 폴란드 방문 시에 바르샤바의 게토 기념비 앞에서 무릎을 꿇음으로써 전 세계에 나치의 전쟁범죄에 대한 사죄의 메시지를 전했다. 브란트 총리가 평화를 위해 무릎 꿇기를 주저하지 않았던 것처럼, 아베 총리는 일본 대사관 앞에 위치한 소녀상 옆의 빈 의자에 앉아야 한다. 그리고 소녀가 일본 정부에 전하는 메시지에 귀를 기울여 소녀에게 공식적으로 사죄하고 배상해야 한다. 이것만이 일본이 한국과는 물론이고 중국을 비롯한 다른 아시아 국가들과의 관계도 개선할 수 있는 유일한 길이기 때문이다(Ahn, 2014).

이러한 '외부적 탈식민화'와 더불어 우리는 일본군 '위안부' 문제를 둘러싼 '내부적 탈식민화'가 빠르게 진전되지 못하고 있다는 점 또한 잊지 말아야 한다. '박물관'이 광복회의 반대로 '독립공원' 내에 들어서지 못했던 것은, 탈식민화의 과제에서 시선을 외부로만 향하고자 하는 남성 중심적 민족주의가 갖는 문제점을 단적으로 드러내 보여주는 것이었기 때문이다. 이는 포스트식민 국가로서의 대한민국에서 '광복' 이후로 오랜 세월이 흘렀음에도, "식민지의 서벌턴(subaltern) 여성들을 군위안부로 내몰아 성적 홀로코스트를 겪도록 한 것은 자민족 중심적인 일본 제국주의에 중첩된 서구 제국주의의 인종주의뿐만 아니라 엘리트 중심적, 근대 추종적 민족주의에 이미 내포된 남성주의, 이성애주의다"(태혜숙, 2004: 329)라는 점에 대한 진지한 반성이 공적 공간에서 제대로 이루어지지 않고 있다는 것을 의미한다.

일본을 향해 책임을 물을 때는 '위안부' 문제를 언급하지만, 공적 공간 내에 평등하게 존재하는 동등한 국민으로는 일본군 '위안부' 여성을 결코 받아들일 수 없다는 광복회의 입장, 그리고 포스트식민 국가의 영토 안에서 살아가는 같은 '국민'이라 하더라도, 남성 전사와 전사 영웅은 공적 공간에서 자신의 목소리를 낼 권리가 있는 반면, 일본군 '위안부' 여성은 같은 영토 안에 머무는 것은 허락되더라도 '1등 국민'과 '2등 국민'이라는 '분리의 원칙'에 따라 남성 전사의 명예를 훼손하지는 않을 정도로 멀리 떨어진 '다른 공간'에 머물러야 한다는 광복회의 입장은, 포스트식민 국가인 대한민국 내부에서조차 공적 공간에 '박물관'을 건립함으로써 전쟁의 재발을 방지하고, 그럼으로써 여성의 인권이 침해되는 일이 다시는 반복되지 않도록 하려는 노력이 제대로 인정받지 못하고 있음을 의미하며, '내부적 탈식민화'가 무엇보다 시급한 과제라는 점을 우리에게 시사한다.

훅스(Bell Hooks)가 인종차별주의, 남녀차별주의, 계급차별주의가 실제로는 분리될 수 없다고 강조(통, 2010: 291)하듯이, "인간과 인간 간의 좀 더 나은 이해"(파농, 2014: 8)를 만들어 나가기 위해서는 이처럼 억압이 중층적이라는 점을 염두에 둘 필요가 있다. 프란츠 파농(Frantz Fanon)이 "왜 타자를 소박하게 만지고, 느끼며, 이를 통해 서로를 발견하려 하지 않는가?"(2014: 283)라고 질문하듯이, 광복회가 주장하는 '분리의 정치학'으로부터 거리를 설정하고 '발견의 정치학'으로 발걸음을 내딛는 가운데, 순국선열의 역사가 공적 공간에서 기억되어야 하듯이, 일본군 '위안부' 여성의 역사 또한 기억되어야 한다는 점을 잊지 말아야 할 것이다.

그러기 위해서는 "오늘날, 가장 외딴곳의 촌락에서 가장 중심지에 있는 나라에 이르기까지, 성 불평등은 공간의 풍경을 여전히 왜곡시키고 있다"는 현실을 기억하는 가운데, 즉 여성과 남성이 '같은 공간, 다른 운명'(데 블레이, 2009)을 살아가고 있다는 점을 기억하는 가운데, '남성' 국민만이 그 중심에 있는 '국민으로부터의 탈퇴'(권혁범, 2004)를 바탕으로 여성 국민과 남성 국민이 서로 평등하게 공존할 수 있는 새로운 가능성을 탐색하는 방향으로 나가야 할 것이다. 그리고 이를 바탕으로 일본군 '위안부' 문제에 대해 좀 더 진전된 해결을 위한 실천적 담론을 모색하기 위해 한국과 일본 여성들의 연대 가능성에도 주목해야 할 것으로 보인다(안연선, 2015; 이채원, 2020).

젠더와 공간의 생산

/

여성 청소노동자의 사례를 중심으로

1. 머리말

프랑스의 철학자이자 도시학자인 르페브르(Henri Lefebvre)에 따르면, 사회적 공간은 사회적 생산물이다. 그리고 생산된 공간은 사고에서는 물론 행위에서도 도구 구실을 하는 동시에 생산의 수단이며 통제의 수단, 따라서 지배와 권력의 수단이 된다(2011: 71; 신승원, 2014, 2016). 사회적 공간에 대한 이러한 이해는 자본주의 사회에서 공간 그 자체가 상품으로 변화된 점, 즉 공간이 이제 그것이 담고 있는 자원과 물, 공기, 빛과 더불어 새로운 희소 상품이 되고, 자본주의가 공간의 정복과 통합에 의해 유지되고 있다는 점에 주목하는 것이라 할 수 있다(강현수, 2010: 22~23).

이처럼 우리가 사회적 공간으로 시선을 돌리면, 일상에서 마주하는 공간은 계급, 젠더, 인종, 연령, 장애 및 섹슈얼리티와 같은 사회적 관계를 바탕으로 포섭과 배제의 다양한 권력관계가 복잡하게 얽혀 있는 관계적 공간으로서의 의미를 지니게 되며, 이러한 다양한 사회적 관계가 서로 중층적으로 영향을 미치는 장소로 그 모습을 드러내게 된다. 이러한 공간의 사회화는 인간의 신체를 둘러싼 겹겹의 관계들의 얽힘과 그것들이 만들어내는 이질적 층위를 투과하는 과정(신승원, 2016)이기도 하다. 따라서 공간을 사회과학적으로 연구하기 위해서는 공간과 사회가 끊임없이 관계를 맺어나가는 과정에 주목하는 한편으로, 일정한 공간에서 작동하는 사회적 권력관계를 변화시키기 위한 방안의 탐색으로 나아가야 한다(SSK 공간주권 연구팀, 2013; 조명래, 2016).

이런 가운데 우리가 살고 있는 일상 공간으로서의 도시 공간이 르페브르가 말하는 '작품(oeuvre)', 즉 교환가치에 기초한 '제품'으로서의 도시가 아니라 사용가치에 기초한 '작품'으로서의 도시가 되기 위해서는 다양한 도시 거주자가 함께 만들어 나가는 집합적 작품으로서의 도시(강현수, 2010: 28~29)를 지향해 나갈 필요가 있다. 파편화, 균질화, 계층화된 공간의 생산을 통해 그 생존을 유지해 온 지금까지의 자본주의의 도시 공간(스미스, 2017)을 작품화하기 위해서는, 우리가 자본주의에 대항하는 투쟁에서 자본주의에 가장 취약한 지점인 공간 영역에 초점을 맞추어야 한다는 것을 의미한다. 그리고 이러한 투쟁에는 공간과 일상생활 영역에서의 투쟁, 즉 자본주의의 공간 조직에 의해 착취당하고 지배당하는 '주변화된' 사람들, 노동 계급뿐만 아니라 프티부르주아(petit bourgeois), 여성, 학생, 소수 민족 등이 앞장서야 할 필요가 있다(강현수, 2010: 23~24). 나아가 그동안 국가나 세계 차원에서 논의되던 '인권'을 '도시'에 접목하여 '인권 도시'(강현수, 2014)를 만들어 나가기 위한 노력을 기울여야 할 필요가 있다.

이런 맥락에서, 2000년대 중반에서 2010년대 중반에 걸쳐 "더 이상 화장실에서 밥을 먹을 수는 없다!"고 외치며 도시의 거리로 나와 "나는 청소노동자!"(송은정, 2012.5.21)라고 당당하게 자신의 권리를 선언한 바 있는 수많은 여성 청소노동자의 목소리는 오늘날의 우리에게 많은 시사점을 준다. '정의, 단결, 친근감의 결여'(하비, 2001: 348)로 특징지어지는 자본주의적 도시 공간에서, "우리는 유령이 아니다!"라고 외치며 노동자로서의 공간과 권리를 요구하는 가운데 '정의, 단결, 친근감'의 회복을 통해 제품으로서의 도시를 작품으로서의 도시로 바꾸어왔기 때문이다. 나아가 신자유주의적 지구화를 받아들이는 것밖에는 대안이 없다고 생각하며, 신자유주의가 요구하는 대로 '스스로를 경영하는 개인'으로 자신의 위치를 설정하고, '자기 세력화 담론'에 따라 '몸 관리 열풍'에 여념이 없는 오늘날의 한국 사회(조주현, 2018: 261~268)에서, 여성 청소노동자들은 서로 간의 연대를 통해 새로운 대안적 공간의 생산이 가능하다는 것을 보여주었기 때문이다.

이런 맥락에서, 먼저 2절에서는 공간과 젠더의 관계를 젠더화된 장소로서의 일터에 초점을 맞추어 살펴본다. 그리고 3절에서는 공간의 부재라는 상황에서 2000년대 중반에서 2010년대 중반까지 노동자로서의 권리의 쟁취를 통해 자신의 공간을 생산하며 도시를 작품으로 만들어왔던 여성 청소노동자의 투쟁을 소개한다. 나아가 4절에서는 이러한 투쟁이 일상, 공간 그리고 정치에 던지는 함의를 분석한다. 마지막으로 5절에서는 도시를 희망의 공간으로 만들어 나가는 데 있어 노동자 되기 전략이 갖는 의미를 강조한다.

2. 공간, 젠더 그리고 일터

우리는 공간이라고 하면 흔히 우주 공간이나 텅 빈 환경을 떠올린다. 우리의 일상과는 무관한 저 너머 어딘가에 있는 물리적 공간이나 기하학적 공간을 상상하곤 하는 것이다. 그러나 인간의 활동이 집, 일터, 거리나 공원 등등의 다양한 공간에서 이루어지며, 모든 현상이 일정한 공간에서 발생한다는 점을 고려하면, 공간은 '인간 생활의 터전이며 현상들의 발생 장소'라는 구체적 의미를 띠고 우리에게 다가올 수밖에 없다(최병두, 2009: 40; 2018). 독일의 철학자 볼노(Otto Friedrich Bollnow)가 "존재하는 것들은 공간과의 관계를 통해서만 존재하며 자신을 펼치기 위해서는 반드시 공간이 필요하다"고 강조하며, '인간 삶의 공간성'(볼노, 2011: 22)에 주목하듯이 말이다.

이처럼 일상의 공간성과 공간의 일상성으로 시선을 돌리면, 영국의 페미니스트 지리학자 맥도웰(Linda McDowell)이 강조하듯이, "사회적 경험의 복수성과 다양성에 대한 인식이 증가하고 있지만 여성에게 특정한 형태의 여성성이, 남성에게 특정한 형태의 남성성이 적절하다는 믿음은 여전히 지나칠 만큼 위력적"(맥도웰, 2010: 37)임을 발견하게 된다. 이는 일상생활에서 가장 중요한 공간의 하나인 일터에서도 그대로 나타나는데, 오늘날의 일터야말로 가장 '젠더화된 장소'(맥도웰, 2010: 252~254; 강이수·신경아·박기남, 2015)의 하나로서, '여성 배제적·젠더 불평등 일터'(권현지·김영미·권혜원, 2015; 권현지, 2018.7.17)의 성격을 여전히 벗어나지 못하고 있기 때문이다.

일터는 이중의 젠더화에 기초해 있다. 첫째, 노동이 주로 남성에 의해 수행되는 유급노동으로 이해되면서 노동이 수행되는 공간인 일터가 남성의 공간으로 간주되는 반면, 주로 여성에 의해 무급노동이 수행될 것으로 여겨지는 공간인 가정 혹은 집은 '여성의 공간'으로 간주되고는 하는 '1차적 젠더화'가 바로 그것이다. 둘째, 노동에 대한 이런 남성 중심적 이해로 인해 일터 내부에서 남성의 육체에 어울리는 일 혹은 여성의 육체에 어울리는 일이라는 게 마치 원래부터 있는 것처럼 젠더에 따른 분업의 원리가 작동하는 가운데, '남성 노동의 중심화'와 '여성 노동의 주변화'가 이루어지는 '2차적 젠더화'가 그것이다(안숙영, 2011a: 23~30). 다시 말하자면, 남성 중심의 일터에서 여성의 몸이 '타인화'(맥도웰, 2010: 253) 됨으로써, 일터에서 여성은 마치 '있지 말아야 할 곳'에 있는 것 같은 불편함으로부터 자유롭지 못하다.

그래서 "바로 여기에 산업사회의 봉건적 중핵이 있는 것이다. 한 사람의 운명, 즉 평생 가사노동을 할 것이냐 아니면 노동시장에 적응해 돈벌이를 할 것이냐는 원칙적으로는 산업사회에서조차도 요람에서 결정된다"(벡·벡-게른스하임, 1999: 64)는 주장처럼, 남자와 여자라는 것 자체가 현대의 산업사회 속에 세워진 현대적 위계, 다시 말해 남자는 위, 여자는 아래라는 위계를 가진 일종의 '현대적 신분'(벡·벡-게른스하임, 1999: 63)으로 작용하고 있다는 것을 부정하기 어렵다.

일터라는 공간의 젠더화는 노동조건 및 노동환경과 관련해 여성 노동자에게 부정적 영향을 미치는데(권현지·김영미·권혜원, 2015; 김영미, 2015; 권현지, 2018.7.17), 이를 대표적으로 잘 보여주는 사례가 바로 청소 노동에 종사하는 여성 노동자의 노동 현실이다(박옥주, 2016). 무엇보다 청소가 가정 혹은 집이라는 공간에서 여성이 수행하는 무급의 일로 간주되면서, 화폐를 매개로 일터라는 공간에서 수행되는 유급노동으로 그 성격이 바뀌었음에도 노동으로서의 가치를 제내로 인정받시 못하기 때문이다. 그리고 청소 노동 내에서도 남성은 주로 건물의 '바깥', 즉 길거리나 가로를 청소하거나 쓰레기를 분리하는 반면, 여성은 주로 건물의 '안', 즉 화장실이나 강의실 및 사무실을 청소하는 방식(관수 외, 2010.10.20)으로, 젠더에 따른 공간 분할과 노동 분업은 그대로 관철되고 있기 때문이다. "남자는 바깥일, 여자는 집안일, 그러니까 청소하면 엄마가 떠오르지 아빠가 떠오르는 일은 없다. 그렇게 인식이 되어 버려서 모든 사람들이 청소는 여자가 한다라고 생각한다"(관수 외, 2010.10.12)라는 지적에서 잘 나타나듯이 말이다.

그뿐 아니라 젠더에 따른 청소 노동 내부의 이러한 공간 분할은 임금 격차를 정당화하게 된다. 2000년대 말에서 2010년대 중반까지의 청소노동자의 평균 임금을 살펴보면, 먼저 2009년 기준으로는 81만 8000원이었다. 그런데 남성은 평균 임금이 101만 8000원, 여성은 77만 6000원으로, 여성의 임금이 남성의 임금의 76.3%에 불과했다. 물론 문제는 동일노동 동일임금 원칙이 적용되지 않음으로 인해 이처럼 청소 노동 내에서 젠더에 따른 임금격차가 존재하고 있었다는 점만은 아니다. 2009년 기준으로 전체 426개 직업 중 청소노동자의 임금수준이 낮은 순위로 일곱 번째를 차지했다는 점(유안나, 2011: 169), 그리고 2020년 현재까지도 이러한 임금수준에는 크게 변함이 없다는 점을 고려할 때, 전반적으로 청소노동자의 임금수준을 올리는 일이 무엇보다 시급한 과제이기 때문이다.

하지만 청소 노동 내에서 여성이 남성보다 낮은 임금을 받음으로 인해, 여성이 가족의 생계부양자임에도 생계를 책임지기가 남성에 비해 더

더욱 어렵다는 점이 간과되어서는 안 된다. 고용노동부 산하 기관인 한국 고용정보원이 2009년 발간한 「산업별·직업별 고용구조조사(Occupational Employment Statistics)」에 따르면, 청소노동자는 전체 426개 직업 중 40만 3976명을 차지하여 직업 순위에서 11위를 기록했다. 그 가운데 여성이 31만 3543명으로 82.5%를, 남성이 6만 6380명으로 17.5%를 차지함으로써 여성 노동자의 숫자가 절대적으로 많았다. 그리고 연령에서는 50세 이상이 82.1%를 차지하여 고령노동자가 많은 직업이었고, 여성이 가구주로 가족의 생계를 책임지는 경우도 50.6%로 많았다(유안나, 2011: 168). 그럼에도 남성의 노동은 가족구성원을 부양하는 생계형, 여성의 노동은 가계 운영에 보조적 도움이 되는 비생계형 또는 부업이라는 전통적 이분법으로 인해, 여성의 유급노동의 가치는 평가절하되고 여성과 남성 간의 임금격차 및 여성의 비정규직화가 정당화되고 있다(이영수, 2011: 228~231).

그리고 2016년 하반기를 기준으로 6차 한국표준직업분류 소분류 기준에 따라 직종별 취업자 분포를 통해 살펴봐도, 이러한 현주소에는 큰 변함이 없다. 2016년 하반기에 전국의 '청소원 및 환경미화원' 직종의 취업자 수는 81만 8000명이었다. 전체 취업자 2657만 7000명의 3.08%에 해당하는 규모로, '경영 관련 사무원' 8.6%, '매장 판매 종사자' 7.43%, '작물 재배 종사자' 4.42%, '자동차 운전원' 4.2%, '주방장 및 조리사' 3.72%에 이어 여섯 번째로 많은 사람이 종사하는 직종이었다. '청소원 및 환경미화원' 직종의 취업자 수가 2008년에 57만 명으로 전체 취업자의 2.39%를 이루고 있었던 것을 감안할 때, 2016년 하반기에 3.08%로 늘어난 것은 서비스경제의 확산으로 이 직종의 취업자들이 계속해서 증가하고 있음을 보여준다(이승윤·서효진·박고은, 2018: 251~252).

한편, 고용노동부의 2015년 「고용 형태별 근로실태 조사」 자료에서도, '청소원 및 환경미화원' 직종에 종사하는 여성의 비율이 72.46%, 남성 27.54%인 것으로 나타나 이 직종이 여전히 여성이 집중된 직종임을 보여 주었다. 평균 연령은 57.9세로 고령자 비율이 상당히 높은 직종으로 나타 났고, 평균 근속연수는 3.1년으로 전체 임금근로자의 평균 근속연수인 6.2년의 절반에 불과했다. 그리고 임금수준도 월 급여총액이 135만 6731 원으로 전체 임금근로자의 월 급여총액인 281만 9807원의 절반에도 채 미치지 못하는 것으로 나타났다. 이 가운데서도 남성 노동자의 월 급여총 액은 177만 2442원이었던 반면, 여성은 119만 8731원을 기록하여 여성 노동자의 임금수준이 남성 노동자의 68% 수준에 불과했다(이승윤·서효진· 박고은, 2018: 252).

이런 맥락에서 우리에게 시급히 필요한 것은 '청소 노동에 대한 새로운 시각'(관수 외, 2010.10.12)이다. 위에서 언급했듯이, 청소노동자 규모가 매 우 크고 지속적으로 늘어나고 있다는 것은 청소 노동이 우리 사회에서 보 편적일 뿐만 아니라 필수적인 노동(유안나, 2011: 168)임을 의미한다. 가사 노동이 갖는 노동으로서의 가치를 인정하지 않는 한국 사회에서 여성이 주로 수행하는 청소 노동에 대한 가치를 제대로 인정받기란 물론 쉽지 않 다. 하지만 청소는 매우 필수적인 노동으로, 집 안은 물론이고 회사, 학 교, 병원, 공장을 비롯한 그 어디든 청소가 제대로 되어 있지 않으면 일 처리를 제대로 하기가 어렵다. 그뿐 아니라 숙련도가 높고 작업 과정이 복잡한 노동이기도 하다(관수 외, 2010.10.12).

따라서 "여성 청소노동자를 불쌍한 사람, 밑바닥 인생으로 보지 말고 똑같은 직장인, 동등한 사람으로 봐줬으면 좋겠다. 딴 사람들도 별일 안

한다. 직장에 양복 입고 간다고 좋은 일만 하는 것은 아니지 않느냐? 자기들처럼 고고하게 살면 이 세상 청소는 누가 하느냐?"(관수 외, 2010.10.12)는 한 여성 청소노동자의 주장처럼 청소 노동을 비롯한 여성 노동이 갖는 중요성을 적극적으로 재평가하는 가운데(박옥주, 2016), 이들의 노동조건의 향상을 위한 방안을 국가와 사회가 함께 모색해 나갈 필요가 있다.

이와 관련해 여성 노동은 단순히 여성들이 종사하는 노동이나 우연히 여성 인력이 편중된 노동이 아니라 특정한 관념의 가정 중심성(domesticity), 여성성, 이성애적 섹슈얼리티, 인종적·문화적 스테레오타입(stereotype)에 의해 형성된 '이데올로기적 구성물'(이영자, 2004: 106)이라는 점을 기억하는 것은 중요하다. 여성 노동에 대한 자연화 된 가정들이 존재하는 현실, 이러한 가정에 따라 감정노동, 모성적 보살핌이나 가사 관련 노동, 여성적 서비스 노동 등과 같은 여성 노동이 남성 노동에 비해 평가절하 되거나 성차별적인 대우를 받고 있는 것(이영자, 2004: 106~107)에 의문을 제기하며, 한 사회가 기능하기 위해서는 여성 노동이 필수적이라는 점을 더욱더 강하게 공론화해 나가야 한다. 여성을 '가정의 천사'로 가둬버린 근대 자본주의 가족의 성별 분업과 가정 중심성 이데올로기에 대한 지속적인 비판(신경아, 2019b)을 바탕으로, 여성 노동의 가치에 대한 사회 인식을 계속적으로 환기해 나가야 한다.

나아가 여성 청소노동자의 노동 상황이 신자유주의적 지구화에 따른 노동시장의 변화와 긴밀히 연관되어 있다는 점으로 시선을 돌릴 필요가 있다. 노동의 유연화로 인해 일터 내에서 적정한 공간을 제공받지 못하는 비정규직 노동자, 특히 비정규직 여성 노동자의 숫자가 급속히 늘어나고 있는 상황이, '강탈에 의한 축적' 및 '지리적 불균등 발전'에 기초한 '신자유주의 세계화의 공간들'(하비, 2010)의 확산 과정과 관련되어 있다는 점을 적극적인 분석의 대상으로 끌어들여야 한다. 노동력을 공급하는 노동사와는 무관하게 자본의 일방적 요구와 필요에 맞추어 고용 형태, 노동조건, 노사관계 등을 유연하게 변형시키는 것을 의미하는 노동의 유연화(이영자, 2004; 조순경, 2011; 김유선, 2019)는, 비정규직화의 형태로 가장 대표적으로 나타나며, 이것이 여성 노동의 비정규직화로 이어지고 있다는 점에서 그러하다.

이처럼 여성 노동이 점차 '불안정 노동(precarious labor)'(신경아, 2019a)의 성격을 강하게 띠는 가운데, 한국 노동시장에서 여성의 현실이 OECD 회원국 중 가장 열악하다는 점을 기억할 필요가 있다. 2017년 기준으로 OECD 회원국의 젠더 임금격차는 평균 13.5%인 반면에, 한국은 34.7%로 나타나 회원국 가운데 여성 임금이 남성 임금에 비해 가장 적었다. 즉, 남성이 시간당 100원을 받는다면 여성은 겨우 65.3원을 받고 일하고 있었다(OECD, 2019). 그뿐 아니라 저임금·저숙련 노동에 시달리는 불안정 노동계급, 즉 '불안정한(precarious)'과 '프롤레타리아트(proletariat)'를 합한 '프레카리아트(precariat)'의 64%가 여성이었다. 52세 여성, 평균 임금 77만 원, 사회보험 배제가 그 특성이었고, 직업군으로는 주로 저숙련 서비스 노동자들이었다. 60%가 가사 및 관련 보조원, 청소 및 세탁 종사자, 소매업체 판매 종사자, 음식 서비스 관련 종사자들이었다. 특히 프레카리아트에 속하면서 저숙련 서비스 노동자의 경우 여성이 75%로 많았다(백승호, 2015.3.17; 이승윤·백승호·김윤영, 2017).

3. 여성 청소노동자, 공간의 부재, 공간의 생산

흔히 여성 청소노동자는 '투명 인간' 혹은 '유령'으로 불린다. "존재해도 보이지 않는 투명 인간 같은 노동자들이 있다. 사무실, 학교, 공장, 병원, 지하철역, 공항……. 우리가 가는 모든 곳에서 종종 청소노동자들을 마주치지만, 이를 알아채는 경우가 없다"(장귀연, 2011.8.30). 이는 사람들이 관심이 없다 보니 옆에서 일하고 있어도 그녀들의 존재 자체를 인식하지 못한다는 의미를 담고 있지만, 실제로도 건물 내부의 눈에 잘 띄지 않는 곳에서 주로 일하고 있다는 의미이기도 하다. 그뿐 아니라 일을 하는 모습이 그 건물을 사용하는 사람들의 눈에 띄지 않아야 한다는 암묵적인 전제로 인해, 일을 하는 시간도 사람들의 눈에 띄지 않은 새벽이나 이른 아침에 시작된다. 이로 인해 여성 청소노동자들은 저임금·비정규직 노동자라는 상징적 측면에서의 '비가시화'는 물론이고, 공간에서 눈에 띄지 않아야 한다는 실제적 측면에서의 '비가시화'를 경험하게 된다. 즉, 여성 청소노동자를 건물에 배치하는 공간화 방식 그 자체가 그녀들을 보이지 않게 만든다(관수 외, 2010.10.20).

이러한 상징적이고 실제적 비가시화 현상은 여성 청소노동자들에 대한 무관심과 배제를 심화시켰고, "그들을 고용하고 사용하는 사업주들도 이들이 밥을 먹고 허리를 펴야 하는 '사람'이라는 것을 망각하고 있는 것 같다"(장귀연, 2011.8.30)는 날카로운 비판에서 알 수 있듯이, 결국 그녀들이 쉴 공간도, 옷을 갈아입을 공간도, 밥을 먹을 공간도 없는, 그리하여 창고나 화장실 등에서 찬밥을 먹어야 하는 현실로 이어졌다(관수 외, 2010.10.20). '창고, 계단 아래, 심지어 화장실, 창문은커녕 환기구조차 없는 밀폐되고 냄새나는 공간, 그곳이 그들의 식당이며 휴게실'(장재완, 2010. 8.31)인 비인권적인 공간의 상황, 공간에 대한 권리의 사각지대에 놓인 여성 청소노동자의 모습은 '그녀들을 위한 공간의 부재'로 표출된다. 따라서 여기서의 공간은 공간 그 이상의 의미를 담고 있다고 할 수 있다. 왜냐하면 공간의 부재는 권리의 부재와 다름없으며, 공간으로부터의 배제는 곧 인권으로부터의 배제를 의미하는 것이기 때문이다(관수 외, 2010.10.20).

이러한 상황은 현재도 크게 달라지지 않았다. 2018년 1월, 인천공항 보안구역에서 일하는 여성 청소노동자들이 용변기 한 개를 이용하기 위해 긴 줄을 선 모습에서 알 수 있듯이, 이곳 소속 청소노동자 380여 명 가운데 150명 정도에 이르는 여성 청소노동자들이 한 칸의 화장실을 이용하고 있고, 휴게실도 따로 없어 원래는 탈의실인 휴게실의 캐비닛 사이에 앉아 식사를 해야 하는 상황에 놓여 있기 때문이다(조나리, 2018.1.26). 하청에서 하청으로 이어지는 다단계식 고용구조로 인해 비정규직 여성 청소노동자들이 노동자로서의 권리를 주장하기 어려운 현실이 이렇게 공간의 부재라는 형태로 물질화되어 나타나고 있는 것이라 할 수 있다.

이처럼 권리의 부재와 공간의 부재가 서로 맞물리는 상황에서, 2000년대 중반에서 2010년대 중반까지 여성 청소노동자들은 "더 이상 화장실에서 밥을 먹을 수는 없다!"는 '외침과 요구(a cry and a demand)'(Mitchell, 2003: 11) 아래, 스스로를 위한 공간을 생산하기 위해 노동조합을 조직하는 한편으로 거리를 비롯한 공적 공간으로 나서기 시작했다. 공간을 둘러싼 경쟁의 가속화 속에서, '화장실'이라는 공간에서 '밥'을 먹어야 하는 저임금의 비정규직 여성 노동자가 양산되는 가운데, 식사 공간이나 휴게 공간 같은 가장 기본적인 공간조차 제공받지 못한 여성 청소노동자들이 "우리는 유령이 아니다!"라고 외치며 자신의 존재를 가시화하기 위한 적극적인 움직임을 전개한 것이었다.

당시 공간의 생산을 위한 여성 청소노동자들의 투쟁은 크게 두 가지 차원에서 전개되었다. 첫째는, 대한민국이라는 국민국가의 영토, 즉 '국토'라고 불리는 '공간' 안에는 청소 노동에 종사하는 여성 노동자 또한 시민 혹은 국민으로 존재하고 있음을, 따라서 이들 또한 일터 내에서 일정한 공간이 필요하다는 사실을 알리는 것이었다. 그 출발점은 노동조합을 조직하는 것이었다. 2000년대 중반에 접어들어 연세대, 고려대, 동덕여대 등에 노동조합이 만들어진 이후로, 2007년 9월에는 성신여대에서 일하는 비정규직 여성 청소노동자들이 '공공노조 서울경인지역공공서비스지부 성신여대분회'를 만들었다. 짧게는 2년, 길게는 20년을 넘게 일하면서도 임금 올려달라는 말 한 번을 안 했던 이들은 고용불안 때문에 노동조합을 만들고, 고용승계를 요구하며 학교 행정관의 총무팀을 점거해, 용역업체가 부당노동행위를 한다면 '원청'인 성신여대가 용역 계약을 해지해야 한다는 합의를 이끌어냈다(이지섭, 2008).

성신여대가 '원청으로서 최소한의 사회적 책임'을 이행하도록 여성 청소노동자들이 강제할 수 있었던 원인의 하나는, "최저임금을 겨우 넘기는 임금으로 살아가면서도 학교 곳곳을 깨끗이 하는 어머니 같은 여성 노동자의 현실을 더욱 더 악랄하게 기만하고, 밖으로 여성 리더십을 운운하는 성신의 모습은 이제 바뀌어야 합니다"(이지섭, 2008: 93~94)라고 외치며, 성신여대 졸업생과 재학생이 신문광고나 서명운동 등을 통해 강력한 연대를 표명했기 때문이었다. 또한 성신여대분회 설립 당시부터 연대를 아끼지 않았던 고려대, 동덕여대, 연세대 등의 청소노동자들이 성신여대에서

집회가 있을 때마다 빠지지 않고 참석해 주었기 때문이었다. 당시 나종례 분회장이 투쟁 이전과 이후에 가장 크게 달라진 것이 무엇이냐는 질문에 "뭉치면 산다는 것"이라고 답했었던 것에서 알 수 있듯이 말이다(이지섭, 2008: 100).

이후로 2010년 1월에는 이화여대 여성 청소노동자들도 1년여의 노력 끝에 노동조합을 결성하여, "우리 청소 용역 노동자들은 지난 세월 동안 시키면 시키는 대로, 아무 소리 못하고 마치 노예처럼 일해 왔다. 한겨울에도 쥐가 다닐 것 같은 휴게실에서 찬 도시락을 먹어야 하는 현실, 매년 반복되는 재계약의 공포, 관리자의 해고 협박"에 대해 언급하며, "이제 잘못된 것은 잘못되었다 이야기할 수 있는 당당한 '노동자'임을 선포한다. 그리고 이화여대를 이끌어가는 또 하나의 '주체'임을 선언한다"(선명수, 2010.1.28)고 밝히면서 '공공노조 서울경인공공서비스지부 이화여대분회' 출범식을 개최했다. 새벽 5시 찬바람을 맞으며 출근하지만, 식대가 지급되지 않아 그 와중에도 도시락을 싸와야 하는 가운데, "건물 내 전열기 사용은 안 된다"며 전자레인지·밥솥 사용을 불허하는 바람에 차게 식어버린 점심 도시락을 먹어야 하는 상황에 문제를 제기하기 위해서였다(선명수, 2010.1.28).

당시 이 선언문은 여성 청소노동자들이 노동조합을 결성하고 자신의 권리를 위해 투쟁해 나가는 과정에서 자신의 정체성을 '노예'에서 '노동자'로 그리고 '주체'로 새롭게 정립해 나가기 시작했음을 선명하게 보여주었다. 즉, "노동자는 상품노동력을 소유한 사람이면서, 노동의 존엄에 대한 이상과 열정을 소유하고, 존경받고, 생명체로 인식되고 그리고 남들과 똑같이 취급받기를 원하는 사람"(하비, 2001: 170)이라는 점을 강조하기 위해서 말이다. 이화여대 총무처가 "외부인에게 학교 건물을 빌려줄 수 없다"며 미리 대여한 출범식 장소를 갑작스럽게 취소하고, 학교 건물을 매일 깨끗이 청소하는 자신들을 학교와 아무런 관련도 없는 '외부인'으로 바라보는 차가운 시선 가운데서도, 이들은 자신을 '또 하나의 주체'로 바라보며 자신의 공간을 생산하기 위한 긴 여정에 돌입한 것이었다.

이런 가운데, 2011년 1월 3일에 시작된 홍익대 청소노동자들의 파업은 청소노동자들의 열악한 노동 현실을 한국 사회에 알리는 본격적인 계기로 작용했다. 청소노동자들이 대부분 1년을 단위로 재계약을 한다는 점에서, 매년 연말은 청소노동자에게 다음 해에도 일을 할 수 있느냐의 여부가 결정되는 중요한 시기다. 그런데 2010년 12월 31일에 청소·경비·시설 노동자가 용역업체와 맺은 계약이 종료되자 2011년 1월 2일에 홍익대는 170명의 노동자를 해고했다. 이에 해고 노동자들은 이튿날인 1월 3일부터 고용 유지와 임금 인상을 요구하며 농성을 시작했고, 2월 20일에는 임금 인상 등 노사 간 협상이 타결되었다. 그럼으로써 해고되었던 170명 전원이 고용을 승계하는 성과를 거두게 되었다.

둘째는, '청소노동자에게 따뜻한 밥 한 끼의 권리를!' 캠페인에서 잘 나타나듯이, 전 사회적으로 광범위한 연대를 이끌어낸 것이었다. 창고나 지하실 혹은 계단 아래서 밥을 먹으며 유령처럼 타인의 눈에 띄지 않도록 몸을 움츠려야 하는 여성 청소노동자는, '공간에 갇히는 경험', 즉 특정 젠더나 계급, 인종적 위치로 인해 몸이 제약되는 느낌(로즈, 2011: 329)으로부터 자유롭기 어렵다. 따라서 따뜻하게 밥 한 끼를 먹을 수 있는 공간의 마련이 무엇보다 시급한 상황이었다. 이런 가운데 2010년에 공공서비스노조가 단체협상에서 청소·간병노동자들에게 식사와 휴게 공간을 마련해

주는 것을 주요 의제로 설정하면서, '청소노동자에게 따뜻한 밥 한 끼의 권리를!' 캠페인이 본격적으로 닻을 올리게 되었다(홍미리, 2010.5.12).

이러한 성과를 바탕으로, 2011년에는 8월 17일과 24일 두 차례에 걸쳐 서울 여의도 국회의원 회관에서 '청소노동자 노동조건 개선 방안 토론회'가 열렸다. 이 토론회의 주최자는 당시 민주당 소속의 김진애 의원, 진보 신당 소속의 조승수 의원, 민주노동당 소속의 홍희덕 의원과 '따뜻한 밥 한 끼의 권리 캠페인단'이었다. 그리고 이 캠페인단에는 공공운수노조, 공공운수노조 서경지부, 민주노총 서울본부, 민주노동당, 사회진보연대, 서부비정규센터(준), 인권운동 사랑방, 진보신당 전국불안정노동철폐연 대, 전국여성연대, 전국학생행진 등이 참여하고 있었다(김진애·조승수·홍 희덕·따뜻한 밥 한 끼의 권리 캠페인단, 2011).

'따뜻한 밥 한 끼의 권리 캠페인단'이 2011년에 실시했던 '청소노동자 노동환경 실태조사'에 따르면, 휴게 공간의 경우 사무실과 같은 안정적인 공간에 설치한 경우는 35.5%에 불과하고 지하실이나 기계실, 또는 계단 아래처럼 사람이 사용할 수 없는 곳에 설치해 놓은 경우가 64.5%나 되었 다. 이런 현실에서 토론회는 〈표 6-1〉에서 볼 수 있듯이, 1) 청소노동자 적정 인건비 지급을 위한 요구안, 2) 공공 부문 낙찰제도 개선을 위한 요 구안, 3) 최저임금 현실화를 위한 요구안, 4) 포괄임금제 남용 방지를 위 한 요구안, 5) 상시고용 원칙 확립을 위한 요구안, 6) 업체 변경으로 인한 고용불안정 해소 방안, 7) 원청의 사용자 책임 인정과 노동3권의 실질적 보장을 위한 요구안, 8) 청소노동자 휴게 공간을 포함한 노동환경 개선을 위한 요구안, 9) 노동안전보건 및 건강권 강화를 위한 요구안, 이렇게 9개 요구안과 21개 요구사항을 중심으로, 청소노동자의 노동조건을 개선하

⟨표 6-1⟩ 청소노동자 노동조건 개선을 위한 제도 개선 요구안

	○ 청소노동자 적정 인건비 지급을 위한 요구안
요구 1	기획재정부 회계 예규상 청소용역 인건비 기준 단가인 중기협의 제조부문 보통 인부 노임이 모든 공공부문 청소노동자 임금의 하한선이 되어야 한다.
요구 2	공공부문 청소노동자의 인건비 기준이 민간부문에도 확산될 수 있도록 정부는 다양한 노동시장 정책을 도입해야 한다.
요구 3	정부는 중기협 제조부문 보통 인부 노임 기준을 넘어서 사회적으로 용인될 수 있는 적정 생활임금 기준을 설정하기 위한 계획을 수립해야 한다.
	○ 공공부문 낙찰제도 개선을 위한 요구안
요구 4	인건비에 대해서는 낙찰률 적용을 배제하고 인건비 외의 근로 조건이 악화되는 것을 막기 위한 낙찰 하한률 적용-제도를 도입해야 한다.
요구 5	사무실 제공, 연대 책임, 단체협약의 확대 적용 등을 통해 위탁자인 공공부문의 책임과 의무를 강화해야 한다.
요구 6	현행 법령에 실질적으로 청소노동자의 노동조건을 개선할 수 있는 내용으로 계약준수제 관련 조항을 정비, 추가하고 계약준수위원회를 설치하여 계약준수 요건 정립 및 계약준수 관리 감독, 후행 조치 제시 등의 역할을 하도록 해야 한다.
	○ 최저임금 현실화를 위한 요구안
요구 7	최저임금의 하한선을 전체 노동자 평균임금의 50%로 법제화해야 한다.
요구 8	최저임금 위반 사업장에 대한 강력한 단속과 처벌을 통해 최저임금 사각지대를 없애야 한다.
요구 9	최저임금 미만 사업장에 대한 관리감독을 강화하기 위해 민간전문가와 노동조합을 대상으로 명예근로감독관제도를 적극적으로 활용해야 한다.
	○ 포괄임금제 남용 방지를 위한 요구안
요구 10	근로기준법에 포괄임금제 남용을 방지하기 위한 단속 조항을 신설해야 한다.
요구 11	청소용역 등 저임금 사업장에 남용되고 있는 포괄임금제에 대한 관리감독을 강화해야 한다.
	○ 상시고용 원칙 확립을 위한 요구안
요구 12	상시적으로 필요한 노동은 비정규직 활용을 규제하고 직접고용 해야 한다.
요구 13	이를 위해 기간제 및 간접고용에 대해 규제하는 노동관계법 개정이 필요하다.
	○ 업체 변경으로 인한 고용불안정 해소 방안
요구 14	간접고용으로 청소노동을 사용하는 경우 법률을 통해 업체 변경을 이유로 한 해고를 금지하고, 고용승계를 명문화하여 고용안정을 보장해야 한다.

요구 15	간접고용으로 청소노동을 사용하는 경우 입찰 조건에 '고용승계'를 명문화함으로써 고용안정을 보장해야 한다.
ㅇ 원청의 사용자 책임 인정과 노동3권의 실질적 보장을 위한 요구안	
요구 16	노조법상 사용자 개념 확대를 통해 간접고용 노동자를 사용하는 원청이 노동관계법상 사용자 책임을 지도록 해야 한다.
ㅇ 청소노동자 휴게 공간을 포함한 노동환경 개선을 위한 요구안	
요구 17	공공건축물을 설계, 시공 발주할 때 제시되는 설계 기준에 청소노동자 휴게 공간에 관한 기준을 반영해야 한다.
요구 18	국토해양부 고시 혹은 지침을 통해 청소노동자 공간설치 기준과 운영 지침을 마련하고 전체 건축물에 적용해야 한다.
요구 19	모든 노동자에게 적용할 수 있는 건강한 노동환경 공간 기준을 신설해야 한다.
요구 20	산업안전보건법 개정을 통해 휴게실 및 위생시설을 마련해야 한다.
ㅇ 노동안전보건 및 건강권 강화를 위한 요구안	
요구 21	건물·산업설비 청소업에 대하여 산업안전보건법의 제29조(도급사업에 있어서의 안전·보건조치)를 전면 적용해야 한다.

기 위한 제도적인 방안들을 제시했다. 그 결과 2011년 8월 25일 고용노동부는 용역 청소노동자들을 사용하는 사업자는 휴게 공간을 의무적으로 제공할 것을 내용으로 하는 '산업안전보건법 시행령' 개정을 입법예고하게 되었다.

그러나 이후로도 청소노동자들의 공간의 부재라는 현실에는 커다란 변함이 없었다. 지난 2019년 9월 24일에 여의도 국회의원 회관에서 열린 '대학 청소·시설·경비 노동자 노동환경 증언대회'의 증언들은 청소노동자들이 여전히 휴게실을 갖지 못하고 있음을 여실히 보여주었다. 대학과 대학병원에서 근무하는 청소·시설·경비 노동자들이 참석하여 현재 일하는 곳의 노동환경에 대해 이야기한 이 자리는, 한국 사회가 청소노동자들

에게 아직도 쉬는 공간을 제대로 제공하지 않아 일하는 공간과 쉬는 공간
이 전혀 분리되지 않은 채로 열악한 노동환경에서 일하고 있다는 것을 다
시 한 번 명확히 보여주었다. 따라서 "법을 만들어 제대로 된 휴게실을 강
제해 달라"(김혜윤, 2019.9.24)는 청소노동자들의 외침에 한국 사회가 더욱
귀를 기울여야 할 것으로 보인다.

4. 일터, 공간 그리고 정치

일터라는 공간에서 청소 '아줌마', 청소 '어머니' 등으로 불리던 여성들
이 이처럼 청소'노동자'로서의 새로운 정체성을 확보해 나갔던 과정은
2020년 현재 시점에서 다시 돌아봐도 변함없이 우리에게 커다란 울림으
로 다가온다. 신자유주의적 지구화로 인해 노동자들의 비정규직화가 강
화되면서, 밥 먹을 곳도 휴식을 취할 곳도 점점 사라져가는 가운데, '노동
자 되기'를 통해 공간과 정치가 어떤 관계에 있는지를 보여주는 한편으
로, 정치를 위한 새로운 '공간'을 창출하고자 노력함으로써 정치란 것이
우리의 일상을 변화시켜 나가는 여기, 이곳에서의 활동임을 여실히 보여
주었기 때문이다.

지금까지 정치를 위한 공간은, 영국 작가인 울프(Virginia Woolf)가 자신
의 에세이 『3기니(Three Guineas)』에서, "꽤 작은 공간 내에 세인트폴 대성
당, 영국 은행, 시장 관저, 육중하고 마치 장례식을 연상시키는 총안이 박
힌 흉벽이 있는 법원 그리고 반대편에는 웨스트민스터 성당과 국회의사
당이 함께 몰려 있다. 그곳에서 …… 우리의 아버지와 형제들은 삶을 보

냈다"(맥도웰, 2010: 252에서 재인용)고 묘사하듯이, 주로 남성이 활동할 것으로 기대되는 국회나 법원 같은 공적 공간 내의 제도화된 공간으로 이해되어 왔다. 일정한 집단에 속하는 소수의 남성들이 제도화된 권력의 물질적 응축물인 총리 관저, 국회, 법원, 성당 등을 비롯한 웅장한 건물들의 계단을 오르내리고 문들을 드나들며 연단에 올라 설교하고 돈을 벌고 이른바 그들이 생각하는 정의란 것을 집행해 왔기 때문이다.

이러한 공적 공간의 남성화(로즈, 2011: 96~108) 속에서 도시라는 공간의 디자인 및 구획은 오랫동안 모두 남성의 권력과 권위 그리고 이 장소들에서 합법화되는 남성들의 직업을 상징했다(맥도웰, 2010: 253). 따라서 여성이 제도화된 정치적 공간 내에서 자신의 목소리를 내고 자신의 장소를 마련하기는 쉽지 않다. 이런 상황에서 여성 청소노동자들은 정치를 위한 공간은 '저 멀리 어딘가에 있는' 국회나 법원만이 아니라, '바로 여기에 있는' 일터라는 일상의 공간이기도 하다는 점을 집합적인 행동을 통해 보여주었다. 일터 내의 부정이나 불균등한 권력관계에 문제를 제기함으로써, 우리가 살아가는 일상의 공간 그 자체가 민주적인 정치를 위한 공간으로 전환되어야 한다는 점을 일깨워 주었다.

미국의 사회운동가 파머(Parker J. Palmer)가 "가족, 동네, 교실, 일터, 종교 공동체 또는 다른 자발적 결사체 등 우리가 쉽게 접근할 수 있는 일상의 장소에서 민주주의를 위해 움직일 때, …… 우리는 민주주의의 주체이자 옹호자로서 행동하는 힘을 회복하는 것"(파머, 2012: 17)이라고 강조하듯이, 일터라는 공간에서의 불평등을 시정하려는 노력은 비단 지역공동체만을 새롭게 하는 것이 아니라 민주주의 자체를 새롭게 하는 것이기도 하다. 이런 면에서, 여성 청소노동자들은 '정치적으로 싸우면서 일하는 곳'으로서의 일터에서 민주주의를 추구함으로써, '일터 민주주의'(이승무, 2017)라는 화두를 다시 던져주었고, '을'이라는 새로운 주체에 대한 사유의 출발점을 제공함으로써 '을의 민주주의'(진태원, 2017)로 나가는 가능성의 하나를 열어주었다고 할 수 있다.

나아가 여성 청소노동자들은 정치의 '내용' 또한 바꾸어냈다. "정치라는 것이 모든 사람을 위한 연민과 정의의 직물을 짜는 것이라는 점을 잊어버릴 때, 우리 가운데 가장 취약한 이들이 맨 먼저 고통을 받는다"(파머, 2012: 5)는 점을 염두에 둘 때, 우리는 한국이라는 자본주의 사회에서 정치의 실종으로 인해 맨 먼저 고통을 받은 이들 가운데 하나가 여성 청소노동자들임을 부정할 수 없다. 왜냐하면 1990년대 말 경제위기 이후로 비정규직이 증가하고 간접고용 형태가 늘어나면서, 직접고용에서 간접고용으로 전환된 대표적인 노동이 바로 여성이 주를 이루는 청소 노동이었음에도, 정치는 이들의 노동조건과 노동환경을 개선하기 위한 '비통한 자들을 위한 정치'(파머, 2012)에는 오랫동안 관심을 기울이지 않았기 때문이다.

영국의 급진지리학자 하비(David Harvey)는 하루에 1달러 미만으로 살아가야 하는 지구상의 수십억 노동자들을 위해 생산 현장에서의 존엄성, 적절한 삶의 기회, 생계임금, 인권, 시민권 그리고 정치권의 좀 더 포괄적인 개념을 위한 투쟁이 최소한의 정치적 강령이 되고 있다고 지적하며, 생계임금운동이 '신체 정치'의 근본적인 형태임을 강조한 바 있다(하비, 2001: 172, 182). 자본주의 사회의 노동시장에서 노동력으로 판매되는 상품으로서의 모든 노동력이 그렇듯이, '가변자본의 순환 속으로 편입된 신체'(하비, 2001: 169)로서의 여성 청소노동자의 신체 또한, 신체의 재생산을 위한 적절한 생계비를 필요로 한다. 국제연합(UN)의 '세계인권선언' 제23 조가 "모든 근로자는 자신과 가족에게 인간적 존엄에 합당한 생활을 보장하여 주며, 필요할 경우 다른 사회적 보호의 수단에 의하여 보완되는, 정당하고 유리한 보수를 받을 권리를 지닌다"고 이미 1948년에 명확히 밝혔듯이 말이다. 따라서 생계임금에 미치지 못하는 저임금은 '개인의 신체에 가해지는 모든 폭력의 흔적들'(하비, 2001: 177) 가운데 하나임에 틀림없다.

그럼에도 2000년대 중반에서 2010년대 중반까지 한국 사회는 여성 청소노동자들에게 커피 전문점에서 마시는 한 잔의 커피값보다 더 적은 금액을 최저임금의 이름으로 지불했고, 저임금 노동으로서의 청소 노동의 현주소는 2020년 현재도 크게 다르지 않다. "지금의 최저임금으로는 한시간을 꼬박 일해도 제대로 된 밥 한 끼조차 사 먹을 수 없다"는 비정규직 여성 노동자의 외침은 한 인간의 노동의 가치, 특히 여성의 노동의 가치에 대한 한국 사회의 저평가를 단적으로 잘 보여준다. 이는 한국 사회가 여성을 어머니로만 바라보면서 여성을 노동자로 바라보지 않으려 하는 것, 즉 여성의 '어머니화'를 통해 여성의 노동력을 주변화 함으로써 저임금 구조를 유지하려 하는 것과 긴밀하게 연관되어 있다(안숙영, 2011.6.14).

여성 청소노동자들은 흔히 청소 '엄마들', '엄마 같은' 청소노동자 내지는 '우리의 어머니요 누이'로 불린다. 즉, 여성은 가정에 있든 일터에 있든 어머니로만 호명된다. 가족이라는 사적 공간에 있을 것으로 기대되는 어머니가 일터라는 공적 공간에서 생계노동에 종사해도, 그 여성의 생계노동이 없이는 가족의 생활이 유지되기 어려워도, 여성은 노동자 혹은 인간이 아니라 여전히 어머니로 불린다. 따라서 '엄마 같은 청소 노동'이라는 용어 뒤에는, 일터의 모성화, 일터의 가족화를 통해 여성의 노동에 대한 가치를 낮추려는 의도가 숨겨져 있는 것은 아닌지 질문하게 된다. 이런 맥락에서, 여성 청소노동자들이 노동자로 자신을 규정한 것은 자신이 속한 공간이 더는 사적 공간인 가정이 아니라 일터라는 공적 공간임을 명확히 하는 한편으로, 여성의 어머니화를 통해 저임금을 정당화하려는 시도에 저항하여 생계임금의 정치를 관철해 나가려는 움직임이었다고 할 수 있다.

생계임금의 정치를 위해, 즉 임금이 최소 월 150만 원은 되어야 생활을 유지할 수 있다는 것을 직접 알리기 위해, 울산과학기술대 비정규직 여성 청소노동자였던 김순자 후보가 2012년 4월에 실시된 제19대 국회의원 선거에 진보신당 비례대표 1번으로 출마(정상근, 2012.3.29)하는 한편, 같은 해 12월에 열린 제18대 대통령 선거에 '노동자 대통령 후보'를 외치며 무소속으로 출마했던 것은 공간의 생산을 위한 값진 시도였다. "청소노동자가 행복한 세상을 만들겠다"는 목표를 내걸고 두 번의 선거에 출마했던 김순자 후보의 도전(박길자, 2012.12.7)은, 젠더와 계급이 만나는 접점의 형성을 통해 국회라는 제도 정치의 공간 안에 청소노동자들을 위한 공간을 마련하려는 의미 있는 첫걸음이었다. 청소노동자들의 생계가 보장되지 않는다면, 마땅히 이를 보장할 수 있는 생계임금의 정치가 국회 안에서 펼쳐져야 하기 때문이다.

이런 가운데 용역업체에 고용되어 비정규직으로 일하던 207명의 국회 청소노동자들이 2017년 1월 국회에 의해 직접고용되며 정규직으로 첫 출근을 하게 된 것은 여성 청소노동자들에 의해 대안적 공간이 생산된 대표적인 사례 중 하나였다. 국회 청소노동자 207명 가운데 여성이 77.3%(160

명)였고, 남성은 22.7%(47명)였다. 당시 국회의장을 맡고 있던 정세균 국회의장이 "2017년 국회 예산안에 청소 용역을 위한 예산 59억 6300만 원을 '직접고용 예산'으로 수정 의결했다"고 밝히면서 현실화된 국회 청소노동자들의 직접고용은 2013년에 공식적으로 직접고용을 요구한 지 3년 만이었다. 그러나 실제로는 국회가 지난 1981년부터 국회 청소업무를 민간위탁 형태로 도급계약에 맡겨왔다는 점을 감안할 때, 간접고용을 직접고용으로 바꾸기까지는 35년이라는 긴 세월이 걸린 셈이었다(최하얀, 2016.12.5; 김종진·박용철, 2017).

국회 청소노조 위원장으로 이 싸움의 가장 앞에 섰던 김영숙 위원장은 2016년 12월에 열린 '국회 환경미화원 직접고용 예산 통과와 환영 기자회견'을 지켜본 후, "꿈인가 생시인가 싶어요. 가슴이 벅차요. 이제 우리도 진짜 국회 주인이 됐잖아요. 아…. 이 자긍심과 애사심은 어떻게 돈으로는 환산이 안 돼요"(최하얀, 2016.12.5)라고 소감을 밝힌 바 있듯이, 직접고용이 현장의 청소노동자들에게 미치는 영향은 아무리 강조해도 지나침이 없을 것이다. 노동 인권에 누구보다 많은 관심을 기울여야 할 공공부문조차 간접고용을 관행처럼 여기던 상황에서, 김영숙 위원장을 비롯한 청소노조 조합원들은 "우리부터 해결해야 한다"는 책임감을 가지고 2013년 9월에 전체 의원들에게 직접고용 촉구 성명서를 전달하며 싸움을 시작했고(최하얀, 2016.12.5), 그 싸움이 마침내 결실을 맺음으로써 '공공부문 간접고용 비정규직 해법의 시사점을 제공한 사례'(김종진·박용철, 2017)로 기록되었기 때문이다.

5. 맺음말: 희망의 공간을 향하여

하비는 "어떻게 우리는 '대안이 없다'라고 설득되었는가?"라고 질문하며, "에딜리아(Edilia)" 혹은 "당신이 만들고 싶은 것을 만들어라"(하비, 2001: 214, 347)라고 우리에게 말을 건넨다. 자기 세력화 담론 속에서 자기만의 영토를 넓히기에, 혹은 자기의 몸을 관리하느라 바쁜 오늘날의 한국 사회에서, 여성 청소노동자들은 '우리 세력화'로 방향을 전환, '우리의 영토'를 넓히는 방향으로 나아감으로써, 정말로 대안이 없는 것이 아니라 우리가 대안이 없다고 생각하기 때문에 대안이 보이지 않는다는 점을 일깨우면서 우리에게 새로운 '희망의 공간'(하비, 2001; 2017)을 열어주었다.

오늘날의 도시라는 공간에서 소수의 사람들을 제외한 대다수의 사람들은 '노동자'로 살아간다. 노동시장에서 자신의 노동력을 상품으로 판매함으로써 생계를 유지해 나가는 임금노동자로 말이다. 그럼에도 한국의 자본주의 사회에서는 많은 사람이 노동자로 위치하길 원하지 않는다. '모든 국민의 CEO화'라 불러도 좋을 정도로, 많은 이들이 CEO가 쓴 성공이야기나 이에 관련된 자기계발서를 읽으며 CEO로 변신하길 갈망한다. CEO가 되기 위해 노동자가 자신을 CEO로 이해하고 CEO의 관점에서 세상을 바라볼 때, 자본주의는 강제의 법칙이 아니라 마치 동의의 원칙에 따라 작동되는 것처럼 비쳐진다. 노동자가 '노동자 되기'를 거부하고 'CEO 되기'나 '자본가 되기'의 수행으로 나아가게 만드는 것, 그것이 바로 지구화 시대의 신자유주의 이데올로기가 갖는 힘이다.

이런 상황에서, 여성 청소노동자들은 '나는 노동자!'라고 외치며 노동자 되기를 통해 신자유주의의 불평등과 부정의에 맞서 희망의 닻을 올리기 시작했다. 2000년대 중반 각 대학에서 노동조합을 만들어 노동조건 개선을 향한 싸움을 시작한 여성 청소노동자들은 2010년대 중반에는 국회에서 직접고용으로의 전환이라는 결실을 이끌어냄으로써, 한국 사회의 민주주의를 새로운 방향으로 견인해 나가고 있다. "민주주의는 우리가 가지고 있는 무엇이 아니라, 우리가 하고 있는 무엇"(파머, 2012: 16~17)임을 염두에 둘 때, 여성 청소노동자들이 자신을 무시하는 눈빛으로 바라보던 관리자들과 큰소리로 싸워보기도 하고 노동조합을 통해 '맞장'을 뜨고(유안나, 2011: 172), 파업도 하며 사람들의 쾌적함을 위해 청소하고 거기서 보람을 느끼는 가운데(장귀연, 2011.8.30), 노동자로서의 자기 정체성을 찾아가는 그녀들의 몸짓은 민주주의를 성큼 앞으로 밀고 나가는 힘을 가지고 있음에 틀림없다(박옥주, 2016).

이러한 여성 청소노동자들의 싸움은 오늘날의 한국 사회에서 여성노동운동의 대표적인 상징의 하나라고 할 수 있다. 2020년 1월에 시작된 코로나19 재난 속에서 여성 노동자들이 누구보다 어려운 상황에 직면한 가운데, 이들 여성 청소노동자들의 싸움이 우리에게 '희망의 공간'을 열어주었다는 점을 기억할 필요가 있다. "코로나19 재난 속 해고 1순위는 여성 노동자"라는 신문기사의 제목처럼, 여성 노동자들이 높은 비정규직 비율과 낮은 임금, 그리고 해고 위기에 돌봄 부담까지 겹쳐 이중고에 시달리는 와중에(조성은, 2020.5.18), "우리들의 빵과 장미는 안녕한가?"(김효선, 2020.3.6)를 다시 질문하며 '희망의 공간'을 향한 발걸음을 내딛어야 할 때다.

1911년에 시작되어 오늘날에 이르고 있는 3월 8일 '세계 여성의 날'을 상징하는 '빵과 장미(Bread and Roses)'는 원래 미국의 시인 오펜하임(James

Oppenheim)의 시 제목이었다. 1900년대에 전개된 일련의 여성 노동자 투쟁의 구호에서 영감을 받은 것으로 알려졌는데, 이 시와 연결되는 대표적인 사건은 1912년 1~3월에 미국 매사추세츠주 로렌스 지방의 여성 섬유산업 노동자들이 전개한 파업이었다. 형편없는 임금, 장시간 노동, 위험한 공장 환경, 그와 다를 바 없는 비좁고 지저분한 주거 속에서, 참다못한 여성 노동자들이 동일노동 동일임금, 임금 상승, 노동시간 단축 등을 요구하며 파업에 나섰고, 그녀들이 손에 쥔 펼침막 속 '우리는 빵을 원한다. 그러나 장미도 원한다(We want Bread, and Roses too!)'는 구호로 인해 이 투쟁이 '빵과 장미의 파업(Bread and Roses Strike)'으로 알려지게 되면서다(류은숙, 2007).

그로부터 많은 시간이 지난 오늘날에도 "여성이 떨쳐 일어서면 인류가 떨쳐 일어서는 것. 한 사람의 안락을 위해 열 사람이 혹사당하는 고된 노동과 게으름이 더 이상 없네. 반면에 삶의 영광을 나누네. 빵과 장미를 빵과 장미를 함께 나누네"라는 오펜하임의 시(류은숙, 2009: 275), 그리고 이와 문제의식을 같이하는 미국 로스앤젤레스 엔젤 클리닝사(社)의 이주 청소노동자들의 싸움을 소재로 한 로치(Ken Loach) 감독의 영화 〈빵과 장미(Bread and Roses)〉(2000)(김지환, 2015.5.11)는, 전 세계적으로 계속되고 있는 여성 노동자들의 투쟁과 맞물려 여성 노동자들의 삶의 현주소를 돌아보게 만든다. 한국 사회의 여성 청소노동자들을 비롯한 모든 노동자, 그리고 전 세계의 모든 노동자에게 '빵과 장미'가 현실로 다가오는 날을 앞당기기 위해, 우리 모두가 '희망의 공간'을 생산해 내는 과정에 함께해야 할 것이다.

제7장

지구화, 젠더 그리고 지구적 전략

1. 머리말

잘 알려진 대로, 1970년대 중반에 시작된 자본주의의 변화 과정은 1990
년대로 접어들어 사회주의권이 붕괴하고 이전의 사회주의권 국가들이
자본주의적 세계경제로 편입되면서 '지구화(globalization)'라는 새로운 용
어로 분석되기 시작했다(Peterson, 2010; 미즈·벤홀트-톰젠, 2013; Malets, 2017;
Parekh and Wilcox, 2020). 지구화는 무엇보다 경제의 지구화, 즉 무역의 자
유화 및 생산과 금융의 국제화에 따른 자본주의적 세계경제의 출현을 의
미하는 동시에, 미국과 소련을 필두로 하는 동서 냉전기에는 수면 위로
떠오르지 않았던 자본주의 국가들 간, 그리고 초국적 기업들 간의 세계시
장을 둘러싼 경쟁의 심화를 의미하는 것으로 이해되었다. 그래서 지구화
는 종종 동서 냉전기의 '군사 경쟁'을 대신해 국제무대에서 새로운 중요

성을 획득하기 시작한 '경제 전쟁'(Thurow, 1993)으로 일컬어지기도 했다.

경제적 차원의 이러한 경쟁의 심화 속에서 민족국가는 종종 지구화라는 외적 도전에 직면한 '운명공동체'로 이해되는 한편, 나아가 지구화의 영향이나 결과를 분석하기 위한 기본단위로 설정되었다. 국민 모두가 민족국가라고 명명된 공동의 배에 타고 있다는 전제하에, 지구화의 바다에서 힘차게 노를 저어 선두에 뱃머리를 대기만 하면 누구에게나 공평하게 보상이 돌아갈 것이라는 것이었다. 그래서 지구화 논의의 초기에 독일의 정치학자 나르(Wolf-Dieter Narr)와 슈베르트(Alexander Schubert)는 "세계시장이 기준점 자체가 되어버렸기 때문에 …… 모든 시민은 질적으로 불평등한 그들의 위치에서 '공동의' 보트를 국제적인 항해 경쟁에서 가능한한 더 앞쪽에 위치하도록 기여해야만"(Narr und Schubert, 1994: 13~14) 하는 상황에 놓이게 되었다고 비판한 바 있다.

언론에서 흔히 접하는, 국가별 노동시장의 유연화 정도를 비롯한 몇 가지 지표를 중심으로 국가경쟁력을 계량적으로 측정해 국가별로 순위를 매기는 것이 민족국가를 이처럼 한 배를 탄 운명공동체로 이해하는 가장 대표적인 사례라고 할 수 있다. 그리고 이러한 비교에서 나타나는 또 하나의 특징은 국가를 마치 하나의 기업처럼 다룬다는 점이며, 국가의 순위가 기업의 효율성을 측정하는 척도에 따라 매겨지고는 한다는 점이다. 한마디로 요약하자면, 국민을 구성원으로 하는 국가의 작동 원리와 직원을 구성원으로 하는 기업의 작동 원리가 엄연히 다름에도, 국가와 기업의 동일시 속에서 '국가의 기업화'가 이루어지고 있는 것이라 할 수 있다.

이처럼 지구화의 분석에서 민족국가라는 메타포가 지배적인 위치를 점하면서, 지구화가 민족국가 내부의 구성원에게 미치는 상이한 영향은 분석의 그물망 속으로 편입되지 못하는 경향이 있다. 특히나 지구화의 해석에서 이론적 헤게모니를 점하는 신자유주의는, 그 행위자가 여성인가 남성인가, 어느 계급에 속하는가, 어느 인종에 속하는가와 관계없이, 즉 젠더, 계급 및 인종이라는 카테고리와 무관하게 전개되는 중립적 과정으로 지구화 과정을 바라본다(Lehman, 2016). 나아가 경쟁을 끊임없이 강화하는 지구화 속에서 누구나 승리자가 될 수 있는 것처럼, 마치 패배자는 존재하지 않는 것처럼 전제한다. 따라서 만일 패배자가 있다면 그것은 잘못된 정책 내지는 아직 완전히 관철되지 않은 개혁의 희생자, 혹은 패배자 개인의 실패로 간주될 뿐이다(Braig, 1999: 168).

지구화에 대한 신자유주의적 해석에서 나타나는 이러한 '젠더관계의 탈주제화' 혹은 '젠더에 대한 인식의 부재'(Veil, 2001: 162)에서 비롯되는 젠더 무감성(gender blindness)이라는 상황에서, 지구화가 여성과 남성에게 상이하게 작용하는 과정이라는 점을, 즉 '젠더에 따라 특수하게 구조화된 과정'이라는 점을 드러내기 위한 페미니즘적 분석이 절실히 요청된다(라이, 2014; 인로, 2015; Desai and Rinaldo, 2016; Parekh and Wilcox, 2020).

이런 가운데 이 장은 지구화를 둘러싼 신자유주의적 해석에서 가시화되지 않는 젠더라는 카테고리를 가시화하기 위한 시도이다. 먼저 2절에서는 젠더 관점에서 본 신자유주의적 지구화의 문제점을 살펴본다. 다음으로 3절에서는 경제의 지구화를 생산 경제와 재생산 경제의 지구화로 나누어 젠더 관점에서 분석한다. 나아가 4절에서는 지구화에 따른 복지국가의 변화가 젠더관계 및 여성의 삶의 조건에 미치는 영향에 대해 다룬다. 마지막으로 맺음말에서는 지구화 속에서의 페미니즘적 전략에 대해 간략히 전망한다.

2. 지구화 논의에서의 젠더에 대한 '개념적 침묵'

우리는 흔히 지식이나 이론 및 과학이란 것은 객관적이고 가치중립적이며, 객관성과 가치중립성이이야말로 지식이나 이론 및 과학이라는 이름에 걸맞은 지위를 확보하기 위한 기본 전제라고 생각한다. 그뿐 아니라 가치로부터 완전히 자유로운 지식이나 이론 및 과학이란 것이 실제로 존재할 수 있다고 믿는다. 그럼으로써 캐나다의 정치학자 콕스(Robert Cox)에 따르면, "이론은 항상 누군가를 위한 것이며 어떤 목적을 위한 것"이라는 점을 간과하게 된다. 왜냐하면 "세계는 하나의 관점(a standpoint)에서 파악되고, 이 관점은 민족이나 사회계급, 지배나 복종, 부상하는 권력이나 쇠퇴하는 권력의 측면에서 규정"되며, 따라서 "시간과 공간의 관점으로부터 유리된 이론 그 자체란 것은 없"기 때문이다(Cox, 1981: 128).

이처럼 '이론의 권력적 측면'으로 시선을 돌리게 되면, 지식은 객관적이거나 시간 초월적일 수 없으며, 사실과 가치의 간단한 분리란 있을 수 없다는 점, 의식적이건 아니건 모든 이론가는 불가피하게 그들의 가치를 분석에 담게 마련이라는 점을 인식하게 된다. 다시 말해, 이른바 객관적이고 가치중립적이라고 주장하는 이론, 관념 및 분석들을 면밀히 검토하는 한편, 누구를 위해 혹은 무엇을 위해, 그리고 어떤 목적으로 그런 이론이 생겨났는가를 검토할 필요성을 느끼게 된다(홉든·존스, 2009: 182~183). "가치에서 자유롭고 사실 없는 순수한 과학, 진리의 무한한 추구에만 열중하는 과학이란 존재하지 않고 존재한 적도 없다"(미즈·시바, 2020: 113)는 점을 인식하는 것이 그래서 중요하다. 객관성과 가치중립성이라는 이름으로 무장한 이론 뒤에는 하나의 관점이 숨겨져 있다는 이러한 지적은,

우리가 젠더의 차원에서 지구화에 대한 신자유주의적 접근법의 문제점을 분석하고자 할 때 하나의 유용한 나침반으로 기능할 수 있다.

무엇보다 '시장 사회의 정당화를 위한 프로젝트'라 할 수 있는 신자유주의는, 시장 사회를 인류 역사의 문명화 마지막 단계로 바라보며 경제에 대한 '정치의 무력화'를 기본적 목표로 한다. 나아가 신자유주의는 '사회의 총체적 경제화'를 위협할 수 있는 모든 형태의 참여적 민주주의에 적대적인 태도를 보인다. 따라서 신자유주의에서 말하는 자유란 시장에 참여할 수 있는 자유로 협소해지며, 신자유주의에서 그렇게나 강조하는 개인주의조차도 사실은 시장이 지배하는 사회에서 살아가는 원자화된 개체라는 부정적인 카테고리로만 남는다. 마지막으로 신자유주의는 '최소한의 국가'를 대안으로 제시하는데, 우리가 기억해야 할 점은 이것이 결코 '약한 국가'가 아니라 시장에서 교환의 자유를 보장하기 위해서는 모든 것을 동원할 수 있는 '강한 국가'의 특성을 지니고 있다는 점이다 (Wissenschaftlicher Beirat von Attac, 2005: 132).

이러한 신자유주의적 접근법에서 지구화는 그 누구도 거부할 수 없는 '객관적 강제'로 이해된다. 지구화는 민족국가라는 이름의 생산 입지를 외부에서부터 포위해 들어오는 불가항력적인 경제적 과정으로 분석되며, 각국 정부는 시장화, 민영화, 탈규제화 및 유연화 전략을 통해 시장자유주의로의 길을 강화(Griffin, 2010: 220)하는 것밖에는 달리 대안이 없다는 결론이 제출되고는 한다. 또한 이러한 방식의 지구화를 통해 세계의 빈곤을 감소시킬 수 있다고 보는 신자유주의적 이데올로기는 시장자유주의 강화로 인해 지구의 북반구와 남반구 사이에서 그리고 각국의 내부에서 발생하는 다양한 형태의 불평등에는 전혀 관심을 기울이지 않는다.

나아가 신자유주의적 접근법은 지구화 과정을 '가치중립적' 과정으로 바라본다. 경제와 시장은 가치중립적이며 이 중립적 시장에서 자유로운 개인으로서의 '경제인(economic man)'은 계급, 젠더 혹은 인종에 관계없이 자유롭게 활동한다고 가정한다. 지구화 과정이 전 세계적으로 계급 관계와 젠더 관계의 중첩 및 인종 차별과 젠더 차별의 중첩을 가져오고 있다는 점은 따라서 고려의 대상으로 전혀 떠오르지 않는다(Veil, 2001: 162). 다시 강조하자면, 지구화로 인해 등장한, 세계시장에서 활동 중인 이른바 '경제인'이라는 행위자는 중립적이고 추상적인 존재로 전제되는 가운데, 그 행위자가 여성인지 남성인지, 어느 계급, 계층 및 인종에 속하는지는 질문되지 않는다.

신자유주의자들에 따르면, 이 '경제인'이라는 행위자는 '최대한의 시장'에 기초한 성장을 목표로 하며, 시장의 자유를 저해하는 모든 정치적 규제를 풀어야 한다고 주장하는 '합리적인 경제인(the rational economic man)'이기도 하다. 합리적이고 자기 이익을 추구하며 자율적인 행위자로 가정되는 이 '합리적 경제인'은 근대경제학이 요구하는 경제적 합리성을 체현한 인물로 상징화된다(Riley, 2008: 2; 마르살, 2017: 41~43). 그러나 근대경제학은 주요 업무를 '시장적 행위'의 해명에 두고 '비시장적 행위'에 대해서는 무게를 두지 않음으로써, 여성의 주요 활동 영역인 가계생산과 가사노동 및 가계 내부의 분배 문제 등은 자연히 분석에서 제외하게 된다(홍태희, 2014: 28~31). 따라서 '합리성'에 따라 움직인다고 할 때 합리성은 주로 시장에서 활동하는 것으로 간주되는 남성의 입장에서 본 합리성이며, '경제'라고 불리는 것은 남성의 입장에서 본 '시장화되고 화폐화된 경제'를 의미하고, 이때의 '경제인'이란 남성을 의미한다. 그러므로 이 '경제인'이란 사실은 '남성 경제인'과 다름없으며, 이처럼 남성 경제인이 행위 주체로 상정되면서 경제학은 자연스레 '남성적 경제학'으로서의 성격으로부터 자유롭기 어렵다(홍태희, 2005: 208).

이처럼 신고전파 경제학에서 시장의 기본적 행위자로 설정하고 있는 '합리적 경제인'은 '남성 중심적 편견'(잉글랜드, 1997: 49)으로부터 결코 자유롭지 않다. 그리고 무엇을 '경제'로 이해할 것인가와 관련해서도 가사노동과 돌봄노동 같은 여성의 무급 경제활동을 배제하고 있다는 점에서, '경제'라는 것 자체가 이미 '젠더화된 장소'라고 할 수 있다(Cameron and Gibson-Graham, 2003: 145). '사회적으로 구성된 성별'로서의 젠더가, 무엇이 노동으로 간주되는가, 누가 어떤 종류의 일을 하는가, 여러 다른 종류의 노동이 어떻게 평가되는가를 결정하는 노동 분업을 구조화하고 있는 것이다(Peterson, 2003: 31). 따라서 신고전파 경제학이 경제에 '총시장생산'만을 포함하고 '총가계생산'의 경우는 포함하지 않은 채로 객관성과 가치중립성을 강조한다 할 때, 객관성은 남성의 객관성에 불과하며 가치중립성은 경제에서 작동하고 있는 남성의 지배를 드러내지 않기 위한 하나의 마스크에 불과하다는 비판으로부터 자유롭기 어렵다.

이런 이론적 지형 속에서 지구화에 따라 진행 중인 전 지구적 차원에서의 재구조화가 사실상 젠더화된 지형 위에서 전개되고 있음에도, 이러한 측면이 주류의 논쟁들에서는 다루어지지 않았다. 그래서 지구화를 둘러싼 논쟁의 초기에 "재구조화를 둘러싼 지배적 담화는 적자 감축 명령, 국제경쟁력, 효율성과 수출 주도 성장과 같이 대부분 젠더 중립적이고 총합적인 개념들에 포박되어 있다. 구조 조정과 재구조화 정책은 …… 여성의 경험과 저항의 전략에 대한 침묵으로 나아간다"는 지적처럼, 현재의 구조적이고 제도적인 전환 과정이 갖는 젠더화된 성격에 대한 '개념적 침 묵(conceptual silence)'이 이루어지고 있다는 비판이 제기된 바 있다(Bakker, 1994: 1). 즉, 젠더에 기초한 비대칭적 권력관계에 대한 고려 없이 지구화 에 따른 재구조화 정책들이 추진되고 있음에도, 이에 대한 분석이 주류의 논의에서는 이루어지지 않고 있었다는 점이다.

이런 맥락에서 독일의 정치학자 자우어(Birgit Sauer)는 신자유주의자들 이 지구화를 자본주의에 내재한 객관적 필요라고 주장하지만 지구화는 사실상 젠더에 따라 코드화가 이루어진 사회적 공간에서 만들어진 과정 으로, '헤게모니적인 젠더정치 프로젝트'와 다름이 없다고 평가한다. 즉, 신자유주의와 지구화는 정체성과 관심사, 규범과 제도를 만들어내는 정 치적 실천들로서 지역적 차원, 일국적 차원 및 국제적 차원에서 경제적· 사회적·정치적 및 상징적 공간들을 새로이 구성하는 프로젝트이자 담론 이라는 것이다(Sauer, 1999: 217~218). 결론적으로, 초기의 지구화를 둘러싼 주류의 논의에서는 젠더가 지구화라는 이름의 자본주의적 재구조화 과정 에 이미 내장되어 있다는 점이 다루어지지 않음으로써, '젠더에 무감한 지구화(gender-blind globalization)'(Gottfried, 2004)에 머물러 있었다고 할 수 있다.

3. 경제의 지구화의 젠더

지구화를 둘러싼 논쟁에서 경제의 지구화는 주로 '생산 경제', '생산 영 역' 혹은 '생산 노동'에서의 변화로만 이해되는 경향이 강하다. 시장에서 화폐를 매개로 교환되는 지불 경제나 지불 노동에만 주로 강조점이 실리고 있는 것이다. 그러나 생산 경제는 시장에서 화폐를 매개로 교환되지 않는, 즉 무지불 경제와 무급노동에 기초한 '재생산 경제', '재생산 영역' 혹은 '재생산 노동'이 없이는 독자적으로 존재할 수 없다. 그 뒷받침이 있어야만 생산 경제는 가능하다. 그럼에도 재생산이 주로 여성의 영역으로 간주되면서 지구화 논의에서 재생산의 차원은 부차적으로 간주된다. 따라서 젠더 관점에서 경제의 지구화를 분석하고자 할 경우는, 생산 경제만이 아니라 재생산 경제를 분석의 범위로 끌어들이는 한편으로 이 양자 사이의 관계에 대한 분석으로 나아갈 필요가 있다.

1) 생산 경제의 지구화와 젠더

이른바 '공식 경제(the formal economy)'로 불리는 '생산 경제'에서, 지구화는 1차, 2차 및 3차 생산으로 나뉘어 있던 생산 경제 내에서의 경제 부문 간의 차이를 더욱 복잡하게 만들고 있으며, 특히 정보통신기술이 각각의 경제 부문을 재구성해 나가는 특징을 보인다(Peterson, 2005). 생산 경제의 지구화를 나타내는 경향들로는 첫째, 석유를 제외한 1차 산품의 가격이 세계적으로 낮아지고 1차 산품에 대한 수요도 줄어들면서, 1차 산품이 지배적인 '제3세계' 경제를 황폐화시키는 역할을 하고 있다는 점을 들 수 있다. 둘째, 선진국 경제와 주요 도시에서는 탈산업화가 진행되면서, 전통적으로 물질에 기초한 제조업으로부터 정보와 지식에 기초한 제조업으로의 변화가 일어나는 가운데, 고임금을 받던 남성 일자리가 줄어들고 있다는 점이다. 셋째, 노동시장의 유연화로 인해 엘리트 노동자들의 일자리

안정성이 침식당하고 있다는 점이다. 넷째, 정보와 지식에 기초한 생산으로의 이전과 관련된 현상으로, 일자리의 증가가 주로 서비스 부문에서 일어나면서 선진국 경제의 경우 노동력의 50~70%가 서비스 부문에 종사하고 있다는 점이다. 다섯째, 고용의 여성화가 가속화되고 있는 가운데, 교육받은 고숙련의 엘리트 여성은 고용의 여성화로부터 이익을 보고 있지만, 전 세계적으로 여성은 여전히 남성에 비해 30~50% 정도 낮은 임금을 받고 있다는 점이다. 여섯째, 지구화가 사람들의 이동을 증가시키면서 도시 지역으로, 수출품 가공지대로, 계절별 농촌노동자로, 그리고 관광 지역으로 사람들이 대량으로 이주하고 있다는 점이다(Peterson, 2010: 209~210).

이러한 생산 경제의 지구화는 동시에 '젠더화된 과정'이기도 하다. 그 대표적인 경향은 남성, 무엇보다 경제적 및 인종적으로 특권을 지니고 있는 남성이 전 세계적으로 권위와 권력의 제도들을 계속해서 지배하고 있다는 점에서 찾아볼 수 있으며, 그럼으로써 인간의 안녕이나 지속 가능성이 아니라 성장과 통계에만 지나치게 의존하는 남성주의적 사고가 경제적 이론화와 정책 형성을 계속해서 지배하고 있다(Peterson, 2005: 507).

이 과정에서 이른바 '합리적 경제인'의 새로운 유형이 출현했는데, 이들이 이른바 '다보스 맨(Davos Man)'이라 불리는 각국의 사업가, 은행가, 관리자 및 지식인과 같은 남성 엘리트이다. 해마다 연초에 스위스의 휴양도시 다보스(Davos)에서 열리는 '세계경제포럼(World Economic Forum)'에 참가해 지구화의 속도와 방향을 결정하는 이들은, 다보스에서 만나 각종 정보를 교환하고 세계경제의 발전 방안 등에 대해 논의한다. 개인주의, 시장경제 및 민주주의에 대한 믿음을 공유하는, 그러나 더 이상 민족국가라는 공간에는 얽매이지 않는, 즉 아이디어나 기술, 시장의 국적을 따지시 않는 코스모폴리탄으로 자부하는 이들 '다보스 맨'은, 지구적 시장을 무대로 활동하는 지구적이고 좀 더 현대화된 경제인의 유형으로서 지구화 시대의 '합리적 경제인'을 상징하는 사회적 구성물이라 할 수 있다(Beneria, 1999; Connell, 2016; Salzinger, 2016; Tett, 2017.1.16; Stiglitz, 2020).

생산 경제에서 나타나는 '젠더화된 과정'으로서의 지구화의 또 다른 측면은, 여성을 위한 노동시장의 확대 및 이와 관련된 여성의 고용 증가, 무엇보다 '지구적 컨베이어벨트'라 불리는 세계시장용 공장에서 일하는 젊은 여성 노동자의 증가에서 찾아볼 수 있다. 노동시장으로 진입하는 여성의 숫자가 급격하게 증가하기 시작하면서, '노동의 여성화'라는 현상이 나타나고 있기 때문이다. 1980년대 이래 국제노동기구(International Labor Organization)가 고용에서 전 세계적으로 늘어나고 있는 여성의 비율을 지칭하기 위해 사용하기 시작한 '노동의 여성화' 개념은, 이처럼 노동집약적 생산과정이 북반구의 선진국에서 남반구의 개발도상국으로 이전되는 '새로운 국제적 노동 분업'과 깊이 관련되어 있는 것이었다(Young, 2015; Tejani and Milberg, 2016).

생산 경제의 지구화 속에서 1차 생산이 지배하는 제3세계의 경우, 석유를 제외한 1차 산품의 가격 하락과 1차 산품에 대한 급격한 수요 감소로 인해 경제가 황폐화되면서, 실업 문제는 커지고 외국 투자를 유인할 능력은 줄어들며 부채에 대한 의존도는 늘어나는 가운데, 저임금 노동력을 경쟁력 있는 자원으로 바라보거나 해외로의 노동 이주를 고무하는 경향이 나타나고 있다(Peterson, 2005: 508). 이런 상황에서 저임금 노동력을 바탕으로 하는 노동집약적 산업을 유치하여 생산 입지의 장점으로 활용하고자 하는 지구화 전략이 채택되고는 하는데 중남미, 아프리카 및 동아 시아에 설치된 이른바 '자유수출지대'가 대표적인 사례에 해당한다.

'자유수출지대'는 종종 '자유생산지대, '자유무역지대' 또는 스페인어로 는 '마킬라도라(maquiladora)'라 불리는 '특수경제지대'를 의미하며, 1960년 대 후반 이후로 개발도상국과 신흥공업국에서 외국의 직접투자를 자국의 저발전 지역으로 유치하기 위한 목적으로 생겨나기 시작했다(Castillo and De Vries, 2018). 자유수출지대로 입주하는 기업들은 대부분 섬유나 전자 같은 노동집약적 산업에 종사한다(Greven und Scherrer, 2005). 이들 공장은 수출 지향적인 '세계시장용 공장(global firms, Weltmarktfabriken)'이라 불리 기도 하는데, 주로 수평적인 네트워크 구조를 갖고 있는 초국적 기업에 의해 운영된다. 그리고 자유생산지대는 다음과 같은 점에서 '특수 영토적 지위'를 향유하는 것으로 알려져 있다. 첫째, 수입과 수출이 민족국가의 영토로부터 분리되어 이루어진다. 둘째, 초국적 기업은 여성 노동자에게 주거 공간을 제공하지 않는다. 셋째, 건물이나 시설은 세금으로부터 자유 롭다. 넷째, 콘체른(Konzern)은 토지세나 소득세를 납부하지 않는다. 다섯 째, 수입과 수출시에 관세를 지불하지 않는다. 마지막으로, 이들을 유치 한 수용국이 인프라 구조를 갖춰주고 도로와 항만시설을 건설하며, 저렴 한 가격으로 전화, 물 그리고 에너지를 제공한다(Young, 1998: 186).

이 세계시장용 공장에서는, 최저임금 이하의 조건에서 일하면서도 노 동조합을 조직하지 않을 것으로 보이는 젊은 미혼여성이 최상의 노동력 으로 간주된다. 이른바 '아시아의 호랑이'라 불리는 한국, 대만, 홍콩 및 싱가포르, 그리고 태국과 말레이시아 같은 동남아시아의 또 다른 신흥공 업국들은 경제 기적이라 일컬어지는 높은 성장률을 무엇보다 이 세계시장용 공장에서 일하는 수백만 명의 여성들에게 의존해 왔다. 초등학교를 마친 후 아주 적은 임금으로 고용되어 몇 년간 일하다가 결혼하거나 첫 아이를 출산한 이후에 공장을 떠나는 미혼의 젊은 여성들에게 말이다. 가령 1970~1990년에 상품 수출에서 급속한 증가를 보이고 높은 경제성장을 기록한 국가는 동시에 여성의 고용 숫자도 급속히 증가했다. 예를 들면, 동남아시아에서는 이 기간에 여성의 고용이 25%에서 44%로 증가했는데, 수출 생산과 자유화된 무역이 여성 고용의 원동력으로 작용한 것이라 할 수 있다(Wichterich, 1998: 16~17; 인로, 2015: 53~83). 오늘날에는 생산비의 증가로 점점 많은 회사가 동남아시아의 '호랑이 국가들'로부터 철수하여 새로운 저임금의 엘도라도인 방글라데시, 베트남, 캄보디아, 라오스 및 중국으로 이동 중에 있다. 이들 국가의 세계시장 편입은 신흥공업국들이 산업화 초기에 하던 것과 똑같은 메커니즘, 즉 노동집약적 산업과 여성 노동력이라는 메커니즘에 따라 이루어지고 있다(라이, 2014; Tejani and Milberg, 2016).

이 젊은 여성 노동자는 국가의 어떤 사회보장이나 노동조합의 보호를 받지 못하는 '비가시적 노동자'이다. 이들 여성 노동자는, 공식 경제에서 고임금을 받으며 일하는 '가시적 지식종사자'와는 달리, 즉 공간에 얽매이지 않으며 지식집약적인 연구, 정보 및 서비스 부문에서 근무하는 이들과는 달리, 열악한 노동조건에서 일을 함에도 불구하고 국가와 노동조합으로부터 아무런 보호를 받지 못한다. 한편에는 공간에 얽매이지 않는 고도로 숙련된 노동력, 즉 대부분 백인이며 남성으로 구성된 지식종사자가, 그리고 다른 한편에는 일정한 공간에 묶여 있는 저숙련 노동력, 즉 모든 피부색의 여성 및 젊은 비숙련 남성으로 구성된 노동자가 공존하는, 즉

'공식 노동과 비공식 노동의 공존'이라는 현상이 나타나고 있는 것이다 (Young, 1998: 185).

이처럼 세계시장용 공장이나 수출 지향적이며 컴퓨터화된 서비스 부문 종사자 가운데 80%가 여성이다. 이로 인해 여성은 사회적으로 동질적인 집단이 아님에도 종종 지구화로 인해 일자리를 획득한 지구화의 승리자로 간주되고는 한다. 그리고 시골의 가부장적 관계 속에서 살던 이들 젊은 여성 노동자들은 일자리의 획득을 통한 자유의 쟁취자로 묘사되기도 한다(Greven und Scherrer, 2005: 99~100). 그러나 이러한 여성의 새로운 일자리는 종종 착취적인 노동조건 및 저임금을 동반했다. 즉, 노동자가 하는 노력에 비해 임금은 상대적으로 적은 '값싼 노동'(인로, 2015: 53)이 대부분이었다. 따라서 여성의 고용이 양적으로 증가하고 있지만, 노동시장에서 여성과 남성이 동등한 위치를 확보했다는 것을 의미하지는 않는다는 점을 염두에 두어야 한다. 생계노동에 종사하는 여성의 수가 증가하고 있는 게 사실이지만, 많은 경우 보호받지 못하는 노동관계나 생계 보장이 안 되는 파트타임 노동 및 임시적 노동계약 등의 조건에서 일하고 있기 때문이다(Domínguez, et al.: 2010).

2) 재생산 경제의 지구화와 젠더

지구화를 둘러싼 논쟁의 특징의 하나는, 주로 '생산 경제'에서의 변화를 둘러싸고 논쟁이 전개되며 '재생산 경제' 혹은 '재생산 노동'에서의 변화에는 관심이 적다는 점이다. 이는 정치경제학의 남성주의적이고 근대화론적인 경향의 좋은 예라 할 수 있는데, 이러한 무관심은 권력과 유급노동 및 공식노동을 남성적인 것으로 규정하고 가족과 무급노동 및 돌봄노동을 여성적인 것으로 규정하는 관행에 의해 오늘날에도 지속석으로 반복되고 있다(Peterson, 2005: 510~511).

재생산 노동은 생산에 종사하는 노동력의 유지에 필요한 노동을 의미하며, 이에는 가족 내에서의 가사노동, 노인이나 어른 그리고 젊은이들을 돌보고 보살피는 돌봄노동, 아이들을 사회화하는 일, 가족 내 사회적 유대를 유지하는 일 등이 포함된다. 지구화의 분석에서 이러한 재생산 노동에 초점을 맞추면, 지구화에 따른 노동 유출과 관련하여 젠더를 하나의 통제 요인으로 강조할 수 있는 동시에 젠더가 이주를 통한 노동의 새로운 경제적 분업에 어떤 영향을 미치는지를 가시화할 수 있게 된다(파레냐스, 2009: 105~106).

먼저, 대표적인 재생산 노동인 가사노동 및 돌봄노동 영역에서의 '여성적 서비스의 지구화'를 보면, 노동 분업이 한 국가 내에서 여성과 남성 간에 이루어지는 게 아니라 국제적인 차원에서 여성과 여성 간에 이루어지고 있다는 것을 알 수 있다. 즉, '재생산 노동의 국제적 분업'이 전개되고 있는 것이다. 여성들 사이에서의 새로운 국제적 노동 분업, 즉 고숙련에 고임금을 받는 선진국 여성과 저숙련에 저임금을 받는 개발도상국 여성 간에 새로운 노동 분업이 발생하고 있는 것이라 할 수 있다. 이전에 선진국 여성들이 무보수로 하던 가사노동과 돌봄노동을 이제는 개발도상국에서 온 여성들이 보호도 안 되고 보수도 적은 고용관계 속에서 수행하고 있는 것이다(Leitner und Ostner, 2000: 44).

재생산 노동의 이러한 새로운 국제적 분업의 원인은 선진국에서 국가에 의해 운영되던 사회적 서비스가 축소되고 있는 것에서 찾을 수 있다.

이른바 복지국가라는 이름으로 사회적 재생산 기능의 일부분을 넘겨 받았던 국가가 지구화 속에서 이 기능을 광범위하게 사적 부담으로 다시 떠넘겨 버리고 있기 때문이다. 이런 가운데 오늘날 선진국 내부의 이런 돌봄의 공백을 메우는 것은 선진국 남성이 아니라 해외에서 이주해 들어온 여성들이다. 대표적인 사례는 지구화 시대에 '하인'의 신분을 강요당하고 있는 필리핀 여성의 삶에서 찾아볼 수 있다. 필리핀 여성들은 세계 130개가 넘는 국가의 가사서비스 부문으로 유입되어, 현 시기 여성 이주의 가장 큰 규모이자 가장 폭넓은 흐름을 반영함으로써 가사서비스 노동자의 지구화가 어떻게 진행되는지를 상징적으로 보여주고 있다. 필리핀 비정부기구에 따르면, 필리핀 이주 인구를 대략 650만 명으로 추산하는데, 1990년대 이후로 이주한 필리핀 이주노동자의 절반 이상을 여성이 차지하고 있으며, 이 여성 중 3분의 2가 가사서비스 부문에 고용되어 있기 때문이다(파레냐스, 2009: 20).

가사노동 및 돌봄노동 영역에서의 '여성적 서비스의 지구화'와 더불어, 다음으로는 여성 매매 및 성매매 영역에서의 '섹스 서비스의 지구화(globalization of sex services)'를 들 수 있다. 이는 호스티스, 노래, 춤과 같은 성적 요소를 포함한 노동을 지칭하는 '성적 노동(sexual work)'과 돈을 위해 섹스를 상업화하는 '섹스 노동(sex work)'으로 구분되는데, 전통적으로 '성매매'라 알려진 섹스 노동의 경우는 오늘날 지구적 관광산업 및 섹스 관광과 연결되어 하나의 거대한 사업이 되었다. 섹스 무역은 젠더화되고 인종화되었으며, 또한 특정 국가들이 섹스 관광을 촉진함으로써 이른바 '고용' 기회를 제공하고 필요한 외화를 벌어들이고 있다는 점에서 국가화되었다고도 할 수 있다. 나아가 관광사업은 국가에 의해 그리고 국제금융기구나 세계은행 같은 국제기구들에 의해 '가난한 나라가 성장이라는 도전에 대한 하나의 해결책'으로 촉진되고 있기도 하다(Peterson, 2003; 박정미, 2017).

이처럼 '욕망과 몸을 둘러싼 글로벌 시장'의 형성을 가능하게 하고 여성의 몸 그 자체를 '국제적 화폐의 한 가지 형태'(Peterson, 2003: 106)로 변화시키는 구체적인 메커니즘에 대해 독일의 정치학자인 라이트너(Sigrid Leitner)와 오스트너(Ilona Ostner)는 수요와 공급에 따른 시장의 문제로 설명하면서, 각국의 까다로운 입국 규정과 외국인법이 이러한 시장의 형성을 가능하게 만들고 있다고 비판한다. 즉, 지구의 한편에는 자국에서 경제적인 전망을 확보하기가 어려워 일자리가 있다면 기꺼이 이주를 할 준비가 되어 있는 여성들이 있으며, 다른 한편에는 성적이고 감성적인 영역 및 가사노동 영역에서 재생산 노동력으로서의 외국인 여성에 대한 수요가 자리하는 가운데, 각국이 각종 규제와 정책을 통해 이주를 어렵게 함으로써 여성들이 무역 카르텔, 납치 및 결혼 알선기관의 지배에 놓이게 된다는 것이다(Leitner und Ostner, 2000).

4. 지구화, 복지국가 그리고 젠더

앞에서 살펴보았듯이, 경제의 지구화는 생산과정 및 노동조건을 전 세계적으로 변화시킴으로써 여성의 삶의 조건에 강력한 영향을 미치고 있다. 경제의 지구화는 또한 민족국가 내에서 구성원 간의 사회적 통합을 지향하던 복지국가의 축소 혹은 해체를 야기함으로써 여성의 삶의 조건에 또 다른 방식으로 영향을 미치고 있기도 하다. 각국 정부가 지구화의 압력을 빌미로 삼아 복지국가를 다른 국가와의 국제적 경쟁에 강조점을 두는 '민족적 경쟁국가'(Hirsch, 1998; Brand, 2018)로의 전환을 추진하면서, '여성 이익의 후원자'라는 복지국가의 기존의 이미지에 균열이 생겨나고 있기 때문이다.

'민족적 경쟁 국가'란 국가의 내적 구조와 정책들이 무엇보다 국제적인 생산 입지 경쟁의 압력에 의해 결정되는 국가를 말하며, 그 핵심에는 '생산입지 정책', 즉 일차적인 목표가 국제적으로 움직이는 자본의 가치 증식을 위한 최적의 조건을 마련해 주는 정책이 자리하고 있다(Hirsch, 1998: 32). 국가 내부의 내적인 통합으로부터 다른 국가와의 경제를 둘러싼 외적인 경쟁으로의 국가 우선순위의 변화는 이데올로기적 측면에서는 '생산 입지 민족주의'의 강화로 나타난다. 국가를 외부의 위협에 직면한 경제적 생산 입지로 파악하며, 민족을 집단적인 정치적 주체로 고양시키는 한편, 경제적으로 강대국이 되기 위해서는 사회보장의 포기, 임금과 임금 부대 비용의 삭감 같은 물질적 희생을 감내할 자세가 되어 있어야 한다고 강조하는 이데올로기가 바로 그것으로, 국제적 경쟁력이라는 우상 숭배에 기초해 시장의 지구화라는 틀 내에서 자국의 경제적 우월성의 방어를 정치적 행위의 핵심으로 만들고 있는 것이다(Butterwegge, 1999: 195~196).

이처럼 국제적 경쟁력의 강화를 빌미로 복지국가에 대한 공격이 이루어지면서(Näätänen, 2015), 페미니즘적 접근법 내 여성과 복지국가의 관계를 새로이 조명하려는 시도가 나타나고 있다. '복지국가의 약화를 통한 생산 입지의 강화'라는 신자유주의적 공세로 인해 유럽식 사회모델이 전례 없는 위기에 처하고, 그로 인해 수많은 여성이 신자유주의적 공세에 직접적으로 노출되면서 남성 생계부양자 모델의 침식, 사회적 서비스의 재민영화 및 여성의 부담으로의 전가 능이 페미니즘적 접근법 내에서 새로운 논쟁의 주제로 떠오르고 있다.

먼저, 복지국가의 기초를 이루던 '남성 생계부양자 모델'의 붕괴를 들 수 있다. 복지국가는 전통적으로 남성을 가족의 생계부양자로 그리고 여성은 남성에게 경제적으로 의존하는 것으로 설정한 가운데, 생계부양자로서의 남성을 실업, 질병 및 노년과 같은 사회적 위험으로부터 보호하는 데 초점을 맞추어왔다. 따라서 여성은 생계부양자인 남성을 매개로 사회보장을 받거나, 만일 혼자서 아이를 키우는 경우에는 국가로부터 보조를 받는 경향이 있었다. 따라서 여성은 남편이라는 이름의 남성 혹은 국가에게 어떤 형태로든 의존적인 상태에 놓여 있었다 할 수 있다. 달리 말하자면, 복지국가가 사회보장 측면에서 여성과 남성을 상이하게 보장함으로써 불평등한 성적 관계를 재생산해 온 것이었다(Weiss, 2003: 4; 프레이저, 2017: 157~192).

이러한 '남성 생계부양자 모델'은 많은 경우 사회정책이 '노동자 정책', 즉 전형적이고 평균적인 남성 노동자가 처하는 위험에 대한 사회보장이라는 관점에서 실시되어 왔다는 점과 밀접히 관련되어 있다. 그리고 이러한 노동자 정책으로서의 사회정책의 기초를 이루고 있던 것이 바로 '정상적 노동관계'로, 완전고용의 상황에서 한 남성 노동자가 실업으로 인한 단절 없이 평생에 걸쳐 지속적으로 생계노동에 종사한다는 가정이었다. 한 가족의 생계가 남성 부양자의 임금노동에 의해 보장되어야 하는 한편, 또 그러한 가족임금을 보장하는 게 가능했던 이 모델의 사회정책적 기초에는, 생계노동은 남성의 일, 가사노동은 여성의 일이라는 '젠더 특수적

노동 분업'이 자리하고 있었던 것이라 할 수 있다.

그러나 '남성 생계부양자 모델'의 기초를 이루던 이 '정상적 노동관계'가 1970년대 중반부터 위기에 처하고 1980년대 중반 이후 노동시장의 유연화를 목표로 하는 신자유주의적 지구화에 본격적으로 직면하면서, '남성 생계부양자 모델'도 더는 지속이 어려워졌다. 이는 노동시장에서의 새로운 변화, 즉 '고용의 여성화'와 '고용의 비공식화'로 인해 복지국가하에서의 가족임금이 이제 충족될 수 없게 되었으며, 남성의 노동만으로는 가족의 경제적 안전을 보장할 수 없게 되었음을 의미하는 것이었다. 다시 말해, 가족임금 시스템이 붕괴되면서 공식 경제에서 대부분의 임금이 가족을 지원하거나 경제적 안전을 제공하는 데 충분하지 않게 된 것이었다 (Young, 2001).

'남성 생계부양자 모델'의 뒤를 이은 것은 '2인 생계부양자 모델'로서, 노동시장으로의 여성의 통합이 강화되고 있음을 의미하는 동시에, 남성은 생계노동 그리고 여성은 가족노동이라는 젠더 특수적인 노동 분업의 침식을 의미하는 것이기도 하다. 또한 공적인 것과 사적인 것 간의 분리라는 젠더 특수적인 분리 및 이에 기초한 생산 경제와 재생산 경제라는 구분이 현실을 더 이상 반영하지 못하게 된 것을 보여주고 있기도 하다. 따라서 '2인 생계부양자 모델'로의 이행이 기존 복지국가의 남성 중심적인 기초를 뒤흔드는 긍정적인 효과를 낳고 있다는 해석도 물론 가능하다. 그러나 새로운 모델하에서 여성들은 다른 한편으로는 일터에서의 유급 생계노동과 가정에서의 무급 돌봄노동이라는 이중 부담에 직면하고, 더구나 여성들이 주로 저임금 서비스 부문으로 진출하게 됨으로써, 젠더 특수적인 노동 분업의 변화가 여성들의 삶의 조건과 관련해서는 오히려 부정적인 영향을 미치고 있다는 점 또한 간과해서는 안 될 것이다.

다음으로는, 복지국가의 축소에 따른 사회적 서비스의 재민영화와 여성의 부담으로의 전가 경향을 들 수 있다. 여성은 일반적으로 사회정책 업무와 관련된 사무원, 사회보장의 수혜자 및 소비자로서 복지국가에 3중으로 의존하는데, 이로 인해 사회복지가 위기에 처할 때는 특히나 강하게 타격을 받는다. 첫째, 사회적 서비스의 감소는 이 서비스가 다시 비상 업적인 사적 영역의 일부분으로 편입된다는 것을 의미하는데, 이는 여성이 다시 가족노동 혹은 돌봄노동을 떠안게 되는 상황을 결과한다. 둘째, 사회적 서비스의 재민영화는 노동시장으로 여성의 통합을 가능케 했던 바로 그 조건을 파괴한다. 재민영화로 인해 사회적 서비스 비용이 상승하면서, 여성들이 노동시장으로 진출할 적극적인 동기를 상실하게 되며 가족노동과 돌봄노동의 수행을 위해 다시 사적 영역에 머물게 되는 것이다. 셋째, 복지국가에 의해 산출되었던 사회적 서비스 일자리들이 공공서비스의 해체와 더불어 사라진다. 이로 인해 여성은 실업의 위험에 좀 더 강하게 노출되며 사회적 재생산에서 다시 일차적인 책임을 떠맡게 된다.

지금까지 언급한 두 가지의 근본적인 변화, 즉 '남성 생계부양자 모델'의 붕괴, '2인 생계부양자 모델'로의 이행 및 사회적 서비스의 재민영화, 여성의 부담으로의 전가는 복지국가와 관련한 오늘날의 여성의 딜레마적 상황을 잘 보여준다. 남성 생계부양자 모델의 붕괴는 여성에게 기회인 동시에 위기를 내포하고 있기 때문이다. 복지국가의 기초인 남성 생계부양자 모델의 붕괴는 젠더 특수적 노동 분업의 붕괴를 의미한다는 점에서 분명 하나의 새로운 기회라 하지 않을 수 없다. 그러나 동시에 위기로도 이해되어야 하는 이유는, 2인 생계부양자 모델로의 이행이 여성에게 더 많은 사회적 서비스가 공적으로 제공되어야 함을 의미하는데도 불구하고 이는 줄어드는 반면 시장에 의존해야 하는 상황이 발생하고 있기 때문이다.

이처럼 지구화는 여성의 생존 보장에 긍정적으로 기여하고 있던 복지국가의 축소 내지는 해체를 가져옴으로써 여성의 삶의 조건을 어렵게 만들고 있다. 남성 생계부양자 모델로 인해 여성의 사회 진출이 극히 어렵던 상황에서 복지국가가 여성에게 사회정책과 관련된 일자리를 제공하고 생계부양자로서의 남성을 매개로 하는 것이기는 하지만 복지국가가 사회보장을 위한 수단이었던 것과는 달리 말이다. 따라서 지구화가 국제적 경쟁력의 향상을 빌미로 복지국가를 일차적인 공격의 목표로 설정하고 있다는 점에서, 지구화의 '여성 차별적 효과'로 시선을 돌리며 지구화를 '여성에 대한 공격'으로 이해하는 입장(Weiss, 2003)도 있다는 점을 기억해야 할 것으로 보인다.

5. 맺음말: 지구적 전략을 향하여

지구화라는 변화 속에서 앞으로 새로운 페미니즘의 전략을 수립하기 위해 여성은 전 세계적으로 지구화의 패배자이며 남성은 지구화의 승리자라는 이분법적 이미지로부터 거리를 설정할 필요가 있다. 여성을 지구화의 수동적 희생자로만 바라보는 관점에서 벗어나 지구화가 여성에게 미치는 부정적 영향과 긍정적 영향에 대한 균형적인 접근을 바탕으로, 그리고 위기이자 기회로서의 지구화의 양면성을 종합적으로 분석하는 가운데 여성을 지구화 과정에서의 '능동적 행위자'로 새롭게 조명하는 작업이 시급하게 요구되기 때문이다.

이런 작업과 관련해 중요한 쟁점으로 떠오르는 것은 지구화라는 변화 속에서 국가의 역할을 어떻게 바라볼 것인가 하는 점이다. 국가의 역할에 대한 평가의 차이에 따라 지구화 시대 페미니즘의 미래적 전략이 달라지기 때문이다. 이는 크게 국가의 복지국가적 측면에 무게중심을 두는 입장과 국가의 민족국가적 측면에 무게중심을 두는 두 가지 입장으로 나누어 생각해 볼 수 있다.

먼저, 복지국가로서의 국가에 강조점을 두는 경우, 지구화 속에서 강화되고 있는 젠더적 불평등을 완화해 줄 수 있는 하나의 제도적 장치로 복지국가를 바라보고, 복지국가가 가지고 있던 여성 친화적 측면을 지속적으로 발전시켜야 한다고 본다. 즉, 복지국가로서의 국가 역할에 기대를 걸고, 사회정책을 '젠더 정책'으로 발전시켜 나가자고 제안하는 것이다. 따라서 이 입장에서는 국가 구조가 여성의 이익을 향상시키기 위해 활용될 수 있다는 가정에서 출발, 페미니즘의 개입을 통해 국가의 남성주의적 성격을 제거하고, 국가의 남성성을 해체함으로써 국가의 구조를 젠더화하는 데 초점을 맞춘다. 그러나 복지국가와의 정치적 동맹이라는 기존 전략이 신자유주의적 지구화의 공격으로 인해 이미 1980년대부터 한계를 드러내기 시작했다는 점을 염두에 둘 때, 이러한 '국가 페미니즘'의 전략이 지구화 속에서 얼마나 현실화될 수 있을지는 미지수다.

이와는 달리, 민족국가로서의 국가에 강조점을 두는 경우, 지구화로 인해 남성주의적으로 각인된 민족국가의 경계선이 약화되고 있다는 점에 주목하며 민족국가의 단위를 넘어서는 지구적 차원의 대안을 모색할 필요가 있다고 본다. 민족국가라는 일국적 단위에 기초한 복지국가가 갖는 한계를 지적하며, 지구적 시민사회 속에서 '젠더 민주주의'를 실현해 나가기 위한 방법을 구상하는 것이 더 중요하다고 보는 것이다(Sauer, 1997). 따라서 이 입장에서는 민족국가가 구조적으로 남성에게 기초하고 있는지 아닌지를 분석하는 게 아니라, 민족국가의 한계를 넘어서는 새로운 페미니즘의 개념과 전략을 발전시키는 것이 시급한 과제로 설정된다(Desai, 2013; McLaren, 2017).

그러나 이 두 가지의 상이한 입장은 서로 대립하기보다는 오히려 서로를 보완적으로 이해할 필요가 있다. 국내적으로 복지국가에 대한 축소 및 폐지를 외치는 신자유주의적 목소리에 대항해, 복지국가는 지구화가 산출하는 사회적 불평등을 완화할 수 있는 강력한 대안이라는 점을 밝히고 사회정책의 축소에 저항하며 사회적 약자의 삶의 조건을 향상시키려는 노력은 여전히 중요하기 때문이다. 동시에 지구화 속에서 페미니즘의 중요한 목표가 젠더 정책을 국제적 사회정책의 한 부분으로 발전시켜 나감으로써 '젠더 민주주의' 혹은 '젠더 정의'(Randzio-Plath, 2004)를 지구적으로 관철해 나가는 것이라 할 때, 한 민족국가에 포박되어 있는 복지국가의 상상력으로부터 벗어나 초국적인 차원의 사회정책의 가능성에 대한 이론적 및 실천적 탐색(Paul, 2017: Telleraas, 2019)으로 나아갈 필요가 있다.

나아가 지구화에 따른 사회적 불평등의 증가 및 빈곤이나 대량실업의 증가와 같은 문제는 비단 여성에게만 국한된 현상이 아니라는 점으로도 시선을 확장할 필요가 있다. 지구화 과정에서 문제가 되는 것은, 비단 여성만이 관련된 빈곤이나 실업이 아니라 지구화된 노동시장의 주변부에 위치한 남성과도 관련되는 빈곤과 실업이다. 따라서 젠더라는 카테고리와 계급이라는 카테고리를 연결하기 위한 노력이 필요하다. 또한 지구화 속에서 여성과 여성 간의 이질성도 점차 확대되는 가운데 '글로벌 노스 (Global North)'와 '글로벌 사우스(Global South)' 여성의 삶의 조건이 상이하다는 점(Bose, 2015; Roberts and Connell, 2016; Khader, 2019), 그리고 계급이나 인종에 따라서도 여성의 삶의 조건이 상이하다는 점에서, 여성 간의 동질성이라는 기본 가정을 넘어서서 젠더, 계급 및 인종이라는 카테고리를 서로 연결해서 분석할 수 있는 방안에 대한 탐구(Lehman, 2016)도 요청된다 하겠다.

제8장

글로벌, 로컬 그리고 젠더

/

지구화 시대 공간에 대한 새로운 이해를 위하여

1. 머리말

잘 알려져 있듯이, 지구는 둥글다. 그래서 지구라는 공간에 있는 모든 장소는 중심이자 주변이다. 지구라는 공의 어느 지점에 서 있는가의 차이만 있을 뿐, 모든 장소는 중심이자 주변이라는 이중적 의미를 가질 수밖에 없다. 그럼에도 '중심'은 '여기'에 있고 '주변'은 '저기'에 방사형으로 펼쳐져 있는 것처럼, 중심과 주변이 공간적으로 분리되어 있는 것처럼 종종 인식되곤 하는 것은, 16세기에 이른바 탐험의 시대가 시작된 이후 유럽이 자신을 '여기'의 '중심'으로 위치를 설정하고 식민지를 '저기'의 '주변'으로 타자화한 제국주의적 착취의 역사와 무관하지 않을 것이다.

이처럼 '여기'에 위치한 '관찰자'가 '저기'를 바라보며 '여기'와 '저기'의 '차이'에 주목하는 가운데, '여기'가 갖는 고유성을 보편성이라고 이름 짓고 '저기'가 갖는 고유성을 특수성이라고 이름 지을 때, 그때 비로소 '여기'와 '저기' 혹은 '중심'과 '주변'이라는 이름의 '관계적 공간'이 생산된다. 지구라는 공간이 기하학적 좌표를 갖는 물리적 공간으로서가 아니라 계급, 젠더, 인종, 국적, 장애 및 연령 등을 비롯한 다양한 사회적 관계가 복합적으로 작용하는 사회적 공간으로서 모습을 드러내는 것도 바로 이 지점이다(Löw, 2001; 이현재, 2012b; 유승호, 2013; 최병두, 2017).

젠더 관점에서 볼 때 공간이 갖는 이러한 사회적 성격이 흥미로운 점은, 여기와 저기 혹은 중심과 주변이라는 이분법적 공간 이해가 지구화 시대 혹은 글로벌화 시대라고 불리는 오늘날에도 여전히 작동하면서, '글로벌(global)'과 '로컬(local)'의 이분법 및 '글로벌=남성'과 '로컬=여성'의 이분법으로 외양을 바꾸어 변함없이 그 모습을 드러내고 있다는 점이다. "로컬/민속지학은 여성적인 것, 즉 정적인 것, 귀향적인 것, 전통적인 것, 비공식적인 것, 소비 지향적인 것, 글로벌/이론은 남성적인 것, 즉 유동적인 것, 근대적인 것, 코스모폴리탄적인 것, 공식적인 것, 생산 지향적인 것"이라는 이분법에서 대표적으로 엿볼 수 있듯이 말이다(Freeman, 2001: 1032).

이러한 이분법은 크게 두 가지 문제점을 야기한다. 첫째, 지구화 시대의 공간 연구에서도 특정한 공간에 특정한 성별을 부여하려는 젠더화 경향이 그대로 관철되고 있다는 점이다. 공적 공간=남성의 공간, 사적 공간=여성의 공간이라는 젠더화된 공간 분리가 공적 공간=글로벌 공간=남성의 공간, 사적 공간=로컬 공간=여성의 공간이라는 방식으로 확대되어 나타나고 있는 것이다. 둘째, 젠더에 따른 이러한 공간 분리로 인해 여성은 주로 지구화의 희생자로 묘사되고는 한다는 점이다. 각자가 위치한 장소에서 여성이 지구화의 주요한 행위자로 적극적으로 모습을 드러내고 있음에도 불구하고 말이다.

이러한 이론적 지형에서, 이 장의 목적은 지구화 시대의 사회과학적 공간 연구에서 중요성이 새롭게 부각되고 있는 글로벌과 로컬 스케일의 관계를 젠더 관점에서 분석해 보는 데 있다. 글로벌과 로컬의 관계에 대한 연구(박경환, 2011; 오경환, 2016) 및 글로벌, 로컬 및 젠더의 관계에 대한 연구(장세룡, 2009)가 국내에서는 아직 많지 않다는 점에서, 이 장은 서구에서 이루어졌던 논의의 흐름을 중심으로 이 문제에 접근해 봄으로써 앞으로의 논의의 발전을 위한 이론적 기초를 마련해 보고자 한다.

이를 위해 2절에서는 글로벌과 로컬을 이분법적으로 바라보는 시각이 어떤 문제점을 안고 있는지를 살펴본다. 이어지는 3절에서는 글로벌=남성, 로컬=여성이라는 방식으로 이루어지는 지구화에 대한 해석이 젠더 관점에서 어떤 한계를 안고 있는가로 시선을 돌린다. 그리고 4절에서는 지구화에도 불구하고 로컬의 중요성을 간과할 수 없다는 점에서 로컬과 로컬리티의 의미를 젠더 관점에서 탐색한다. 마지막으로 맺음말에 해당하는 5절에서는 젠더 관점에서 다른 공간 상상하기, 즉 사회적 공간으로서의 지구라는 공간을 다른 삶을 열등하게 만들지 않고 살아갈 수 있는 세상으로 만들어 나갈 필요성을 강조한다.

2. 지구화 시대의 글로벌과 로컬

1990년대 초반 사회주의권이 붕괴하고 사회주의권 국가들이 자본주의 세계경제로 통합되면서, 신자유주의적 지구화의 흐름이 공간적으로 더욱 확대되는 가운데, 공간에 대한 사회과학적 연구에서 글로벌과 로컬이라는 두 스케일에 대한 관심이 증가하고 있다. '국가의 퇴장 혹은 퇴각'이라 불릴 정도로 내셔널(national) 스케일의 중요성이 상대적으로 약화되면서, 글로벌(global)·내셔널(national)·로컬(local)이라는 수직적인 3층의 스케일에 집중되었던 관심이 글로벌·로컬의 두 스케일로 이동하고 있다(야마자키, 2010: 63~72). 다시 말하자면, 국가 혹은 내셔널 스케일을 축으로 국제(international), 국가(national), 국내(intra-national)라는 개념과 용어를 사용하던 기존 사회과학의 일반적인 국가 중심적 세계관과는 달리, 국가의 '공동화(hollowing out)' 과정으로 시선을 돌리며 국가의 기능과 권력이 상위의 글로벌 및 하위의 로컬 스케일로 동시에 이동하고 있는 것으로 파악하는 관점이 새롭게 등장한 것이라 할 수 있다(야마자키, 2010: 64).[1]

세계자본주의의 재구조화를 의미하는 지구화(Marston, 2000)의 가속화에 따른 내셔널 스케일의 중요성 약화 및 글로벌과 로컬 스케일의 부상 속에서, 무엇보다 흥미로운 것은 "글로벌한 것은 새로운 것, 자본주의적인 것, 공식적인 것, 공간적인 것, 권력적인 것, 보편적인 것, 능동적인 것"으로 간주되는 반면에, "로컬한 것은 전통적인 것, 비자본주의적인 것, 비공식적인 것, 장소적인 것, 주변적인 것, 특수적인 것, 수동적인 것"으

---

[1]   내셔널 스케일의 의미 약화는 정치경제학 연구에서도 일국적 공간을 단위로 하는 '내셔널 정치경제학(national political economy)'에서 글로벌 공간을 단위로 하는 '글로벌 정치경제학(global political economy)'으로 관심이 확장되고 있는 것에서도 확인할 수 있다. 이와 관련해 젠더 관점에서 흥미로운 분석을 전개하는 글로는, Peterson(2005: 499~521) 참조.

로 간주되고 있다는 점이다(박경환, 2011: 49). 즉, 글로벌은 공간-보편적인 것, 로컬은 장소-특수적인 것으로 바라보는 이분법적 경향이 강하게 나타나고 있다.

그런데 이러한 이분법은, 영국의 비판지리학자 매시(Doreen Massey)가 "신자유주의적 지구화는 물질적 실천이자 헤게모니적 담론으로서 공간적인 것을 길들이려는 일련의 시도 중 하나"(2005: 99)라고 강조하듯이, '지구화에 대한 헤게모니적 상상'이 글로벌과 로컬의 분리라는 '공간의 양극화(a bi-polarization)'에 기초해 있음을 보여준다. 매시에 따르면, 공간의 양극화란 한편에 자유로운 운동의 공간이 있고 다른 한편에 울타리로 둘러싸인 영토의 공간이 있는 것처럼 간주하는 것으로, '공간적 물신주의'의 위험, 즉 추상적 공간 형태는 본질적으로 그 형태를 구성하는 사회적·정치적 혹은 인종적 내용과는 아무런 관련도 없다고 보는 위험을 내포하게 된다. 그럼으로써 "언제나 중요한 것은, 공간의 형태가 아니라 공간이 구성되는 관계의 내용"(Massey, 2005: 101)이라는 점이 시야에서 사라져 버린다는 점이다.

그런데 매시가 보기에 이보다 더 심각한 문제는, 학문적이고 정치적인 문헌 및 다른 형태의 담론에서, 그리고 정치적 실천 양자에서 로컬한 것을 글로벌한 것의 산물로 바라보며 '글로벌한 것의 로컬적 구성(the local construction of the global)'을 간과하는 경향이 지배적이라는 점이다. 즉, 로컬 장소(local places)는 그것이 국민국가이든, 도시 혹은 작은 로컬이든 일반적으로 지구화를 통해 생산되는(produced through globalization) 것으로 이해된다는 점이다. 글로벌한 것과 로컬한 것을 이처럼 대립적인 위치에 놓는 것은 매시에 따르면 다음과 같은 문제를 야기한다. 한편으로 글로벌한 것은 은연중에 항상 어딘가 다른 곳으로부터 나오는 것으로 이해됨으로써, 위치가 없으며 아무 데도 없는 것처럼 간주된다는 점이다. 다른 한편으로 지구화에 대한 이러한 이해 속에서 로컬 장소들은 에이전시(agency)를 갖지 않는다는 점이다. 다시 말해, 장소는 불가피하게 지구화의 희생자로 그려진다는 점이다. 매시가 에스코바르(Arturo Escobar)의 분석, 즉 "글로벌한 것은 공간, 자본, 역사 및 행위성과 결합되는 반면, 로컬한 것은 거꾸로 장소, 노동 및 전통, 그뿐 아니라 여성, 소수자, 빈자, 그리고 덧붙이자면 로컬 문화들과 결합된다"(Escobar, 2001: 155~156)는 분석을 소개함으로써, 이 문제를 더욱 효과적으로 전달하고 있듯이 말이다(Massey, 2005: 101).

글로벌한 것과 로컬한 것이 마치 원래부터 서로 공간적으로 분리되어 존재하는 것처럼 바라보면, "'로컬'은 자신을 낳은 '글로벌'의 이분법적 타자로서 '글로벌하지 않다고 여겨지는 모든 나머지'"(박경환, 2011: 59에서 재인용)를 지칭하게 된다. 그래서 결국 일종의 지리적 상상으로서의 '로컬'은 글로벌이 만들어낸 사회적 구성물이라 할 수 있으며, 소위 '글로벌'이 자신을 글로벌로 주장하기 위해 로컬이라는 타자로서의 거울을 필요로 했다고 볼 수 있다(박경환, 2011: 59). 따라서 "현재의 지리적 과정에서 '로컬한 것' 혹은 '장소적인 것'이란 무엇이며 이것이 왜 정치적으로 중요한가라는 존재론적 문제 설정이 아니라, '로컬한 것' 혹은 '장소적인 것'을 둘러싼 다양한 정치적 과정을 어떻게 이해할 것인가라는 인식론적 문제 설정"(박경환, 2011: 49~50)으로의 전환이 무엇보다 시급한 과제임에 틀림없다.

이런 맥락에서, 매시는 한편으로 신자유주의적 지구화 속에서 로컬 장소(local place)가 갖는 잠재적 행위주체성에 주목하는 연구들(Dirlik, 1998; Escobar, 2001; Gibson-Graham, 2002; Harcourt, 2002)의 의의를 인정한다. 그러면서도 다른 한편으로는 이런 연구들이 여전히 '장소의 방어(the defence of place)'라는 담론, 즉 글로벌한 것에 대항한 로컬한 것의 정치적 방어라는 담론 내에 머물러 있다는 비판으로 나아간다. 매시가 보기에 중요한 것은 이러한 방어의 담론을 넘어서는 것이며, 이를 위해서는 공간의 관계적 구성을 진지하게 고려하고 신자유주의적 지구화를 관계적으로 바라보는 것이다. 즉, "신자유주의적 자본주의의 **글로벌한 것의 로컬적 생산**(the local production of the neoliberal capitalist global)을 고려하는 정치를 촉구"하는 것이다(Massey, 2005: 101).

이처럼 매시는 장소들을 스스로와 글로벌한 것 양자를 구성하는 더 넓은 권력의 기하학에 위치한 십자형의 교차점들(criss-crossings)로 정의하며, 로컬 장소들은 단지 글로벌한 것의 희생자도 아니며, 글로벌한 것에 대항해 항상 정치적으로 방어해야 하는 보루도 아니라는 점을 강조한다. 공간을 부단히 열려 있는 권력의 지형학의 산물로 이해함으로써 서로 다른 장소는 글로벌한 것과 서로 다른 관계에 서게 된다는 점으로 시선을 돌리는 것이라 할 수 있다. 그리고 이러한 강조를 바탕으로 "단지 글로벌한 것에 대항해 로컬적인 것을 방어하는 것이 아니라, 글로벌한 것 자체의 메커니즘을 바꾸는 것" 및 "글로벌한 것의 로컬적 책임"(Massey, 2005: 101~102)에 무게중심을 설정하려는 것이라 할 수 있다.

3. 글로벌, 로컬 그리고 젠더

그렇다면 신자유주의적 지구화 속에서 나타난 '글로벌'과 '로컬'의 이분법은 젠더 관점에서 볼 때 어떤 문제점을 안고 있는가? 무엇보다 먼저 글로벌한 것으로 상상되거나 재현되는 모든 특성은 남성적인 것, 로컬한 것으로 상상되거나 재현되는 모든 특성은 여성적인 것으로 간주되고 있다는 점을 지적할 수 있다. 내셔널 스케일을 단위로 할 때의 젠더에 따른 공간의 분화, 즉 공적인 것과 사적인 것의 분화, 공적 공간은 남성의 공간이고 사적 공간은 여성의 공간이라는 전통적 이분법이, 지구화를 매개로 전세계적으로 확장되어 글로벌 공간은 남성의 공간, 로컬 공간은 여성의 공간이라는 이분법으로 변화되어 나타나고 있는 것이다. 다시 강조하자면, 공적 공간과 글로벌 공간을 남성화하려는 경향, 사적 공간과 로컬 공간을 여성화하려는 경향, 다시 말해 특정한 공간에 특정한 성별을 부여하려는 젠더화 경향이 여전히 모습을 드러내고 있다는 점이다.

이런 맥락에서, 지구화 '이론'이 남성적으로 젠더화되어 있을 뿐 아니라 지구화를 정의하는 과정 자체 또한 남성적으로 젠더화되어 있다고 보며, '지구화의 젠더(the gender of globalization)'에 주목하는 미국의 국제관계학자 프리먼(Carla Freeman)의 논의는 흥미로운 시사점을 던져 준다 (Freeman, 2001). '지구화와 문화'라는 주제의 세미나를 준비하던 프리먼은 관련 텍스트를 읽어나가는 과정에서 무엇보다 먼저 텍스트들이 두 개의 상이한 카테고리, 즉 지구화의 역사, 구조 및 경제 형태의 확장을 다루는 '지구화에 대한 거시적 분석'과 여성들이 노동자 및 제3세계의 구성원으로 글로벌 경제에 편입되어 나가는 과정을 다루는 '지구화에 대한 미시적 분석'으로 나뉘어 있음을 인식하고, "'로컬' 수준이 문제가 될 때는 젠더가 글로벌 생산과 글로벌 소비의 형성에서 수행하는 중심적 역할에 대해 다루는 훌륭한 설명들이 많은데, 지구화에 대해 다루는 사회과학의 주요한 많은 논문의 경우는 왜 젠더 분석을 체계적으로 간과해 온 것인가?"(Freeman, 2001: 1007)라고 문제 제기를 하게 된다.

그리고 이러한 문제 제기는 다시 "분석의 렌즈로서의 젠더를 간과하는 지구화에 대한 남성주의적 거대 이론들(masculinist grand theories)과 젠더가 핵심적인 역할을 수행하는 지구화에 대한 로컬 차원의 경험적 연구들(local empirical studies) 간의 이러한 분화가 시사하는 점은 무엇인가?"(Freeman, 2001: 1008)라는 질문으로 이어지는 가운데, 프리드먼에게 더욱 놀라운 점은 지구화를 둘러싼 이 두 가지 분석이 상호 연결된 형태로 나타나고 있다는 점이었다. 즉, 지구화가 거시적 수준 혹은 거대 이론 수준에서 논의될 때는 젠더라는 카테고리가 지구화의 사회적·경제적 차원으로 전혀 통합되지 않는 가운데, 이러한 거시구조적 모델의 남성화가 은연중에 이루어지고 있다는 점이었다. 그리고 이러한 방식으로 지구화가 논의됨으로써 '글로벌=남성, 로컬=여성'이라는 이분법적 모델에 기초해 지구화의 젠더가 그려지는 가운데 글로벌/로컬, 남성적/여성적, 생산/소비, 공식/비공식 경제부문이라는 이분법이 새롭게 등장하고 있다는 점이었다(Freeman, 2011: 1008~1009).

젠더에 따라 이분화된 이러한 지구화는, 글로벌 스케일에서 활동하며 글로벌리티(globality)의 담지자로 간주되곤 하는 '다보스 맨(Davos Man)'과 로컬 스케일에서 활동하며 로컬리티(locality)의 담지자로 간주되곤 하는 '마킬라도라 우먼(Maquiladora Woman)'의 이미지로 모습을 드러내기도 한다. 이 장의 바로 앞 장인 7장에서 설명한 바 있듯이, '다보스 맨'은 해마다 연초에 스위스의 휴양도시 다보스에서 열리는 '세계경제포럼'에 참석하는 전 세계의 사업가, 은행가 및 정치가들과 같은 엘리트들을 지칭하는 용어다. 다보스에서 개최되어 '다보스 포럼'이라고도 불리는 세계경제포럼이 2020년 제50회를 맞은 가운데, 이들 엘리트는 현재까지도 대부분 남성으로 구성되어 있어 '다보스 맨'으로서의 성격을 벗어나지 못하고 있다.

1971년부터 세계경제의 현안을 논의하기 위해 다보스에 모여 의견을 교환해 온 이들 다보스 맨은 특히 2016년 1월 20~23일에 열린 제46차 세계경제포럼에서 '4차 산업혁명의 이해'를 핵심 주제로 하여, "물리학과 디지털 그리고 생물학 사이에 놓인 경계를 허무는 기술적 융합"(슈밥, 2016: 17~18)을 그 특징으로 하는 4차 산업혁명이 인류의 삶을 앞으로 어떻게 변화시킬지에 대해 논의함으로써 4차 산업혁명이 전 세계적인 화두로 떠오르게 하는 데 결정적인 역할을 했다. 그리고 2019년 1월 22~25일 열린 제49차 세계경제포럼에서는 '세계화 4.0: 4차 산업혁명 시대'를 핵심 주제로 하여, 1990년에 시작되어 현재에 이르고 있는 공장의 세계화를 의미하는 세계화 4.0이 4차 산업혁명시대를 맞아 오피스의 세계화를 비롯하여 앞으로 어떤 변화를 경험하게 될지를 논의한 바 있다(곽노필, 2019.1.21).

신자유주의적 지구화 시대에 이렇게 세계경제포럼을 매개로 만나서 세계경제와 관련한 각종 정보를 교환하며 세계경제의 방향을 결정하는 이들 다보스맨은 더 이상 민족국가라는 공간에 얽매이지 않는다는 점에서 스스로를 코스모폴리탄으로 자부하기도 한다(Beneria, 1999: 68~69). 글로벌 시장을 무대로 활동하는 글로벌하고 좀 더 현대화된 합리적 경제인의 유형인 다보스 맨이 보여주는 이러한 헤게모니적 남성성의 새로운 패턴을 코넬(Robert W. Connell)과 우드(Julian Wood)는 '초국적 비즈니스 남성성'(Connell and Wood, 2005: 347)이라고 부른 바 있고, 코넬은 이와 관련하여 헤게모니와 남성성의 관계를 탈식민적 비평(postcolonial critique)의 관점에서 역사적으로 완전히 새롭게 이해할 필요가 있음을 이후에 강조하기도 했다(Connell, 2016).

반면에, '마킬라도라 우먼'은 공장에서의 일이 지구화되면서 생겨난 '세계시장용 공장'(Wichterich, 1998)에서 일하는 젊은 여성 노동자들을 지칭하는 상징적인 용어로 이해할 수 있다(Davidson, 1992; Kelly, 2007.9.25). 경제의 지구화 속에서 동아시아, 아프리카 및 중남미에 생겨나기 시작한 자유무역지대나 스페인어로는 '마킬라도라(Maquiladora)'라고 불리는 특수 경제지대에서 일하는 이들 젊은 여성 노동자는 주로 섬유와 전자를 비롯한 노동집약적 산업에 종사하며 저임금을 받고 있다. 중국 애플의 하청 공장 폭스콘에서 아이폰과 아이패드를 생산하는 젊은 여성 노동자들도 물론 마찬가지다. 글로벌한 사업의 정치학이 작동하는 이들 지역에서는 여성성과 순종적인 딸에 관한 이념 조작을 통해 지구화를 추진하는 이들이 이들 여성의 노동을 값싼 노동으로 만들기 위한 광범위한 시도들이 이루어진다(인로, 2015: 51~83; 김미경, 2019).

마킬라도라에서이 산업은 ㄱ 자체가 여성 누동력에 구조적으로 의존할 수밖에 없는 것으로 알려져 있다. 산업 품목과 관련해서는 섬유나 봉제를 비롯한 제조업 및 자동차 기계부품의 조립과 같은 노동집약적 부문에 주로 의존하고 있기 때문이며, 노동의 특성과 관련해서는 노동력의 여성화, 단순노동, 저임금노동 및 비노조화를 특성으로 하기 때문이다. 마킬라도라 산업에 종사하는 여성 노동자 대부분은 빈곤 및 가부장적 계급사회로부터 벗어나기 위해 시골을 떠나고자 했던 젊은 여성들로, 노동력 측면에서는 착취와 억압을 경험하는 한편, 인종적 측면에서는 미국인·백인·남성 대(對) 멕시코인·유색인·여성이라는 서구 중심주의적 이데올로기에 노출되어 일하고 있다(김미경, 2019: 10~11).

이 '마킬라도라 우먼'은 글로벌과 글로벌리티를 상징하는 '다보스 맨'과 달리 흔히 로컬과 로컬리티의 상징으로 재현된다. 그러나 세계시장용 공장에서 일하는 수출 지향적이며 컴퓨터화된 서비스 부문 종사자 가운데 80%가 여성이라는 점은 이들을 로컬의 상징으로 이해하는 것에 의문을 제기하게 만든다. 오늘날의 지구화는 세계시장용 공장에서의 이들의 노동이 없이는 불가능하기 때문이다. 다시 강조하면, 지구화의 중요한 행위자로서 '마킬라도라 우먼'이 없이는 오늘날의 지구화가 결코 전개될 수 없다. 그럼에도 지구화 속에서 글로벌=남성, 로컬=여성의 이분법이 끊임없이 출현하고 있는 것은, 남성은 이동성과 유동성, 여성은 정착성과 고착성이라는 전통적인 젠더 이미지가 아직도 커다란 영향력을 발휘하고 있음을 의미한다. 이는 남성의 공간으로서의 바깥, 여성의 공간으로서의 안이라는 공간의 분화, 즉 내셔널 스케일 내에서 재생산되던 공간의 젠더적 분화가 단지 그 모습을 달리하여 글로벌 스케일 단위로 재생산되는 것과 다름이 없다.

그러나 지구화 시대 공간에 대한 사회과학적 연구에서 로컬한 것은 여성적·문화적 및 전통적 영역을 재현하는 것으로, 글로벌한 것은 남성적·경제적 및 근대적 영역을 재현하는 것으로 바라보며 로컬리티를 글로벌리티의 반대편에 위치한 것으로 이해하는 것은 젠더 관점에서 볼 때 크게 두 가지 문제점을 야기한다. 첫째, 여성이 지구화의 담지자(carriers of globalization)라는 사실을 간과한다. 지구화는 종종 '바깥 거기(out there)'에서 전개되는 과정으로 전제되며, 지역적으로 전개되는 여성들의 삶의 현실을 황폐화시키는 외부적 영향력으로 인식된다. 이런 종류의 양극화된 분석 내에서 여성은 일면적으로 사악한 글로벌 과정의 로컬 희생자, 혹은 이러한 글로벌 과정에 반대해서 싸우거나 이에 저항하는 영웅으로 형상화된다. '글로벌 적(global enemy) 대(對) 여성 희생자/영웅(female victims/heroins)'이라는 이러한 방식의 재현이 여성이나 남성의 복잡한 삶의 현실과는 물론이고 젠더화된 지구화 과정의 복합적 성격과도 전혀 들어맞지 않음에도 불구하고 말이다(Davids and Van Driel, 2009: 905~906).

둘째, 여성은 로컬에서만 활동하고 글로벌과는 무관한 것처럼, 남성은 글로벌에서만 활동하고 로컬과는 아무런 관련도 없는 것처럼 일반화된다. 여성을 주어로 할 때는 '로컬에의 함몰', 남성을 주어로 할 때는 '글로벌에의 함몰'이라 부를 수 있는 이러한 방식의 일반화는, 그러나 여성이든 남성이든 인간이라면 누구나 로컬 없이는 존재할 수 없다는 점을 간과한다. "우리 모두는 자라온 장소와 제도를 일종의 배경처럼, 무대처럼 지니고 살아간다"(로즈, 2011: 356)는 점에서, 로컬 여성이든 글로벌 남성이든 일상생활은 항상 일정한 로컬에서 전개되기 마련이며, "환상적인 속도로 화폐를 전 세계로 이동시키는 지구적 화폐 거래업자라 하더라도 …… 홍콩, 런던, 뉴욕, 그 밖에 다른 금융 중심지에 있는 스크린 앞에 앉아 있다가 저녁이 되면 …… 자기 사무실에서 하루 안에 도착할 수 있는 거리에 있는 집으로 퇴근할 것"(맥도웰, 2010: 23)이라는 점에서, 글로벌 남성이라 하더라도 이러한 로컬의 흔적으로부터 완전히 자유로울 수는 없다.

이러한 두 가지 문제점을 극복하기 위해서는 지구화가 확장되면 로컬한 것의 중요성이 줄어들 것이라는 주장과는 달리 지구라는 사회적 공간에서 살아가는 대부분의 사람들에게 일상의 삶은 지구화에도 불구하고 사실상 지역적인 것이며, 따라서 로컬 또는 로컬리티에 초점을 맞출 필요가 있다는 점으로 시선을 돌려야 할 것으로 보인다. 즉, 지구화의 힘이 로컬리티를 파괴하기보다는 재구축하는 것으로 바라볼 필요가 있다는 점이다(맥도웰, 2010: 23~25).

미국의 지리학자 데 블레이(Harm de Blij) 또한 우리 모두가 축복이자 장애물인 공간의 짐을 지고 있다고 강조하며, 출생지와 모국어, 신념 체계와 보건 환경, 환경적 규범과 정치적 상황 등의 공간적 짐으로 인해 지구화에도 불구하고 대부분의 사람들에게 삶의 기본 공간은 여전히 로컬이 될 것이라고 전망한다. 즉, 지구 위에 살고 있는 인구 중의 절대 다수는 지구화가 진행되더라도 자신의 출생지에서 그리 멀지 않은 곳에서 삶을 영위하게 될 것이라는 것이다(데 블레이, 2009: 15~16).

4. 로컬, 로컬리티 그리고 젠더

이처럼 지구화에도 불구하고 우리의 일상적인 삶은 대부분 로컬에서 전개된다. 그렇다면 로컬과 로컬리티를 젠더 관점에서 바라본다는 것은 어떤 의미를 갖는가? 지구화에 대한 거대 담론이 로컬한 것을 여성적인 것으로, 글로벌한 것을 남성적인 것으로 간주하는 이론적 지형 속에서,

이러한 이분법을 넘어설 수 있는 젠더적 관점의 전략은 무엇일 수 있는가? 이런 물음 앞에서, 우리는 매시가 강조하듯이 공간과 장소가 관계적으로 구성된다는 점에 무게중심을 설정하는 한편, '글로벌한 것의 로컬적 책임'(Massey, 2005: 102) 내지는 '글로벌화된 로컬리티 혹은 로컬화된 글로벌리티'(King, 2000)의 가능성을 모색할 필요가 있다. 장소에 따라 로컬-글로벌 정치를 다양하게 전개해 나갈 수 있는 길을 찾아나가는 과정에서, 어쩌면 우리가 추구해야 할 것은 영국의 페미니스트 지리학자 로즈(Gillian Rose)의 지적처럼, "저항의 공간이라기보다는 완전히 새로운 기하학", 즉 권력, 지식, 공간, 정체성을 비판적으로 바라보고 이에 대해 새롭게 상상할 수 있는 역설적 지리학(2011: 356)일지도 모른다는 점을 염두에 둘 필요가 있다.

이러한 가능성의 탐색과 관련해, 1980년대 초반 영국에서 시작된 '로컬리티 연구(locality studies)' 및 로컬리티 연구가 안고 있는 젠더적 한계로 거슬러 올라가 보는 것도 의미가 있을 것이다. 자본주의적 재구조화 과정의 경제적·사회적 및 정치적 차원에 대한 공간적 이해를 목적으로 하는 로컬리티 연구는, 무엇보다 먼저 로컬 노동시장의 변화에 초점을 맞추어 전개되었다. 경제적 재구조화 과정 및 로컬 영역의 산업과 고용 조직의 변화에 대한 연구가 핵심을 이루는 가운데, '경제적·공간적 재구조화와 특수한 형태의 사회적 행동 및 문화적 의식 간의 관계를 연구'(Whatmore, 1998: 85)하는 데 무게중심을 두고 있었다.

이러한 로컬리티 연구는 일차적으로 1980년대 중반 영국의 경제사회연구위원회(Economic and Social Research Council, ESRC)가 재정 지원을 한 바 있는 세 가지 연구 프로그램의 산물이었다. 즉, 도시·지역시스템 변화 프로그램(Changing Urban and Regional System Programme: CURS), 사회경제생활 프로그램(Social and Economic Life Programme: SCEL) 및 서섹스 프로그램 (Sussex Programme)으로 알려진 경제적 재구조화와 사회변동 및 로컬리티 프로그램이 로컬리티 연구의 시작점이었다고 할 수 있다(Whatmore, 1998: 84; 박규택, 2009: 110~111). 이 세 가지 프로그램은 모두 1970~1980년대 영 국에서 뚜렷하게 나타난 사회적·경제적 변화의 현황을 검토한 후, 이러 한 사회적·경제적 차원의 재구조화가 공간적으로는 어떤 변이를 가져왔 는지를 분석했다. 이 과정에서 국가적이고 국제적인 기원을 검토하는 것 만으로는 충분치 않으며, 그보다 작은 규모라고 할 수 있는 국가 하부의 로컬리티가 공간적으로 어떤 변화를 경험했는가를 분석할 필요성을 강조 했기 때문이었다(박규택, 2009: 119).

국가를 주요한 분석 단위로 전제하는 기존 연구에 대한 비판으로 등장 한 로컬리티 연구를 이론적으로 고무한 것은 매시의 작업이었다. 1978 년에 발표한 논문인 「지역주의: 몇 가지 현재적 이슈(Regionalism: Some Currents Issues)」, 1984년에 발간한 저서 『노동의 공간적 분업: 사회 구조 와 생산의 지리학(Spatial Divisions of Labour: Social Structures and the Geography of Production)』에서, 매시는 신기술의 적용과 노동 과정을 통해 산업 활동 의 전 지구적 구조가 경쟁적으로 전환되는 과정에서 자본과 노동의 특수 한 공간적 분업이 생겨나고 있다고 강조했다. 한편으로 매시는 경제적 재 구조화 과정은 "일정한 로컬 영역의 사회적·경제적 구조가 일련의 좀 더 광범위한 국가적·국제적인 노동 분업 내에서 로컬 영역이 수행하는 역할 들이 서로 결합되어 나타나는 복잡한 산물"(Massey, 1978: 116)이라고 설명 했다. 그리고 다른 한편으로는 재구조화 과정에서 과거의 에피소드에 의해 산출된 사회적·경제적 관계들의 독특한 로컬적 매트릭스가 이후에는 현재와 미래의 에피소드들이 생겨나는 특정한 방식에 영향을 준다고 주장했다(Whatmore, 1998: 85).

이처럼 매시가 로컬과 로컬리티에 관심을 갖게 된 것은, 영국이 1960년대 말 이후로 경험한 사회적·경제적 변동이 공간적 변이를 동반했기 때문이었다. 제조업의 쇠퇴, 실업의 증가, 직업 구조의 변화와 같은 사회적·경제적 변동이 지역에 따라 공간적으로 아주 상이한 재구조화의 모습을 보였다. 즉, 공간적 재구조화가 사회적·경제적 재구조화의 통합적인 한 부분을 이루고 있었던 것이다. 제조업 중심 도시들의 경제가 심각하게 쇠퇴하고 중공업 지역들의 기반이 침식되는 한편, 여성의 유급노동이 증가하고 남성의 고용과 여성의 고용 간의 비율이 전국에 걸쳐 로컬에 따라 서로 다르게 나타나던 당시의 상황(Massey, 1994: 126~127; 김용규, 2009: 77~78)이 매시의 시선을 끌었고, 이것이 로컬과 로컬리티에 대한 연구로 이어졌던 것이다.

매시는 일련의 로컬들(locales)의 상호 교차(intersection)로 로컬리티가 개념화될 수 있지만, 로컬리티를 무엇으로 정의하던 간에 중요한 것은 로컬리티란 것이 "공존의 상황에 있는 구체적인 사회적 관계들과 사회적 과정들의 상호 교차와 상호작용으로부터 생겨난 **구성물**(constructions)"이라는 점을 기억할 필요가 있다고 강조한다. 그러면서 로컬리티란 우리가 손쉽게 선을 그을 수 있는 단순한 공간적 영역이 아니며, 로컬리티는 문제가 되고 있는 일련의 사회적 관계들 혹은 과정들이라는 관점에서 정의되어야 그 의미가 제대로 전달될 수 있다고 본다(Massey, 1994: 138~139).

그런데 이 지점에서 매시가 염두에 두고 있는 로컬리티란 '노동시장을 기준으로 규정되는 공간'(로즈, 2011: 294)이었다. 매시의 관심은 당시 전 지구적으로 진행되기 시작한 세세경제의 재구소화가 영국의 각 지역에 미친 상이한 영향을 분석하는 데 있었고, 이를 위해서는 노동시장 내 노동의 공간적 분업(Massey, 1984)에 대한 연구가 무엇보다 필수적이었기 때문이다. 그리고 이로부터 자극을 받은 이후의 로컬리티 연구, 즉 앞에서 언급한 세 가지 연구 프로그램을 비롯한 다양한 로컬리티 연구에서도 로컬리티는 기본적으로 '로컬 노동시장'으로 규정되는 경향을 가지고 있었다(Whatmore, 1998: 84~86).

그러나 당시 로컬리티 연구는 젠더 관점에서 볼 때, 크게 세 가지 한계를 안고 있었다(Whatmore, 1998: 89). 첫째, '젠더(gender)'가 마치 '여성(women)'을 의미하는 것처럼 간주되는 경향이 있었다는 점이다. 그래서 여성의 경험이 로컬의 재구조화를 다루는 경험적 연구에 '추가되는' 방식으로 연구가 이루어진 반면, '남성'과 '여성'이라는 사회적 카테고리는 당연한 것으로 받아들여졌으며 남성성과 여성성이라는 젠더 정체성의 구성은 이론화되지 않은 채로 남게 되었다. 따라서 특정한 유형의 노동자, 예를 들어 철강 노동자와 비서가 어떻게 그리고 왜 젠더화되는지, 섬유 생산의 다양한 단계들 간의 노동의 특수한 젠더적 분업이 어떻게 그리고 왜 유지되는지와 같은 질문들이 효과적으로 제기되지 못했다.

둘째, 로컬리티 연구가 젠더 분업을 분석하기 위한 기초로 '역할 이론(role theory)'을 사용했다는 점이다. 역할 이론은 젠더 차이를 이른바 여성과 남성의 특성으로 알려진 상대적으로 정적인 일련의 태도들 혹은 행동 패턴들로 환원한다. 이는 로컬리티 연구에서 임금노동자로서의 여성을 다룰 때 잘 나타나는데, 이들의 '역할'은 비숙련의 노동조합으로 조직되지 않은, 그리고 저렴한 파트타임 노동자로 특징지어진다. 이런 식의 역할 이론은 왜 그리고 어떻게 이러한 역할이 시간에 따라 변화하는지 혹은 특정한 장소들이 서로 다른지에 대한 설명의 여지를 남겨두지 않는다.

셋째, 로컬리티 연구의 일차적 초점이 유급노동과 시장경제 제도에 맞추어짐으로써 젠더관계가 구성되는 여타의 핵심적인 장소, 즉 가정, 공동체 혹은 시민사회의 중요성을 간과했다는 점이다. 즉, '경제적 영역' 이외의 '일터가 아닌 곳(non-workplace)'에서의 관계는 분석의 대상으로 떠오르지 못했다. 가정과 공동체라는 개념이 중요한데도 이에 대한 이론화는 빈약하게만 이루어졌다. '가정에서의 여성', '공동체에서의 여성'처럼 여성이 재구조화 과정에서 겪게 되는 것들에 대한 경험적 연구가 이루어지기는 했지만, 로컬리티를 규정하는 방법론적 기초가 로컬 노동시장이었기 때문에 임금노동과 시장경제의 제도에 초점이 맞추어지고 가정과 공동체 같은 장소, 생산 노동과 재생산 노동의 관계가 주요한 연구 대상으로 설정되지는 못했던 것이다.

다시 강조하면, 이처럼 당시의 로컬리티 연구에서 '여성'은 분석에 단순히 추가될 뿐이어서 남성은 여전히 의심의 여지없는 규범으로 남게 되고, 남성과 여성 간의 권력관계는 무시되었다. 그리고 임금노동을 장악한 남성의 세계는 여전히 우선순위를 지니게 되었다. 즉, 여성과 남성의 특징이 당연시되면서 잠재적으로 모든 여성을 손놀림이 유연하고 순종적인 노동자로 규정하는 남성 중심적 지리학의 전형적인 인식에서 자유롭지 못했다(로즈, 2011: 294).

따라서 오늘날 로컬과 로컬리티를 젠더 관점에서 재구성하고자 한다면, 먼저 기존의 로컬리티 연구가 경제적 활동을 시장경제, 임금노동 및 기업 활동으로만 이해해 온 것과는 달리, '경제적인 것'의 지평을 확장하는 작업이 무엇보다 시급할 것으로 보인다. 여성이 일차적 행위자로 활동하는 영역에서 이루어지는 노동, 즉 가사노동, 가내생산 및 일련의 다른 경제적 활동에 주목하고 생산 노동과 재생산 노동의 이분법에서 벗어나는 한편으로 경제의 의미와 노동의 의미를 새롭게 구성해야 한다. 화폐를 매개로 노동시장 안에서 이루어지는 유급노동만이 아니라, 화폐를 매개로 하지 않는 노동시장 밖에서 여성의 가사노동, 양육노동 및 돌봄노동으로 시선을 돌려야 한다(Whatmore, 1998; 폴브레, 2007; 키테이, 2016). 이는 '경제를 여성화하기(feminising the economy)'의 출발점이 될 수 있을 것이며, 더 나아가서는 경제의 비자본주의적 형태 및 지배적인 자본 중심적 구상들의 바깥(outside of dominant capitalocentric conceptions)에서 경제를 생각할 수 있는 대안적인 방법에 대한 탐색으로도 발전해 나갈 수 있을 것이다(Cameron and Gibson-Graham, 2003: 145~146; 깁슨-그레이엄, 2013; 깁슨-그레이엄·캐머론·힐리, 2014).

다음으로는 오늘날 자본주의의 재구조화가 전 지구적으로 이루어지고 있다는 점에서 젠더관계가 각각의 공간에 따라 어떻게 다양하게 나타나는지를 분석할 필요가 있다. 다시 말해, 지구화라는 이름으로 불리는 오늘날의 자본주의의 재구조화 속에서 젠더관계가 내셔널 스케일은 물론이고 글로벌 스케일과 로컬 스케일에서도 매우 다양하게 모습을 드러내고 있다는 점에서, 이에 관련된 구체적인 연구들이 절실히 요청된다는 점이다. 예들 들어, 글로벌 자본이 로컬 노동시장에 진출해서 어떻게 젠더적 노동 분업을 활용하고 있는가(이숙진, 2001; 최은미, 2012; 인로, 2015; 51~83), 지구화라는 맥락 속에서 국내외 자본이 여성 노동자를 어떻게 비정규직화하고 여성의 비정규직화 과정에서 기존 성별 분업은 어떻게 영향을 미쳤는가(전기택, 2007), 여성들이 지구화 시대에 어떻게 공간적으로 이동하고 있는가(오이시, 2018) 등에 대한 연구가 더욱 활발하게 이루어져야 한다는 점이다. 이는 "현대 초국적 자본의 이해관계와 이를 위해 시도되는 전략들이 사회 내적인 위계질서를 끌어들여 남성성/여성성, 기술적 우월성이나 사유화된 발전, 숙련/미숙련 노동 등의 이데올로기를 구성하고 재생산하며 유지한다"(모한티, 2005: 253)는 점을 논의의 수면 위로 좀 더 적극적으로 끌어올리기 위해서다.

5. 맺음말

지금까지 신자유주의적 지구화 속에서 중요성이 커지고 있는 글로벌 스케일과 로컬 스케일의 관계 및 지구화에도 우리 삶은 대부분 로컬에서 전개된다는 점에서 로컬과 로컬리티의 문제를 젠더 관점에서 조망해 보고자 했다. 이를 위해 2절에서는 글로벌과 로컬을 이분법적으로 바라보는 시각의 문제점을 살펴보고, 3절에서는 글로벌=남성, 로컬=여성이라는 방식으로 이루어지는 지구화에 대한 젠더화된 해석이 산출하는 한계로 시선을 돌렸다. 그리고 4절에서는 로컬과 로컬리티의 의미를 젠더 관점에서 해석채 보았다.

그렇다면 오늘날 지구를 하나의 사회적 공간이라 할 때, 젠더 관점에서 바라본 '다른 공간 상상하기'(발렌타인, 2009: 17)는 어떤 시사점을 주는가? 지구라는 공간에 거주하는 이들의 운명은 현재도 여전히 어디서 태어났는가에 따라, 즉 '출생의 우연'에 따라 기본적으로 달라진다. 따라서 2000~2008년 유엔 인권위원회 식량특별조사관으로 일한 지글러(Jean Ziegler)의 반성적 통찰, "나는 왜 유럽에서 태어났는가? 어째서 잘 먹고, 가진 권리도 많고 …… ? 어째서 …… 콜롬비아의 광부는 그런 행운을 누리지 못했을까? …… 출생의 우연이라는 요소를 제외한다면, 나와 이 고통받는 사람들을 갈라놓을 요소란 전혀 없다"(지글러, 2008: 330~331)는 통찰처럼 우리가 출생의 우연에 대해 겸허하게 되돌아볼 때, '탐욕의 시대'를 넘어 '연대의 시대'로 나갈 수 있는 단초를 마련할 수 있을 것이다.

이러한 반성적 고찰이 중요한 이유는 사회적 공간의 권력관계에서 결정적 역할을 하는 젠더, 계급 및 인종을 비롯한 다양한 사회적 관계가 대부분 '우연한 탄생'(파머, 2012: 73)에 기초해 있기 때문이다. 출생의 우연 혹은 우연한 탄생으로 인해 '저절로 시민이 된 사람(an accidental citizen)'(파머, 2012: 71)도 있고, 저절로 시민이 된 사람에게는 너무도 당연한 기본적 시민권을 얻기 위해 가령 미국이라는 공간의 아프리카계 미국인의 경우처럼 평생에 걸쳐 혹은 세대에 걸쳐 싸워야 하는 '비통한 자들'(파머, 2012)도 있다. '지구적 불평등'(홀튼, 2019)이 오늘날에도 예외가 아닌 가운데, 지구적으로 전개되고 있는 이러한 우연한 탄생에 따른 불평등으로 시선을 돌릴 필요가 더욱 커지고 있다.

그리고 그 비통한 자들 가운데, 여성들이 포함되어 있다는 점을 기억할 필요가 있다. 세계 중심부이든 주변부이든 세상은 여성보다 남성에게 '더 평평하다'는 사실에는 변함이 없기 때문이다(데 블레이, 2009: 247~282). 그래서 젠더의 렌즈로 사회적 공간으로서의 지구라는 공간을 '평평하게' 만들기 위한 노력, "다른 삶을 열등하게 만들지 않고 살아갈 수 있는 세상 만들기"(로즈, 2011: 356)를 위한 노력은 앞으로도 끊임없이 계속되어야 할 것이다. "공간을 샅샅이 파악하고 점유하고자 하는 지리학적 욕망과 그 욕망에 의해 희생되고 주변화된 자들의 저항이라는 내부적 모순으로 인해 공간은 해체된다"(로즈, 2011: 358)는 점을 나침반 삼아, 공간에 대한 다양한 개념화를 통해 '급진적 개방성'을 지향하는 이질적인 공간(발렌타인, 2009: 17~18) 혹은 젠더 평등에 기초한 공간의 생산을 향해 나아가야 할 것이다.

참고문헌

강영희. 2018. 「여성리더십 연구의 현황과 향후 과제」. ≪젠더와 문화≫, 제11권 1호, 105~144쪽.

강이수·신경아·박기남. 2015. 『여성과 일: 일터에서 평등을 찾다』. 파주: 동녘.

강현수. 2010. 『도시에 대한 권리: 도시의 주인은 누구인가』. 서울: 책세상.

_____. 2014. 『인권 도시 만들기』. 홍성: 그물코.

고성진. 2008.11.3. "독립공원 내 '위안부' 박물관 '찬반' 논란 - 광복회 등 '반대'에 정대협 '위안부, 수치가 아니다' 반발". ≪통일뉴스≫.

고정갑희. 2005. 「여자들의 공간과 자본: 지구화시대 한국사회의 여성적 빈곤과 공간적 대응」. ≪한국여성학≫, 제21권 3호, 5~37쪽.

고프, 이안(Ian Gough). 1990. 『복지국가의 정치경제학』. 김연명·이승욱 옮김. 서울: 한울.

곽노필. 2019.1.21. "4차산업혁명 시대의 '세계화'가 갈 길은?". ≪한겨레≫.

관수 외. 2010.10.12. "기획: 청소노동과 청소노동자의 삶 ①: 엄마 같은 청소노동이라고…? 청소노동에 나타난 여성되기와 도시락". ≪인권오름≫, 제222호.

_____. 2010.10.20. "기획: 청소노동과 청소노동자의 삶 ②: 청소노동자, 공간 그리고 섹슈얼리티. 청소노동자들의 인권에 대한 공간적 접근". ≪인권오름≫, 제223호.

_____. 2010.10.27. "기획: 청소노동과 청소노동자의 삶 ③: 나이가 많으면 직업은 정해진다? 젊은 사람은 꺼리는 고단한 청소일". ≪인권오름≫, 제224호.

국가기록원. 2020. "인구정책: 출산억제에서 '출산장려'로". http://theme.archives.go.kr/next/populationPolicy/viewPolicy.do(검색일: 2020.5.20).

국가인권위원회 국제협력담당관실. 2005. 『유엔인권해설집: 경제적, 사회적 및 문화적 권리 위원회』. 서울: 국가인권위원회 국제협력담당관실.

국가통계포털. 2019. "경제활동인구 및 참가율(OECD)". http://kosis.kr/statHtml/statHtml.do?orgId=101&tblId=DT_2KAA301_OECD(검색일 2020.5.22).

국미애. 2018. 『유연근무제와 페미니즘 노동시간과 일터의 정치』. 서울: 푸른사상.

권석천. 2008.12.7. "축구하고 군대 가는 여대생 만들겠다". ≪중앙일보≫.

권혁범. 2004. 『국민으로부터의 탈퇴: 국민국가, 진보, 개인』. 서울: 삼인.

권현지. 2018.7.17. "'장벽사회'와 노동시장 젠더 불평등". ≪프레시안≫.

권현지·김영미·권혜원. 2015. 「저임금 서비스 노동시장의 젠더 불평등」. ≪경제와 사회≫, 통권 제107호, 44~78쪽.

김건. 2019. 『스웨덴 라떼파파: 아빠가 육아하는 진짜 이유』. 서울: 꾸리에북스.

김경희. 2012. 「19대 총선을 통해 본 여성 정치할당제의 지속가능성과 여성 정치세력화」. ≪경제와 사회≫, 통권 제94호, 118~147쪽.

김다슬. 2007.6.3. "'위안부 박물관 안된다' 광복회, 백지화 요구 논란". ≪경향신문≫.

김명희. 2016. 「일본군 '위안부'운동과 시인(recognition)의 정치: 한국의 사회적 기억 공간을 중심으로」. ≪한국여성학≫, 제34권 3호, 113~146쪽.

_____. 2018. 「두 전쟁박물관과 젠더 인지적 공공역사의 가능성: 이행기 정의의 코뮤니타스」. ≪젠더와 문화≫, 제11권 2호, 7~42쪽.

김미경. 2019. 「세계화의 하인들: 마낄라도라 산업과 여성」. ≪대구사학≫, 제135집, 377~414쪽.

김민정. 2012. 「여성 최고 정치 지도자 등장에 관한 시론적 연구」. ≪페미니즘 연구≫, 제12권 2호, 205~244쪽.

_____. 2014. 「한국 여성의 정치적 대표성 확대를 위한 여성할당제의 효과」. ≪페미니즘 연구≫, 제14권 2호, 203~241쪽.

김보미. 2013.9.23. "유럽 위기 속 독일경제 지킨 메르켈 '엄마 리더십' … 최고득표율 획득". ≪경향신문≫.

김서경·김운성. 2016. 『빈 의자에 새긴 약속: 평화의 소녀상 작가 노트』. 서울: 말.

김성탁. 2017.8.30. 「'엄마 리더십' 메르켈 16년 집권 눈앞, 비결은 좌파 껴안기". ≪중앙일보≫.

김수정. 2008. 「비교 국가적 관점에서 본 한국 여성가구주의 빈곤」. ≪보건사회연구≫, 제28집 2호, 33~52쪽.

김영란. 2002. 「성인지적 관점에서 본 사회권의 재정립에 관한 연구」. ≪경제와 사회≫, 제54권, 187~208쪽.

김영미. 2009. 「복지국가의 일가족양립정책 개혁과 여성 사회권: 영국, 독일, 네덜란드의 개혁을 중심으로」. ≪사회보장연구≫, 제25권 4호, 1~27쪽.

_____. 2015. 「분절 노동시장에서의 젠더 불평등의 복합성」. ≪경제와 사회≫, 통권 제106호, 205~227쪽.

김영순. 2009. 「복지국가, 노동시장, 젠더레짐의 선순환관계를 위한 복지정치의 제도적 조건들」. 정무권 엮음. 『한국 복지국가 성격논쟁 II』. 서울: 인간과 복지.

_____. 2010. 「비정규직 여성노동자의 사회권을 통해 본 한국의 젠더체제」. ≪사회보장연구≫, 제26권 1호, 261~286쪽.

김영순·최승은·황해영 외. 2019. 『결혼이주여성의 주체적 삶에 관한 생애담 연구』. 성남: 북코리아.

김용규. 2009. 「로컬리티의 문화정치학과 비판적 로컬리티 연구」. 부산대학교 한국민족문화연구소 엮음. 『로컬리티, 인문학의 새로운 지평』. 서울: 도서출판 혜안.

김유선. 2019. 「한국 노동시장의 구조와 쟁점」. ≪KLSI Issue Paper≫, 제4호, 1~18쪽.

김유정. 2019. 「여성의 정치적 리더십과 유럽통합· 시몬느 베이유(Simone Veil)의 삶과 유럽 통합 정치를 중심으로」. ≪세계 역사와 문화 연구≫, 제51집, 199~223쪽.

김은경. 2010. 「일본군 '위안부' 기념관의 '위안부' 재현과 기억 정치」. ≪한국학연구≫, 제35권, 177~203쪽.

김은주. 2018. 「'긍정적 힘 기르기'와 여성주의 리더십: 로지 브라이도티의 긍정의 윤리학」. ≪한국여성학≫, 제34권 2호, 117~142쪽.

김은희. 2019. 「여성정치 대표성과 할당제: 제도화 20년의 한국적 경험과 또 다른 길 찾기」. ≪이화젠더법학≫, 제11권 3호, 107~139쪽.

김재희. 2008.11.7. "'여성인권박물관' 놓고 세계 여성들이 뿔났다". ≪여성신문≫.

김종진·박용철. 2017. 「국회 청소용역 직접고용 전환 사례 검토: 공공부문 간접고용 비정규직 문제의 해법에 주는 시사점」. ≪KLSI Issue Paper≫, 제3호, 1~17쪽.

김지환. 2011.5.11. "노동자는 무엇으로 사는가?: 빵과 장미(Bread and Roses), 감독 켄 로치, 2000년 작". ≪가톨릭뉴스 지금여기≫.

김진애·조승수·홍희덕·따뜻한 밥 한 끼의 권리 캠페인단. 2011. 「청소노동자 노동조건 개선 방안 토론회 자료집(1차)」.

김해순. 1992. 「옛 동독의 여성정책과 통일 후 옛 동독여성의 문제」. ≪여성연구≫, 제10권 3호, 113~157쪽.

_____. 1998. 「독일통일 이후 동독여성의 생활변화에 관한 사례연구」. ≪여성학논집≫, 제14·15합집, 113~135쪽.

김현미. 2008. 「페미니스트 지리학」. ≪여/성이론≫, 통권 제19호, 276~293쪽.

김혜윤. 2019.9.24. "국회 찾은 대학 청소노동자들 … "휴게실은 쉬는 곳 아닌 돼지우리"". ≪한겨레≫.

김회권. 2010.8.3. "지구촌 정치, '여풍'이 휩쓴다". ≪시사저널≫.

김효선. 2020.3.6. "우리는 행진하고 행진하네 … 빵과 장미를 위해". ≪여성신문≫.

깁슨-그레이엄, J. K.(J. K. Gibson-Graham). 2013. 『그따위 자본주의는 벌써 끝났다: 여성주의 정치경제 비판』. 이현재·엄은희 옮김. 서울: 알트.

깁슨-그레이엄, J. K.(J. K. Gibson-Graham)·제니 캐머론(Jenny Cameron)·스티븐 힐리(Stephen Healy). 2014. 『타자를 위한 경제는 있다: 타자들과 공존하기 위한 경제 탈환 프로젝트』. 황성원 옮김. 파주: 동녘.

나이, 조지프(Joseph Nye). 2004. 『소프트 파워』. 홍수원 옮김. 서울: 세종연구원.

넬슨, 줄리(Julie Nelson). 1997. 「선택의 학문인가, 공급의 학문인가?: 성(性)과 경제학의 정의」. 마리아 퍼버·줄리 넬슨 엮음. 『남성들의 경제학을 넘어서: 페미니스트 이론과 경제학』. 김애실 외 옮김. 서울: 한국외국어대학교 출판부.

달레룹, 드루드(Drude Daherup). 2018. 『민주주의는 여성에게 실패했는가』. 이영아 옮김.

서울: 현암사.

데 블레이, 하름(Harm de Blij). 2009. 『공간의 힘: 지리학, 운명, 세계화의 울퉁불퉁한 풍경』. 황근하 옮김. 서울: 천지인.

라이, 시린(Shrin Rai). 2014. 『젠더와 발전의 정치경제: 페미니즘 관점에서 본 민족주의와 지구화』. 이진옥 옮김. 서울: 후마니타스.

라이커트, 엘리자베스(Elisabeth Reichert). 2008. 『사회복지와 인권』. 국가인권위원회 사회복지연구회 옮김. 서울: 인간과 복지.

로즈, 질리언(Gillian Rose). 2011. 『페미니즘과 지리학: 지리학적 지식의 한계』. 정현주 옮김. 파주: 한길사.

류은숙. 2007. ""빵과 장미", 제임스 오펜하임: 이랜드 비정규직 여성 노동자들에게 바치는 시". ≪인권오름≫, 제63호.

_____. 2009. 『인권을 외치다』. 파주: 푸른숲.

르페브르, 앙리(Henri Lefebvre). 2011. 『공간의 생산』. 양영란 옮김. 서울: 에코리브르.

마르살, 카트리네(Katrine Marcal). 2017. 『잠깐 아담 스미스씨, 저녁은 누가 차려줬어요』. 김희정 옮김. 서울: 부키.

맥도웰, 린다(Linda McDowell). 2010. 『젠더, 정체성 그리고 장소: 페미니스트 지리학의 이해』. 여성과 공간 연구회 옮김. 파주: 한울.

모한티, 찬드라(Chandra Mohanty). 2005. 『경계 없는 페미니즘』. 문현아 옮김. 서울: 도서출판 여이연.

문승숙. 2001. 「민족 공동체 만들기: 남한의 역사와 전통에 담긴 남성 중심적 담론(1961~1987)」. 일레인 김·최정무 엮음. 『위험한 여성: 젠더와 한국의 민족주의』. 박은미 옮김. 서울: 삼인.

문지영·강철웅. 「여성 리더십의 이상과 현실: 플라톤의 『국가』에 나타난 '철인여왕'을 중심으로」. ≪철학연구≫, 제126집, 1~35쪽.

미쉬라, 라메쉬(Ramesh Mishra). 2002. 『지구적 사회정책을 향하여: 세계화와 복지국가의 위기』. 이혁구·박시종 옮김. 서울: 성균관대학교 출판부.

미즈, 마리아(Maria Mies)·반다나 시바(Vandana Shiva). 2020. 『에코페미니즘』(개정판). 손덕수·이난아 옮김. 파주: 창비.

미즈, 마리아(Maria Mies)·베로니카 벤홀트-톰젠(Veronica Benholdt-Thomsen). 2013. 『자급의 삶은 가능한가: 힐러리에게 암소를』. 꿈지모 옮김. 서울: 동연.

미첼, 돈(Don Mitchell). 2011. 『문화정치 문화전쟁: 비판적 문화지리학』. 류제헌·진종헌·정현주 옮김. 파주: 살림출판사.

박경환. 2011. 「글로벌, 로컬, 스케일: 공간과 장소를 둘러싼 정치」. 『로컬리티 인문학』, 제5호, 47~84쪽.

박규택. 2009. 「로컬리티 연구의 동향과 주요 쟁점」. ≪로컬리티 인문학≫, 창간호, 107~143쪽.

박길자. 2011.3.11. "여성, 복지를 말하다(1) 전문가 좌담회: 양성평등이 진정한 복지 이룬다". ≪여성신문≫.

_____. 2012.12.7. "김순자 후보 "청소노동자가 행복한 세상 만들겠다"". ≪여성신문≫.

박명준. 2017.2.14. "'과잉노동-과소복지'의 야누스를 넘어서". ≪한국일보≫.

박상희. 2009.1.20. "막나가는 정부 … 한승수 총리, 용산사건 '철거민 탓' … '불법폭력행위 용납될 수 없다. 법과 질서 지켜야'". ≪민중의 소리≫.

박성찬·김은하. 2018. 「여성적 리더십 국내 연구 동향(1998~2018): 사회변화에 따른 전통적 리더십의 위기 관점」. ≪Crisisonomy≫, 제14권 10호, 103~118쪽.

박옥주. 2016. 「청소용역 여성노동자의 노동조건과 일 경험」. ≪한국여성학≫, 제32권 2호, 217~251쪽.

박윤수. 2015.11.5. "캐나다 '페미니스트' 총리 취임 후 남녀 동수 내각 출범". ≪여성신문≫.

박인영. 2010.10.4. "지구촌 정치에 우먼파워 … 여성 지도자들 면면". ≪연합뉴스≫.

박정미. 2017. 「성매매의 세계화와 페미니즘 정치: 초국적 성매매에 관한 연구, 논쟁, 운동」. ≪페미니즘 연구≫, 제17권 1호, 265~298쪽.

박정애. 2014. 「정대협 운동사의 현재를 담다: 전쟁과 여성인권 박물관」. ≪역사비평≫, 통권 제106호, 229~262쪽.

박혜은. 2017. 「여성친화도시 조성을 위한 여성친화 적용 요소 개발」. ≪한국도시설계학회지≫, 제18권 6호, 79~96쪽.

발렌타인, 질(Gill Valentine). 2009. 『사회지리학: 공간과 사회』. 박경환 옮김. 서울: 논형.

발리바르, 에티엔(Étienne Balibar) 외. 2003. 『'인권의 정치'와 성적 차이』. 윤소영 옮김. 서울: 공감.

방설아·강명구. 2019. 「도시화와 빈곤감소의 관계에 대한 실증적 연구」. ≪국토계획≫, 제54권 6호, 14~6쪽.

배규식. 2012. 「한국 장시간 노동체제의 지속요인」. ≪경제와 사회≫, 통권 제95호, 128~162쪽.

백승호. 2015.3.17. "한국의 '프레카리아트'는 누구인가?". ≪프레시안≫.

벡, 울리히(Ulrich Beck)·엘리자베트 벡-게른스하임(Elisabeth Beck-Gernsheim). 1999. 『사랑은 지독한, 그러나 너무나 정상적인 혼란』. 강수영·권기돈·배은경 옮김. 서울: 새물결.

볼노, 오토 프리드리히(Otto Friedrich Bollnow). 2011. 『인간과 공간』. 이기숙 옮김. 서울: 에코리브르.

브라운, 크리스(Chris Brown). 2009. 「인권」. 존 베일리스·스티브 스미스·퍼트리샤 오언스 엮음. 『세계정치론』(제4판). 서울: 을유문화사.

브라운, 헬가(Helga Braun)·되르테 융(Dörthe Jung). 2000. 「세계적 차원의 정의? 복지국가의 위기에 대한 페미니스트 논쟁」. 테레사 쿨라빅 외. 『복지국가와 여성정책』. 한국여성연구회 옮김. 서울: 새물결.

서울특별시청. 2010.5.12. "서울시 '여행 프로젝트', '희망플러스 통장' 2010년 UN 공공행정상 수상". ≪뉴스와이어≫.

서정희. 2008. 「시민권 담론의 두 얼굴: Marshall의 사회적 시민권에 대한 재해석을 중심으로」. ≪사회복지연구≫, 제39집, 147~165쪽.

선명수. 2010.1.28. "60대 청소 노동자의 '밥과 장미': 이대 '청소 아줌마'들이 '노동자 권리'를 외친 날". ≪프레시안≫.

성지혜. 2016. 「여성친화도시의 돌봄 실천에 대한 여성주의 접근: 대구·경북 여성친화도시를 중심으로」. ≪젠더와 문화≫, 제9권 1호, 75~99쪽.

송민섭. 2015.8.28. "지도자들의 롤모델로 … 메르켈의 '엄마 리더십'". ≪세계일보≫.

송은정. 2012.5.21. "'나는 청소노동자!' 손주 앞에서 당당한 할머니를 보며…". ≪프레시안≫.

송주민. 2011.3.18. "김황식 총리의 발언으로 '10년이 사라졌다': '고마워하라'는 정부·여당 인사들의 복지인식 … '서민복지'는 정치적 수사일 뿐". ≪오마이뉴스≫.

≪수원시민신문≫. 2008.11.2. "광복회에 성난 누리꾼, 아고라 뜨겁게 달궈".

슈뢰르, 마르쿠스(Markus Schroer). 2010. 『공간, 장소, 경계: 공간의 사회학 이론 정립을 위하여』. 정인모·배정희 옮김. 서울: 에코리브르.

슈밥, 클라우스(Klaus Schwab). 2016. 「4차 산업혁명의 도전과 기회」. 클라우스 슈밥 외 26인. 『4차 산업혁명의 충격』. 김진희·손용수·최시영 옮김. 서울: 흐름출판.

스미스, 닐(Neil Smith). 2017. 『불균등발전: 자연, 자본, 공간의 생산』. 최병두 옮김. 파주: 한울.

스콧, 조앤 W.(Joan W. Scott). 2006. 『페미니즘: 위대한 역설』. 공임순·이화진·최영석 옮김. 서울: 도서출판 앨피.

_____. 2009. 『성적 차이, 민주주의에 도전하다』. 오미영 외 옮김. 고양: 인간사랑.

스트로버, 마이라(Myra Strober). 2018. 『뒤에 올 여성들에게: 페미니즘 경제학을 연 선구자 여성의 일을 말하다』. 제현주 옮김. 파주: 동녘.

신경아. 2019a. 「노동의 불안정성과 젠더」. ≪페미니즘 연구≫. 제19권 1호, 173~206쪽.

_____. 2019b. "젠더 관점에서 본 '노동시간 문제'". ≪대학원신문≫(중앙대), 제355호.

신승원. 2014. 「르페브르의 변증법적 공간 이론과 공간정치: 『공간의 생산』을 중심으로」. ≪도시인문학연구≫, 제6권 1호, 63~98쪽.

_____. 2016. 『앙리 르페브르』. 서울: 커뮤니케이션북스.

신지후. 2015. 9.9. "참정권 받아든 사우디 여성, 중동 정치 변화의 씨앗 될까". ≪한국일보≫.

심나리. 2011.3.16. "김 총리 '복지 수혜자 고마워해야' 발언 논란". ≪노컷뉴스≫.

안드레아센, 보르(Bard Andreassen)·스티븐 마크스(Stephen Marks). 2010. 『인권을 생각하는 개발지침서』. 양영미·김신 옮김. 서울: 후마니타스.

안숙영. 2010. 「세계화, 젠더 그리고 지구적 전략」. ≪젠더와 문화≫, 제3권 1호, 175~202쪽.

_____. 2011a. 「젠더와 공간의 만남을 위한 시론: 젠더 평등의 관점에서」. ≪여성학연구≫,

제21권 2호, 7~37쪽.

_____. 2011b. 「사회적 인권으로서의 복지: 복지공간에 대한 새로운 상상」. ≪법과 사회≫, 제40호, 9~31쪽.

_____. 2011.6.14. "최저임금 현실화와 여성노동자 노동권". ≪평화뉴스≫.

_____. 2012a. 「젠더의 렌즈로 본 복지공간: 이론적 현황과 전망」. ≪한국여성학≫, 제28권 1호, 113~146쪽.

_____. 2012b. 「젠더, 공간 그리고 공간의 정치화: 시론 차원의 스케치」. ≪여성학논집≫, 제29집 1호, 157~83쪽.

_____. 2012c. 「글로벌, 로컬 그리고 젠더: 지구화 시대 공간에 대한 새로운 이해를 위하여」. ≪여성학연구≫, 제22권 2호, 7~32쪽.

_____. 2012d. 「젠더와 공간의 생산: 여성청소노동자의 사례를 중심으로」. ≪여성학연구≫, 제22권 3호, 89~112쪽.

_____. 2013. 「국가와 젠더: '남한'여성과 '탈북'여성, 남한'여성'과 탈북'여성'에게 국가란 무엇인가?」. 한국여성정치연구소 엮음. 『남북여성의 민주주의 대화: 같음과 다름』. 서울: 한국여성정치연구소.

_____. 2014a. 「젠더와 국가: 〈전쟁과 여성인권 박물관〉의 건립과정을 중심으로」. ≪여성학연구≫, 제24권 2호, 89~112쪽.

_____. 2014b. 「젠더와 정치공간: 여성 정치인의 수사학을 중심으로」. ≪한국여성학≫, 제30권 2호, 203~231쪽.

_____. 2016a. 「정치 공간에서의 리더십에 대한 여성주의적 접근」. ≪아시아여성연구≫, 제55권 1호, 79~104쪽.

_____. 2016b. 「민주화 이후 민주주의와 여성의 정치적 대표성". ≪페미니즘연구≫, 제16권 1호, 121~147쪽.

_____. 2017. 「젠더와 돌봄: 남성의 돌봄 참여를 중심으로」. ≪한국여성학≫, 제33권 2호, 107~136쪽.

_____. 2018. 「돌봄노동의 여성화에 대한 비판적 고찰」. ≪한국여성학≫, 제34권 2호, 1~32쪽.

안연선. 2015. 「따로 또 같이: 한국과 일본의 위안부운동을 둘러싼 초국가주의여성운동」. ≪비교한국학≫, 제23권 1호, 39~62쪽.

안치민. 2003. 「복지권의 구성과 성격」. ≪한국사회복지학≫, 제55권, 5~25쪽.

앤더슨, 베네딕트(Benedict Anderson). 2002. 『상상의 공동체: 민족주의의 기원과 전파에 대한 성찰』. 윤형숙 옮김. 파주: 나남.

야마자키, 다카시(Yamazaki Takashi). 2010. 「글로벌 스케일 또는 로컬 스케일과 정치」. 미즈우치 도시오 엮음. 『공간의 정치지리』. 심정보 옮김. 서울: 푸른길.

양현아. 2001. 「한국인 '군 위안부'를 기억한다는 것」. 일레인 김·최정무 엮음. 『위험한 여성:

젠더와 한국의 민족주의』. 서울: 삼인.

SSK 공간주권 연구팀 엮음. 2013. 『공간주권으로의 초대』. 파주: 한울.

에스핑-안데르센, 요스타(Gøsta Esping-Andersen). 2006. 『복지자본주의의 세 가지 세계』. 박형신·정헌주·이종선 옮김. 서울: 일신사.

여성가족부. 2010. 「8개 지자체, 여성친화도시를 향한 출발선에 서다」. 11월 17일 보도자료.

_____. 2020. "여성친화도시 운영". http://www.mogef.go.kr/sp/geq/sp_geq_f008.do(검색일: 2020.5.21).

여성부. 2009. 『여성친화도시 조성 기준 및 발전 방향』. 서울: 여성부.

영, 로버트(Robert Young). 2013. 『아래로부터의 포스트식민주의』. 김용규 옮김. 서울: 현암사.

오경환. 2016. 「로컬, 글로벌, 트랜스내셔널: 로컬의 트랜스내셔널한 구축을 위하여」. ≪로컬리티 인문학≫, 제16호, 205~232쪽.

오이시, 나나(Nana Oishi). 2018. 『여성들 이주하다: 지구화, 국제정책, 아시아 노동이주』. 이안지영 외 옮김. 서울: 박영스토리.

YTN. 2013.12.17. "남미에 부는 여풍 … '엄마 리더십'을 주목하라". ≪YTN≫.

우명숙. 2009. 「한국 여성의 경제적 시민권과 생산적 복지개혁의 한계: 국가 공공성을 위한 국가자율성의 역할」. 정무권 엮음. 『한국 복지국가 성격논쟁 II』. 서울: 인간과 복지.

우성미·오소영. 2019. 「주제어 연결망 분석을 활용한 국내 여성리더십 연구 동향」. ≪여성연구≫, 제101권 2호, 5~34쪽.

우에노, 치즈코(上野千鶴子). 1999. 『내셔널리즘과 젠더』. 이선이 옮김. 서울: 박종철 출판사.

유승호. 2013. 「후기 근대와 공간적 전환: '사회적 공간'으로서의 공간」. ≪사회와 이론≫, 통권 제23집, 75~104쪽.

유안나. 2011. 「50·60대 청소노동자들은 어떻게 노동조합의 주체가 되었는가」. ≪사회운동≫, 통권 101호, 167~181쪽.

윤고은. 2019.8.13. "서울 서대문독립공원에 '독립과 민주의 길' 조성". ≪연합뉴스≫.

윤석진. 2014.1.27. "세계 정치, 여성이 접수한다". ≪뉴스토마토≫.

윤승희. 2019. 『스웨덴의 저녁은 오후 4시에 시작된다: 일상을 행복으로 만드는 복지이야기』. 서울: 추수밭.

이경미. 2012.5.4. "20만 명이 20억 원 … 위안부 역사박물관 개관". ≪한겨레≫.

이나영. 2010. 「일본군 '위안부' 운동: 포스트/식민국가의 역사적 현재성」. ≪아세아연구≫, 제53권 3호, 41~78쪽.

_____. 2015. 「민족주의와 젠더: 도전과 변형을 위한 이론적 지형도 그리기」. ≪한국여성학≫, 제31권 2호, 213~256쪽.

_____. 2016. 「페미니스트 인식론과 구술사의 정치학: 일본군 '위안부' 문제를 중심으로」. ≪한국사회학≫, 제50권 5호, 1~40쪽.

_____. 2017. 「일본군 '위안부' 운동 다시 보기: 문화적 트라우마 극복과 공감된 청중의 확산」. ≪사회와 역사≫, 제115권, 65~103쪽.

_____. 2018. 「페미니스트 정의론의 관점에서 본 일본군 성노예제 문제의 의미와 과제」. ≪젠더와 문화≫, 제11권 2호, 125~156쪽.

이로사·구교형. 2009.3.8. "'전쟁과 여성인권 박물관' 씁쓸한 착공식". ≪경향신문≫.

이상화. 2005. 「리더십과 권력에 대한 여성주의적 재개념화」. ≪한국여성학≫, 제22권 1호, 3~22쪽.

이세영. 2009.10.16. "사회권 보장은 국가의 의무 … 인권개념 재구성: 새 패러다임 제시한 '인권의 대전환'". ≪한겨레≫.

이숙진. 2001. 「글로벌경제와 여성노동의 정치」. ≪한국여성학≫, 제17권 1호, 65~99쪽.

이승무. 2017. 『일터 민주주의 100: 정치적 민주주의를 넘어 삶과 세상의 변화를 상상하다』. 서울: 밥북.

이승윤·백승호·김윤영. 2017. 『한국의 불안정노동자』. 서울: 후마니타스.

이승윤·서효진·박고은. 2018. 「청소노동자는 왜 불안정(precarious)한가?: 하청 여성 청소노동과 한국 사회안전망의 허구성」. ≪산업노동연구≫, 제24권 2호, 247~291쪽.

이영수. 2011. 「여성노동의 현실: 막힘과 트임」. 부산대학교 여성연구소 엮음. 『왜 아직도 젠더인가? 현대사회와 젠더』. 부산: 부산대학교 출판부.

이영자. 2004. 「신자유주의 노동시장과 여성노동자성: 노동의 유연화에 따른 여성노동자성의 변화」. ≪한국여성학≫, 제20권 3호, 99~138쪽.

이재경·이은아. 2010. 「서문: 글로벌 사회의 국가와 젠더」. 이재경 엮음. 『국가와 젠더: 성주류화의 이론과 실천』. 서울: 도서출판 한울.

이정진. 2019. 「여성의 정치 대표성 확대와 여성할당제: 여성 정치인에 대한 인식을 중심으로」. ≪세계지역연구논총≫, 제37권 2호, 269~292쪽.

이정진·김종갑. 2020. 「여성 정치대표성 강화방안: 프랑스·독일의 남녀동수제 사례분석」. ≪국회입법조사처 NARS 현안분석≫, 제115호, 1~13쪽.

이준헌. 2019.12.30. "소녀상 120여 개로 늘 때 생존 할머니는 20명". ≪경향신문≫.

이지섭. 2008. 「어머니들의 투쟁, 수정이들이 응원합니다」. ≪노동사회≫, 10월호, 93~100쪽.

이진옥. 2019. 「연동형 비례대표제와 여성대표성: 선거제도 개혁의 젠더 동학을 중심으로」. ≪이화젠더법학≫, 제11권 3호, 141~177쪽.

이찬진. 2001. 「사회권 확보를 위한 공익법운동과 공익소송, 사회권운동의 향후 과제」. 박영란 외. 『한국의 사회복지와 인권』. 서울: 인간과 복지.

이채원. 2020. 「일본군 '위안부'에 대한 페미니즘과 내셔널리즘의 역학관계: 트랜스내셔널 페미니즘의 구축과 한일 여성연대 가능성」. ≪아시아여성연구≫, 제59권 1호, 125~165쪽.

이현재. 2010. 「여성주의적 도시권을 위한 시론: 차이의 권리에서 연대의 권리로」. ≪공간과 사회≫, 통권 제34호, 5~32쪽.

_____. 2012a. 「코라(Chora) 공간으로서의 도시와 여성주의적 도시권의 가능성: 깁슨-그래함의 『자본주의의 종말』을 중심으로」. ≪여성학연구≫, 제22권 1호, 7~34쪽.

_____. 2012b. 「다양한 공간 개념과 공간 읽기의 가능성: 절대적, 상대적, 관계적 공간 개념을 중심으로」. 『시대와 철학』, 제23권 4호, 221~248쪽.

익산시청. 2010. http://www.iksan.go.kr(검색일: 2011.5.10).

_____. 2020. "복지: 여성친화도시". http://www.iksan.go.kr (검색일: 2020.5.21).

인로, 신시아(Cynthia Enloe). 2011. 『바나나, 해변, 그리고 군사기지: 여성주의로 국제정치 들여다보기』. 권인숙 옮김. 파주: 청년사.

_____. 2015. 『군사주의는 어떻게 패션이 되었을까: 지구화, 군사주의, 젠더』. 김엘리·오미영 옮김. 서울: 바다출판사.

잉글랜드, 폴라(Paula England). 1997. 「분리적 자아: 신고전파 가정의 남성중심적 편견」. 마리안 퍼버·줄리 넬슨 외. 『남성들의 경제학을 넘어서: 페미니스트 이론과 경제학』. 김애실 외 옮김. 서울: 한국외국어대학교 출판부.

장귀연. 2011.8.30. "더 이상 투명인간이 아니다". ≪한겨레≫.

장세룡. 2009. 「젠더와 로컬리티: 젠더 연구가 로컬리티 연구에 제공하는 전망」. ≪로컬리티 인문학≫, 창간호, 181~221쪽.

장재완. 2010.8.31. "화장실에서 밥을 먹어야 하는 '유령들'". ≪오마이뉴스≫.

장지연. 2004. 「복지국가에 대한 페미니스트 관점의 기여와 한계」. ≪한국사회학≫, 제38집 3호, 177~200쪽.

_____. 2009. 「한국 사회 젠더레짐과 복지국가의 성격」. 정무권 엮음. 『한국 복지국가 성격 논쟁 II』. 서울: 인간과 복지.

_____. 2011.3.22. "'남성 전용 복지'의 한계를 보라. 왜 북유럽식 복지모델인가?" ≪프레시안≫.

장필화·나임윤경·이상화 외. 2017. 『페미니즘, 리더십을 디자인하다』. 파주: 동녘.

장혜원. 2018. 「'위안부합의'를 통해 바라본 일본군 '위안부' 문제의 국제법적 의미」. ≪이화젠더법학≫, 제10권 2호, 45~75쪽.

전기택. 2007. 「세계화, 노동의 유연화와 여성 비정규 노동」. 심영희 외. 『세계화와 여성안보』. 파주: 한울.

전쟁과 여성인권 박물관. 2020. "박물관 소개". http://www.womenandwarmuseum.net/contents/general/general.asp?page_str_menu=0101 (검색일: 2020.5.31).

전진성. 2004. 『박물관의 탄생』. 파주: 살림출판사.

정대협 외. 2008. 「광복회는 〈전쟁과 여성인권 박물관〉 건립 방해 활동을 중단해야 한다」.

정상근. 2012.3.29. "비정규직 여성들 통곡하며 울고 있다". ≪미디어오늘≫.

정현주. 2008. 「이주, 젠더, 스케일: 페미니스트 이주 연구의 새로운 지형과 쟁점」. ≪대한지리학회지≫, 제43권 6호, 894~913쪽.

_____. 2012. 「이주여성들의 역설적 공간: 억압과 저항의 매개체로서 공간성을 페미니스트 이주연구에 접목시키기」. ≪젠더와 문화≫, 제5권 1호, 105~144쪽.

_____. 2016. 「젠더화된 도시담론 구축을 위한 시론적 검토: 서구 페미니스트 도시연구의 기여와 한계 및 한국 도시지리학의 과제」. ≪한국도시지리학회지≫, 제19권 2호, 283~300쪽.

조나리. 2018. "항공사 청소노동자들의 설움 … "150명이 용변기 1칸 사용"". ≪시사위크≫.

조명래. 2016. 『공간으로 사회 읽기: 개념, 쟁점과 대안』. 파주: 한울.

조성은. 2020.5.18. "코로나19 재난 속 해고 1순위는 여성노동자". ≪프레시안≫.

조순경. 2011. 『노동의 유연화와 가부장제』. 서울: 푸른사상.

조연숙·장미현. 2015. 「도시공공시설 젠더이슈에 대한 이용자 성별 수요 분석」. ≪도시행정학보≫, 제28집 2호, 27~54쪽.

조영미. 2009. 「여성 친화 도시 만들기 정책의 실제와 과제: 서울시 여행 프로젝트를 중심으로」. 『발전의 시대, 공간의 젠더정치』. 한국여성학회 2009년 춘계학술대회 자료집 (2009.6.13).

조영태·장대익·장구 외. 2019. 『아이가 사라지는 세상: 출산율 제로 시대를 바라보는 7가지 새로운 시선』. 서울: 김영사.

조예리. 2019.12.9. "핀란드서 지구촌 '최연소' 여성총리 탄생 … "나이, 성 고려해 본 적 없어"". ≪서울경제≫.

조정훈. 2011.7.21. "'전쟁과 여성인권박물관' 성미산 자락에 자리 잡는다. 정대협, 오는 12월 개관목표 … 9억 원 모금 필요". ≪통일뉴스≫.

조주현. 2010. 『벌거벗은 생명: 신자유주의 시대의 생명정치와 페미니즘』. 서울: 또하나의 문화.

_____. 2018. 『정체성 정치에서 아고니즘 정치로: 여성학 방법론과 페미니즘 정치의 실천적 전환』. 대구: 계명대학교 출판부.

조현옥·김은희. 2010. 「한국 여성정치할당제 제도화 과정 10년의 역사적 고찰」. ≪동향과 전망≫, 통권 제79호, 110~139쪽.

조형·윤혜린·양민석 외. 2007. 『여성주의 시티즌십의 모색』. 서울: 이화여자대학교 출판부.

조효제. 2015. 「현대 독일사회의 인권 담론」. ≪FES Information Series≫, 2015-03, 1~12쪽.

조희원. 2008. 「지구화시대의 정치리더십에 관한 연구: 여성의 정치리더십을 중심으로」. ≪담론 201≫, 제11권 1호, 133~164쪽.

주혜진. 2016. 「여성친화도시 조성 시민참여에 대한 서로 다른 이해와 입장: 대전시 동구 사례를 통해 본 동상이몽(同床異夢)」. ≪페미니즘 연구≫, 제16권 2호, 133~175쪽.

지글러, 장(Jean Ziegler). 2008. 『탐욕의 시대: 누가 세계를 더 가난하게 만드는가』. 양영란 옮김. 서울: 갈라파고스.

진주원. 2018.12.27. "'남녀동수' 헌법 만든 프랑스, 여성 정치인 급증". ≪여성신문≫.

진태원. 2017. 『을의 민주주의: 새로운 혁명을 위하여』. 서울: 그린비.

차인순. 1992. 「소련여성의 경제적 지위와 문제」. ≪여성연구≫, 제10권 3호, 85~112쪽.

채혜원. 2009.6.19. "'공간과 젠더정치' 여성학 연구 중심에 서다". ≪여성신문≫.

천경효. 2018. 「전쟁과 여성인권 박물관과 공공기억」. ≪인문사회 21≫, 제9권 1호, 705~716쪽.

최병두. 2002. 『현대사회지리학: 전환기 한국의 도시와 지역』. 서울: 한울.

_____. 2009. 『도시 공간의 미로 속에서』. 파주: 한울.

_____. 2017. 「관계적 공간과 포용의 지리학」. ≪대한지리학회지≫, 제52권 6호, 661~682쪽.

최은미. 2012. 「경제적 세계화와 여성노동, 지역 복지적 접근에 따른 여성복지」. ≪비교민주주의연구≫, 제8권 1호, 87~123쪽.

최정무. 2001. 「한국의 민족주의와 성(차)별 구조」. 일레인 김·최정무 엮음. 『위험한 여성: 젠더와 한국의 민족주의』. 박은미 옮김. 서울: 삼인.

최하얀. 2016.12.5. "직접 고용된 국회 청소노동자들, "꿈 아니죠?"". ≪프레시안≫.

키테이, 에바 페더(Eva Feder Kittay). 2016. 『돌봄: 사랑의 노동』. 김희강·나상원 옮김. 서울: 박영사.

태혜숙. 2004. 『한국의 탈식민 페미니즘과 지식생산』. 서울: 문화과학사.

통, 로즈마리(Rosemarie Tong). 2010. 『21세기 페미니즘 사상』. 이소영·정정호 옮김. 서울: H.S. MEDIA.

통계청. 2019. "여성경제활동인구 및 참가율". http://www.index.go.kr/potal/main/Each DtlPageDetail.do?idx_cd=1572(검색일: 2020.5.20).

티커너, 안(Ann Tickner). 『여성과 국제정치』. 황영주 외 옮김. 부산: 부산외국어대학교 출판부.

파농, 프란츠(Frantz Fanon). 2014. 『검은 피부, 하얀 가면』. 이석호 옮김. 파주: 문학동네.

파레냐스, 라셀 살라자르(Rhacel Salazar Parrenas). 2009. 『세계화의 하인들: 여성, 이주, 가사노동』. 문현아 옮김. 서울: 도서출판 여이연.

파머, 파커 J.(Parker J. Palmer). 2012. 『비통한 자들을 위한 정치학』. 김찬호 옮김. 파주: 글항아리.

페인, 레이첼(Rachel Pain). 2008. 「젠더와 섹슈얼리티의 지리」. 레이첼 페인 외. 『사회지리학의 이해』. 이원호·안영진 옮김. 서울: 푸른길.

페인, 레이첼(Rachel Pain) 외. 2008. 『사회지리학의 이해』. 이원호·안영진 옮김. 서울: 푸른길.

포셰, 프레드(Fred Pochè). 2010. 「공간, 이데올로기, 그리고 도시의 성치학: 앙리 르페브르의 철학을 소개하며」. 부산대학교 인문한국(HK) 학술 심포지엄 및 콜로키움 자료집 (2010.10.14).

폴브레, 낸시(Nancy Folbre). 2007. 『보이지 않는 가슴』. 윤자영 옮김. 서울: 또하나의 문화.

풀뿌리자치연구소. 2011. 「리히텐베르크, 주민투표로 건설사업 우선순위 결정」. ≪좋은 예산≫, 2011년 2월호, 38~52쪽.

프레드먼, 샌드라(Sandra Fredman). 2009. 『인권의 대전환: 인권 공화국을 위한 법과 국가의 역할』. 조효제 옮김. 서울: 교양인.

프레이저, 낸시(Nancy Fraser). 2010. 『지구화 시대의 정의: 정치적 공간에 대한 새로운 상상』. 김원식 옮김. 서울: 그린비.

_____. 2017. 『전진하는 페미니즘 여성주의 상상력 반란과 반전의 역사』. 임옥희 옮김. 파주: 돌베개.

하비, 데이비드(David Harvey). 2001. 『희망의 공간: 세계화, 신체, 유토피아』. 최병두 외 옮김. 파주: 한울.

_____. 2010. 『신자유주의 세계화의 공간들: 지리적 불균등 발전론』. 임동근 외 옮김. 서울: 문화과학사.

한국국제협력단. 2008. 『국제개발협력의 이해』. 서울: 한울.

행정안전부. 2019. 『2019 행정안전통계연보』. 세종: 행정안전부.

허라금. 2005. "'여성주의 리더십" 이해를 위한 시론」. ≪한국여성철학≫, 제5권, 55~80쪽.

혹스차일드, 알리 러셀(Arlie Russell Hochschild). 2000. 「보살핌 사슬과 감정의 잉여가치」. 앤서니 기든스·윌 허튼 엮음. 『기로에 선 자본주의』. 박찬욱 외 옮김. 서울: 생각의 나무.

홀튼, 로버트 J.(Robert J. Holton). 2019. 『지구적 불평등: 불평등의 근원과 범위에 관한 고찰』. 나익주 옮김. 파주: 한울.

홉든, 스티븐(Stephen Hobden)·리처드 와인 존스(Richard Wyn Jones). 2009. 「마르크스주의 국제관계이론」. 존 베일리스·스티브 스미스·퍼트리샤 오언스 엮음. 『세계정치론』 (제4판). 서울: 을유문화사.

홍미리. 2010.5.12. "청소노동자에게 따뜻한 밥 한 끼 권리를!". ≪노동과 세계≫.

홍성태. 2011. 「리더십의 사회학: 리더십, 권력, 사회적 관계」. ≪경제와 사회≫, 통권 제92호, 141~168쪽.

홍태희. 2005. 「경제학과 젠더: 성별경제학 정립을 위한 방법론의 모색」. 김형기 엮음. 『새정치경제학 방법론 연구』. 파주: 한울.

_____. 2014. 『여성주의 경제학: 젠더와 대안경제』. 파주: 한울.

황보람. 2009. 「사회적 돌봄 정책의 성격 규명에 관한 이론적 연구: 복지국가의 공사 구별 정치경제 관점」. ≪사회복지정책≫, 제36집 4호, 1~26쪽.

황영주. 1999. 「남성화된 민주주의와 근대국가」. ≪여성학연구≫, 제9권 1호, 99~114쪽.

황정미. 2007. 「여성 사회권의 담론적 구성과 아내·어머니·노동자 지위」. ≪페미니즘 연구≫, 제7권 1호, 13~54쪽.

_____. 2011. 「초국적 이주와 여성의 시민권에 관한 새로운 쟁점들」. ≪한국여성학≫, 제27권 4호, 111~143쪽.

황진태·정현주. 2015. 「페미니스트 공간연구에 다중스케일적 접근 접목하기: 여성운동연구를 중심으로」. ≪대한지리학회지≫, 제50권 1호, 123~139쪽.

Ahn, Sook-Young. 2014. "Eine Botschaft an Japan. Die Mädchenstatue von Seoul." *WeltTrends. Zeitschrift für Internationale Politik*. Nr. 99, S. 53~62.

Allen, Amy. 2016. "Feminist Perspectives on Power." *Stanford Encyclopedia of Philosophy.* http://plato.stanford.edu/entries/feminist-power(검색일: 2020.4.30).

Bakker, Isabella. 1994. "Introduction: Engendering Macro Economic Policy Reform in the Era of Global Restructuring and Adjustment." in Isabella Bakker(ed.). *The Strategic Silence: Gender and Economic Policy.* London: Zed Books.

Beck, Ulrich. 1997. *Was ist Globalisierung?* Frankfurt a. M.: Suhrkamp.

Beerbohm, Eric. 2015. "Is Democratic Leadership Possible?" *American Political Science Review*, Vol.109, No.4, pp.639~652.

Beneria, Lourdes. 1999. "Globalization, Gender and Davos Man." *Feminist Economics*, Vol.5, No.3, pp.61~83.

Bennhold, Katrin. 2010.6.9. "In Sweden, Men Can Have It All." *New York Times.*

Blunt, Alison and Robyn Dowling. 2006. *Home.* London: Routledge.

Bolzendahl, Catherine. 2010. "Directions of Decommodification: Gender and Generosity in 12 OECD Nations, 1980~2000." *European Sociological Review*, Vol.26, No.1, pp.125~141.

Bose, Christine E. 2015. "Patterns of Global Gender Inequalities and Regional Gender Regimes." *Gender and Society*, Vol.29, No.6, pp.767~791.

Bowman, John and Alyson Cole. 2009. "Do Working Mothers Oppress Other Women? The Swedish 'Maid Debate' and the Welfare State Politics of Gender Equality." *Signs: Journal of Women in Culture and Society*, Vol.35, No.1, pp.157~184.

Braig, Marianne. 1999. "Perspektiven des Sozialen im Globalisierungsprozess." in Brigitte Stolz-Willig und Mechthild Veil(Hrsg.). *Es rettet uns kein höh'res Wesen. Feministische Perspektiven der Arbeitsgesellschaft.* Hamburg: VSA-Verlag.

Brand, Ulrich. 2018. "Der Staat in der kapitalistischen Globalisierung. Nationaler Wettbewerbsstaat und die Internationalisierung des Staates bei Joachim Hirsch." in Ulrich Brand und Christoph Görg(Hrsg.). *Zur Aktualität der Staatsform. Die materialistische Staatstheorie von Joachim Hirsch.* Baden-Baden: Nomos.

Browne, Irene and Joya Misra. 2003. "The Intersection of Gender and Race in the Labor Market." *Annual Review of Sociology*, Vol.29, No.1, pp.487~513.

Burns, James. 1978. *Leadership.* New York: Harper and Row.

Bussemaker, Jet and Kees van Kersbergen. 1994. "Gender and Welfare State: Some Theoretical Reflections." in Diane Sainsbury(ed.). *Gendering Welfare States*. London: Sage Publications.

Butterwegge, Christoph. 1999. "Wohlfahrtsstaat und Wirtschaftstotalitarismus." in Arno Klönne, Eckart Spoo und Rainer Butenschön(Hrsg.). *Der lange Abschied vom Sozialismsus, Eine Jahrhundertbilanz der SPD*. Hamburg: VSA-Verlag.

Cameron, Jenny and J. K. Gibson-Graham. 2003. "Feminising the Economy: Metaphors, Strategies, Politics." *Gender, Place and Culture*, Vol.10, No.2, pp.145~157.

Castillo, Juan Carlos and Gaaitzen de Vries. 2018. "The Domestic Content of Mexico's Maquiladora Exports: A Long-run Perspective." *The Journal of International Trade and Economic Development*, Vol.27, No.2, pp.200~219.

Connell, Robert W. 2005. *Masculinities*. Second Edition. Berkerley: University of California Press.

Connell, Raewyn. 2016. "Masculinities in Global Perspective: Hegemony, Contestation, and Changing Structures of Power." *Theory and Society*, Vol.45, No.4, pp.303~318.

Connell, Robert W. and Julian Wood. 2005. "Globalization and Business Masculinity." *Men and Masculinities*, Vol 7, No.4, pp.347~364.

Cornwall, Andrea and Anne Marie Goetz. 2005. "Democratizing Democracy: Feminist Perspectives." *Democratization*, Vol.12, No.5, pp.783~800.

Cox, Robert. 1981. "Social Forces, States, and World Orders: Beyond International Relations Theory." *Millennium Journal of International Studies*, Vol.10, No.2, pp.126~155.

Dackweiler, Regina-Maria, Alexandra Rau und Reinhild Schäfer(Hrsg.). 2020. *Frauen und Armut. Feministische Perspektiven*. Leverkusen: Verlag Barbara Budrich.

Daly, Mary. 2011. "What Adult Worker Model? A Critical Look at Recent Social Policy Reform in Europe From a Gender and Family Perspective." *Social Politics: International Studies in Gender, State and Society*, Vol.18, No.1, pp.1~23.

Davids, Tine and Francien van Driel. 2009. "The Unhappy Marriage Between Gender and Globalization." *Third World Quarterly*, Vol.30, No.5, pp.905~920.

Davidson, Miriam. 1992. "Women of the Maquiladoras." *Agni*, No.36, pp.21~33.

Denmark, Florence. 1993. "Women, Leadership, and Empowerment." *Psychology of Women Quarterly*, 17, pp.343~356.

Desai, Manisha. 2013. "Theorizing Transnational Feminisms." *International Feminist Journal of Politics*, Vol.15, No.3, pp.427~433.

Desai, Manisha and Rachel Rinaldo. 2016. "Reorienting Gender and Globalization:

Introduction to the Special Issue." *Qualitative Sociology*, Vol.39, pp.337~351.

Dirlik, Arif. 1998. "Globalism and the Politics of Place." *Development*, Vol.42, No.2, pp.7~13.

Domínguez, Edmé, Rosalba Icaza, and Cirila Quintero, et al. 2010. "Women Workers in the Maquiladoras and the Debate on Global Labor Standards." *Feminist Economics*, Vol.16, No.4, pp.185~209.

Ducu, Viorela, Mihaela Nedelcu and Aron Telegdi-Csetri(eds.). 2018. *Childhood and Parenting in Transnational Settings*. Cham: Springer.

Duncan, Nancy(ed.). 1996. *Bodyspace: Destabilizing Geographies of Gender and Sexuality*. London and New York: Routledge.

Elshtain, Jean Bethke. 1981. *Public Man, Private Woman: Women in Social and Political Thought*. Princeton: Princeton University Press.

Escobar, Arno. 2001. "Culture Sits in Places: Reflections on Globalization and Subaltern Strategies of Localization." *Political Geography*, Vol.20, Iss.2, pp.139~174.

Fenster, Tovi. 2005. "The Right to the Gendered City: Different Formations of Belonging in Everyday Life." *Journal of Gender Studies*, Vol.14, No.3, pp.217~231.

Fisher, Pamela. 2010. "Women and Employment in East Germany: The Legacy of GDR Equality." *Journal of Social Welfare and Family Law*, Vol.32, No.4, pp.401~409.

Fodor, Eva and Aniko Balogh. 2010. "Back to the Kitchen? Gender Role Attitudes in 13 East European Countries." *Zeitschrift für Familienforschung*, 22. Jahrgang, Heft 3, S. 289~307.

Foster, Carly Hayden. 2008. "The Welfare Queen: Race, Gender, Class, and Public Opinion." *Race, Gender and Class*, Vol.15, No.3~4, pp.162~179.

Franceschet, Susan and Jennifer Piscopo. 2013. "Equality, Democracy, and the Broadening and Deepening of Gender Quotas." *Politics and Gender*, Vol.9, No.3, pp.310~316.

Fraser, Nancy. 1990, "Rethinking the Public Sphere: A Contribution to the Critique of Actually Existing Democracy." *Social Text*, 25~26, pp.56~80.

Freeman, Carla. 2001. "Is Local : Global as Feminine : Masculine? Rethinking the Gender of Globalization." *Signs: Journal of Women in Culture and Society*, Vol.26, No.4, pp.1007~1037.

Fuchs, Rachel G. and Anne Epstein (eds.). 2017. *Gender and Citizenship in Historical and Transnational Perspective: Agency, Space and Borders*. London: Palgrave.

Gibson-Graham, J. K. 2002. "Beyond Global vs. Local: Economic Politics Outside the Binary Frame." in Andrew Herod and Melissa Wright(eds.). *Geographies of Power: Placing Scale*. Oxford: Blackwell.

Gilardi, Fabrizio. 2014. "The Temporary Importance of Role Models for Women's Political Representation." *American Journal of Political Science*, Vol.59, No.4, pp.957~970.

Glass, Christy and Sandra Marquart-Pyatt. 2008. "The Politics of Welfare in Transition: Gender or Back to Class?" *International Journal of Sociology*, Vol.38, No.1, pp.38~57.

Gottfried, Heidi. 2004. "Gendering Globalization Discourses." *Critical Sociology*, Vol.30, No.1, pp.9~15.

Grapard, Ulla. 1997. "Theoretical Issues of Gender in the Transition From Socialist Regimes." *Journal of Economic Issues*, Vol.31, No.3, pp.665~686.

Greven, Thomas und Christoph Scherrer. 2005. *Globalisierung gestalten. Weltökonomie und soziale Standards*. Bonn: Bundeszentrale für politische Bildung.

Griffin, Penny. 2010. "Development Institutions and Neoliberal Globalization". in Laura J. Shepherd(ed.). *Gender Matters in Global Politics: A Feminist Introduction to International Relations*. London and New York: Routledge.

Grottian, Peter, Wolf-Dieter Narr und Roland Roth. 2003. *Alternativen zur Repressanda 2010*. Konzeptpapier. Köln: Komitee für Grundrechte und Demokratie.

Grundström, Karin. 2005. "Gender and Use of Public Space." http://www.m-aerus.net/web/sat/workshop/2005/papers/11.pdf (검색일: 2011.5.10).

Habermas, Jürgen. 1998. *Die postnationale Konstellation*. Frankfurt a. M.: Suhrkamp.

Harcourt, Wendy. 2002. "Women and the Politics of Space." *Development*, Vol.45, No.1, pp.7~14.

Hernes, Helga. 1987. *Welfare State and Woman Power: Essays in State Feminism*. Oslo: Norwegian University Press.

Hirsch, Joachim. 1998. *Vom Sicherheitsstaat zum nationalen Wettbewerbsstaat*. Berlin: ID Verlag.

Hook, Jennifer. 2010. "Gender Inequality in the Welfare State: Sex Segregation in Housework, 1965~2003." *American Journal of Sociology*, Vol.115, No.5, pp.1480~1523.

Iannello, Kathleen. 2010. "Women's Leadership and Third-Wave Feminism." in Karen O'Connor(ed.). *Gender and Women's Leadership: A Reference Handbook*. Thousand Oaks, California: Sage Publications.

International Institute for Democracy and Electoral Assistance. 2019. "Political Gender Equality and the Global State of Democracy Indices." 7 March 2019, pp.1~12.

Inter-Parliamentary Union and UN Women. 2020. "Women in Politics: 2020."

Isaksen, Lese Wedding. 2012. "Transnational Spaces of Care: Migrant Nurses in Norway." *Social Politics: International Studies in Gender, State and Society*. Vol.19, No.1, pp.58~77.

Jalalzai, Farida and Mona Lena Krook, 2010. "Beyond Hillary and Benazir: Women's Political Leadership Worldwide." *International Political Science Review*, Vol.31, No.1, pp.5~23.

Jamieson, Kathleen Hall. 1995. *Beyond the Double Bind: Women and Leadership.* Oxford: Oxford University Press.

Jäppinen, Maija, Meri Kumala, and Aino Saarinen. 2011. "Introduction: Intersections of Welfare, Gender, and Agency." in Maija Jäppinen, Meri Kulmala and Aino Saarinen (eds.). *Gazing at Welfare, Gender and Agency in Post-socialist Countries.* Newcastle upon Tyne: Cambridge Scholars Publishing.

Jenson, Jane. 1997. "Who Cares? Gender and Welfare Regimes." *Social Politics*, Vol.4, No.2, pp.182~187.

Johnson, Louise. 2008. "Re-placing Gender? Reflections on 15 Years of Gender, Place and Culture." *Gender, Place and Culture*, Vol.15, No.6, pp.561~574.

Kaufmann, Franz-Xaver. 2003. *Varianten des Wohlfahrtsstaats. Der deutsche Sozialstaat im internationalen Vergleich.* Frankfurt a. M.: Suhrkamp.

Kelly, Patricia Fernandez. 2007.9.25. "The 'Maquila' Women." https://nacla.org/article/%27maquila%27-women (검색일: 2020.5.29).

Khader, Serene, 2019, *Decolonizing Universalism: A Transnational Feminist Ethic.* Oxford: Oxford University Press.

King, Anthony. 2000. "Globalized Localities or Localized Globalities?" Paper at the Workshop on the Culture Politics of Place, Locality and Globalization. Departments of Anthropology and Philosophy. University of California, Santa Gruz. October 28, 2000.

Klinth, Roger. 2008. "The Best of Both Worlds? Fatherhood and Gender Equality in Swedish Paternity Leave Campaigns, 1976~2006." *Fathering*, Vol.6, No.1, pp.20~38.

Kulawik, Teresa und Brigit Sauer(Hrsg.). 1996. *Der halbierte Staat. Grundlagen feministischer Politikwissenschaft.* Frankfurt a. M. Campus Verlag.

Laslett, Barbara and Johanna Brenner. 1989. "Gender and Social Reproduction: Historical Perspectives." *Annual Review of Sociology*, Vol.15, pp.381~404.

Lehman, Cheryl(ed.). 2016. *Accounting in Conflict: Globalization, Gender, Race and Class.* Melbourne: Emerald Publishing.

Leitner, Sigrid und Ilona Ostner. 2000. "Frauen und Globalisierung. Vernachlässigte Seiten der neuen Arbeitsteilung." *Aus Politik und Zeitgeschichte*, B48, S. 39~46.

Levin, Amy K.(ed.). 2010. *Gender, Sexuality, and Museums: A Routledge Reader.* New

York: Routledge.

Lewis, Jane. 1996. "Equality, Difference and Gender in Twentieth Century Welfare States." FREIA: Feminist Research Centre in Aalborg. Paper Series 36, pp.1~19.

_____. 1997. "Gender and Welfare Regimes: Further Thoughts." *Social Politics*, Vol.4, No.2, pp.160~177.

Löw, Martina. 2001. *Raumsoziologie*. Frankfurt a. M.: Suhrkamp.

_____. 2006. "The Social Construction of Space and Gender." *European Journal of Women's Studies*, Vol.13, No.2, pp.119~133.

Malets, Olga. 2017. "Globalization, Governance and the Nation-state: An Overview." *Economic Sociology: The European Electronic Newsletter*, Vol.18, Iss.2, pp.16~24.

Mandel, Hadas. 2009. "Configurations of Gender Inequality: The Consequences of Ideology and Public Policy." *British Journal of Sociology*, Vol.60, No.4, pp.693~719.

Mandel, Hadas and Michael Shalev. 2009. "How Welfare States Shape the Gender Pay Gap: A Theoretical and Comparative Analysis." *Social Forces*, Vol.87, No.4, pp.1873~1911.

Marshall, Thomas Humphrey. 1950. *Citizenship and Social Class and Other Essays*. Cambridge: Cambridge University Press.

Marston, Sallie. 2000. "The Social Construction of Scale." *Progress in Human Geography*, Vol.24, No.2, pp.219~242.

Massey, Doreen. 1978. "Regionalism: Some Current Issues." *Capital and Class*, Vol.2, Iss.3, pp.106~125.

_____. 1984. *Spatial Divisions of Labour: Social Structures and the Geography of Production*. London: Macmillian.

_____. 1994. *Space, Place, and Gender*. Minneapolis: University of Minnesota Press.

_____. 2005. *For Space*. London: Sage Publications.

Mazur, Amy and Dorothy McBride. 2007. "State Feminism Since the 1980s: From Loose Notion to Operationalized Concept." *Politics and Gender*, Vol.3, No.4, pp.501~513.

McCall, Leslie. 2001. *Complex Inequality: Gender, Class, and Race in the New Economy*. London and New York: Routledge.

McDonagh, Eileen. 2009. *The Motherless State: Women's Political Leadership and American Democracy*. Chicago: University of Chicago Press.

McLaren, Margaret(ed.). 2017. *Decolonizing Feminism: Transnational Feminism and Globalization*. New York: Rowman and Littlefield.

Meeks, Lindsey. 2012. "Is She 'Man Enough'? Women Candidates, Executive Political Offices, and News Coverage." *Journal of Communication*, Vol.62, No.1, pp.75~193.

Misra, Joya. 1998. "Mothers or Workers? The Value of Women's Labor: Women and the Emergence of Family Allowance Policy." *Gender and Society*, Vol.12, No.4, pp.376~399.

Mitchell, Don. 2003. *The Right to the City: Social Justice and the Fight for Public Space*. New York and London: The Guilford Press.

Moran, Barbara. 1992. "Gender Differences in Leadership." *Library Trends*, Vol.40, No.3, pp.475~491.

Moses, Julia. 2019. "Social Citizenship and Social Rights in an Age of Extremes: T. H. Marshall's Social Philosophy in the Longue Durée." *Modern Intellectual History*, Vol.16, No.1, pp.155~184.

Munarin, Stefano and Maria Chiara Tosi. 2009. "Welfare Space in Europe." The 4th International Conference of the International Forum on Urbanism(IFoU). The New Urban Question - Urbanism Beyond Neo-Liberalism. Amsterdam/Delft, pp.371-379.

_____. 2014. *Welfare Space: On the Role of Welfare State Policies in the Costruction of the Contemporary City*. Trento-Barcellona: LISt Lab.

Näätänen, Ari-Matti. 2015. "The Impact of Economic Globalization on the Employment Policies in 19 Western Democracies From 1985 to 2010. Limited Change or Radical Shift towards Workfare?" *Social Sciences*, 4, pp.700~717.

Narr, Wolf-Dieter. 1999. *Zukunft des Sozialstaats. Als Zukunft einer Illusion?* Neu-Ulm: AG-SPAK-Bücher.

Narr, Wolf-Dieter und Alexander Schubert. 1994. *Weltökonomie. Die Misere der Politik*, Frankfurt a. M.: Suhrkamp.

Narr, Wolf-Dieter und Roland Roth. 1996. "Wieder die verhängnisvolle neue Bescheidenheit. Kapitalismus ohne Alternative(Teil 2) ⋯ aber. Haben wir sozialistischen Theoretiker etwas auf der Pfanne?" *PROKLA. Zeitschrift für kritische Sozialwissenschaft*, 103, S. 283~312.

OECD. 2019. "Gender Wage Gap". https://data.oecd.org/earnwage/gender-wage-gap.htm (검색일: 2019.8.17).

_____. 2020a. "Labour: Average Annual Hours Actually Worked Per worker." https://stats.oecd.org/Index.aspx?DataSetCode=ANHRS (검색일: 2020.5.23).

_____. 2020b. "Social spending: Indicator." https://data.oecd.org/socialexp/social-spen ding.htm (검색일: 2020.5.23).

Orloff, Ann. 1993. "Gender and the Social Rights of Citizenship: the Comparative Analysis of Gender Relations and Welfare States." *American Sociological Review*, Vol.58, No.3, pp.303~328.

_____. 2009. "Gendering the Comparative Analysis of Welfare States: An Unfinished Agenda." *Sociological Theory*, Vol.27, No.3, pp.317~343.

Ostner, Ilona. 1994. "Soziologie der Sozialpolitik. Die sozialpolitische Regulierung der Vereinbarkeit von Familie und Beruf - Sozialpolitik als Geschlechter Politik." in DFG Kommission für Frauenforschung(Hrsg.). *Sozialwissenschaftliche Frauenforschung in der Bundesrepublik Deutschland*. Berlin: Akademie Verlag.

_____. 1995. "Arm ohne Ehemann? Sozialpolitische Regulierung von Lebenschancen für Frauen im internationalen Vergleich." *Aus Politik und Zeitgeschichte*, B36~37, S. 3~12.

_____. 1998. "Quadraturen im Wohlfahrtsdreieck: Die USA, Schweden und die Bundesrepublik im Vergleich." in Stephan Lessenich und Ilona Ostner(Hrsg.). *Welten des Wohlfahrtskapitalismus. Der Sozialstaat in vergleichender Perspektive*. Frankfurt a. M. und New York: Campus.

_____. 2004. "Aus Anlass eines Geburtstags: 'Gender and Welfare Revisited'." in Sigrid Leitner, Ilona Ostner und Margit Schratzenstaller(Hrsg.). *Wohlfahrtsstaat und Geschlechterverhaltnis im Umbruch. Was kommt nach dem Ernähersmodell?* Wiesbaden: VS Verlag für Sozialwissenschaften.

Parekh, Serena and Shelley Wilcox. 2020. "Feminist Perspectives on Globalization." *The Stanford Encyclopedia of Philosophy*. https://plato.stanford.edu/entries/feminism-globalization(검색일: 2020.5.22).

Paul, Ruxandra, 2017. "Welfare Without Borders: Unpacking the Bases of Transnational Social Protection for International Migrants." *Oxford Development Studies*, Vol.45, No.1, pp.33~46.

Peterson, Spike. 2003. *A Critical Rewriting of Global Political Economy: Integrating Reproductive, Productive and Virtual Economies*. London and New York: Routledge.

_____. 2005. "How (the Meaning of) Gender Matters in Political Economy." *New Political Economy*, Vol.10, No.4, pp.499~521.

_____. 2010. "International/Global Political Economy." in Laura J. Shepherd(ed.). *Gender Matters in Global Politics: A Feminist Introduction to International Relations*. London and New York: Routledge.

Prividera, Laura and John Howard. 2008. "Masculinity, Whiteness, and the Warrior Hero: Perpetuating the Strategic Rhetoric of U.S. Nationalism and the Marginalization of Women." *Women and Language*, Vol.29, No.2, pp.29~37.

Randzio-Plath, Christa(Hrsg.). 2004. *Frauen und Globalisierung. Zur Geschlechtergerechtigkeit in der Dritten Welt*. Bonn: Dietz.

Revi, Ben. 2014. "T. H. Marshall and His Critics: Reappraising 'Social Citizenship' in the Twenty-First Century." *Citizenship Studies*, Vol.18, No.3~4, pp.452~464.

Riley, Maria. 2008. "A Feminist Political Economic Framework." http://www.coc.org/node/6062(검색일: 2010.3.12).

Roberts, Celia and Raewyn Connell. 2016. "Feminist Theory and the Global South." *Feminist Theory*, Vol.17, No.2, pp.135~140.

Ruiz, Ana Baeza. 2018. "Museums, Archives and Gender." *Museum History Journal*, Vol.11, No.2, pp.174~187.

Rush, Michael. 2011. "The two Worlds of Father Politics in the Republic of Ireland: Swedish Versus American Influences." *Journal of Comparative Family Studies*, Vol.42, No.1, pp.37~57.

Sainsbury, Diane(ed.). 1994. *Gendering Welfare States*. London: Sage Publications.

_____. 1996. *Gender, Equality, and Welfare States*. Cambridge: Cambridge University Press.

Salzinger, Leslie. 2016. "Re-marking Men: Masculinity as a Terrain of the Neoliberal Economy." *Critical Historical Studies*, Vol.3, No.1, pp.1~25.

Sauer, Birgit. 1997. "Krise des Wohlfahrtsstaats. Eine Männerinstitution unter Globalisierungsdruck." in Helga Braun und Dörthe Jung(Hrsg.). *Globale Gerechtigkeit? Feministische Debatte zur Krise des Sozialstaats*. Hamburg: Konkret Literatur Verlag.

_____. 1999. "Es rettet uns (k)ein höh'res Wesen. Neoliberale Geschlechterkonstrukte in der Ära der Globalisierung." in Brigitte Stolz-Willig und Mechthild Veil(Hrsg.). *Es rettet uns kein höh'res Wesen. Feministische Perspektiven der Arbeitsgesellschaft*. Hamburg: VSA-Verlag.

Sawer, Marian and Merrindahl Andrew. 2014. "The Evolution of Feminist Approaches to Leadership." *The Encyclopedia of Women and Leadership in Twentieth-Century Australia*, pp.1~19. www.womenaustralia.info/leaders/biogs/WLE0437b.htm(검색일: 2020.4.30).

Smyth, Lisa. 2009. "Gender and Public Space in Divided Cities: Dynamics of Everyday Urban Life." *Divided Cities/Contested States*. Working Paper No.11.

Stiglitz, Joseph. 2020. "Has Davos Man Changed?" https://www8.gsb.columbia.edu/articles/chazen-global-insights/has-davos-man-changed(검색일: 2020.5.25).

Stockholm International Peace Research Institute. 2020. *SIPRI Yearbook 2019: Armaments, Disarmament and International Security*. Solna: Stockholm International Peace Research Institute.

Stuttgarter Nachrichten. 2014.7.16. "Von Kohls Mädchen zur Mutti der Nation."

Tejani, Sheba and William Milberg. 2016. "Global Defeminization? Industrial Upgrading and Manufacturing Employment in Developing Countries." *Feminist Economics*, Vol.22, No.2, pp.24~54.

Teles, Filipe. 2012. "Political Leaders: The Paradox of Freedom and Democracy." *Revista Enfoques*, Vol.10, No.16, pp.113~131.

Telleraas, Cathrine. 2019. "Reconciling Transnational Mobility and National Social Security: What Say the Welfare State Bureaucrats?" *Journal of Ethnic and Migration Studies*, Vol.45, Iss.1, pp.151~169.

Tett, Gillian. 2017.1.16. "Davos Man Has No Clothes." https://foreignpolicy.com/2017/01/16/davos-man-has-no-clothes-globalization (검색일: 2020.5.25).

The Economist. 2013.9.14. "One Woman to Rule Them All."

The Scottish Government. 2008. *Citizen Leadership Happens When Citizens Have Power, Influence and Responsibility to Make Decisions*. Edinburgh: St. Andrew's House.

Thurow, Lester. 1993. *Kopf an Kopf. Wer siegt im Wirtschaftskrieg zwischen Europa, Japan und den USA?* Düsseldorf: Econ Verlag.

Turner, Bryan. 1997. "Citizenship Studies: A General Theory." *Citizenship Studies*, Vol.1, No.1, pp.5~18.

Veil, Mechthild. 2001. "Neuorientierung der Wohlfahrtsstaaten in Zeiten der Globalisierung. Verluste und Gewinne." *Österreichsche Zeitschrift für Politikwissenschaft*, 30. Jahrgang, Heft 2, S. 161~170.

Von Wahl, Angelika. 2011. "'Women's Revolution From Above'? Female Leadership, Intersectionality, and Public Policy under the Merkel Government." *German Politics*, Vol.20, No.3, pp.392~409.

Wagener, Debbie. 2002. "Women, Identity and Employment in East Germany." in Jonathan Grix and Paul Cooke(eds.). *East Germany Distinctiveness in a Unified Germany*. Birmingham: University of Birmingham Press.

Weir, Allison. 2005. "The Global Universal Caregiver: Imagining Women's Liberation in the New Millennium." *Constellations*, Vol.12, No.3, pp.308~330.

Weiss, Alexandra. 2003. "Globalisierung. Ein Angriff auf Frauen." *KOFRA. Zeitschrift für Feminismus und Arbeit*, 103, S. 4~6.

Whatmore, Sarah. 1998. "Gender and Locality Studies: A Review and Agenda." http://www.raco.cat/index.php/TreballsSCGeografia/article/viewFile/236314/318577 (검색일: 2012.5.8).

Wichterich, Christa. 1998. *Die globalisierte Frau. Berichte aus der Zukunft der Ungleichheit*. Reinbeck bei Hamburg: Rowohlt Verlag.

Williams, Stephanie. 2010. *Mommy Leadership: How to Use Your Motherhood Experience to Grow as a Leader.* Dearborn, Michigan: EmpowWord Publshing.

Wissenschaftlicher Beirat von Attac(Hrsg.). 2005. *ABC der Globalisierung.* Hamburg: VSA-Verlag.

Wittmer, Dana and Vanessa Bouché. 2013. "The Limits of Gendered Leadership: Policy Implications of Female Leadership on "Women's Issues"." *Politics and Gender*, Vol.9, No.3, pp.245~275.

Young, Brigitte. 1998. "Genderregime und Staat in der globalen Netzwerk-Ökonomie." *PROKLA. Zeitschrift für kritische Sozialwissenschaft*, 111, S. 175~198.

_____. 2001. "Globalization and Gender: A European Perspective." in Rita Mae Kelly et al.(ed.). *Gender, Globalization and Democratization.* Lanham: Rowman and Littlefield Publishers.

Young, Gay. 2015. *Gendering Globalization on the Ground: The Limits of Feminized Work for Mexican Women's Empowerment.* New York and London: Routledge.

지은이

안 숙 영

독일 베를린 자유대학교(Freie Universität Berlin)에서 정치학으로 박사
학위를 받았고, 현재 계명대학교 정책대학원 여성학과에 재직 중이다.
주요 관심사는 젠더와 정치, 젠더와 공간 및 젠더와 노동이며, 주요 저서
로는 『공간주권으로의 초대』(공저), 『왜 아직도 젠더인가? 현대사회와
젠더』(공저), 『여성학: 행복한 시작』(공저) 등이 있다.

한울아카데미 2237

젠더, 공간, 권력

ⓒ 안숙영, 2020

지은이 안숙영
펴낸이 김종수
펴낸곳 한울엠플러스(주)
편 집 조인순

초판 1쇄 인쇄 2020년 6월 25일
초판 1쇄 발행 2020년 6월 30일

주소 10881 경기도 파주시 광인사길 153 한울시소빌딩 3층
전화 031-955-0655
팩스 001 055 0656
홈페이지 www.hanulmplus.kr
등록번호 제406-2015-000143호

Printed in Korea.
ISBN 978-89-460-7237-4 93330
※ 책값은 겉표지에 표시되어 있습니다.

유럽연합과 젠더
정책, 제도, 행위자적 고찰

더 평등한 사회를 향한 유럽연합의 '젠더정책 분투기'
유럽에서 젠더평등은 어떻게 실현되고 있는가

유럽은 분명 세계에서 젠더평등 수준이 가장 높은 지역으로 꼽히며, 그러한 점에서 유럽연합과 유럽 각국은 젠더정책의 모범 사례를 제시하는 것으로 평가된다. 하지만 유럽에서도 젠더평등은 아직 완성하지 못한 과업이며, 이를 위한 정책은 온갖 힘에 밀려 뒷걸음질 치기도 한다.

이 책은 이처럼 가장 앞서 있지만 아직 갈 길 먼 젠더평등을 향한 길에서 유럽연합이 그동안 어떤 노력을 기울여 어떤 성과를 이루어왔는지 소개한다. 특히 유럽연합 차원의 젠더정책과 각 회원국의 젠더정책이 역동적으로 상호작용하는 과정을 비롯해, 노동시장에서의 젠더평등, 정책 결정 과정에서의 여성의 대표성 증진, 여성에 대한 폭력 문제, 다문화 존중과 젠더평등 간의 갈등 등에 유럽연합이 어떤 관점을 가지고 정책적으로 대응해 왔는지 알아본다.

이 책에 소개된 유럽연합의 시도를 한국 사회에 적용하는 것은 완전히 다른 문제이기는 하지만, 여성 문제가 본격적으로 논의된 지 얼마 되지도 않아 일보 후퇴와 전진을 반복하며 소모적 양상을 보이고 있는 한국 사회에 이 책은 생각할 거리를 많이 안겨준다.

지은이
박채복

2019년 1월 21일 발행
신국판
336면

'여성'의 자아
관계-속-자아

**여성의 심리 발달에 관한 새로운 모델,
관계-속-자아**

왜 여성은 자기 성장과 완성, 독립성 등에서 남성 문화의 영향을 받은 인간 발달 모델에 의해 끊임없이 불완전한 존재로 정의되어 왔는가? 인간의 심리발달 기준을 남성에 두고 분리와 자율성만을 성숙의 지표로 보는 '인간' 발달 모델에 의해 여성들에게 결함이 있다는 설명이 끊임없이 이어져왔다.

이 책은 미국 웰즐리대학교 스톤센터의 연구 성과들을 모은 것으로 여성의 삶을 구성하는 중요한 요인을 '관계'에서 찾고 있다는 점에서 여성을 이해하는 데 새로운 관점을 제시한다. 기존의 발달 이론과는 다른 여성의 심리 발달은 비정상적이고 열등한 것으로 설명해 온 것에 대해 반론을 제기하고 여성의 경험을 반영하는 발달 이론과 새로운 모델을 설명한다.

1부는 여성의 자아감, 공감 및 여성 심리발달에서 특징적인 원리인 "관계 속 자아", "상호성"을 제시하고 2부는 그 원리들이 여성의 우울과 분노, 섭식장애, 여성에 대한 억압 및 여성의 권력 강화에 어떻게 적용되는지에 대한 이해와 치료적 함의를 다룬다.

지은이
주디스 조던
알렉산드라 캐플런
진 베이커 밀러
아이린 스타이버
재닛 서리

옮긴이
홍상희
이주연

감수
김민예숙

2018년 10월 10일 발행
신국판
416면